よい自治体とは何か？
財務分析からわかる地方自治体の 現在 と 将来

日本リスク・データ・バンク株式会社
大久保 豊 [監修] ／ **尾藤 剛** [著]

一般社団法人 **金融財政事情研究会**

はじめに

　しなやかで、活き活きとした地方自治とその未来のために、本書を作成しました。地方自治の財政状況は厳しさを増しています。一方、地方分権化の流れはますます強まることでしょう。したがって、財政が自立基調でなければ、やがては厳しい衰退の憂き目にあいます。地方自治をよくするにはどうしたらよいか？　そのような問題意識から、本書を取りまとめました。

　調べてみると、平成の大合併後でも地方自治体は1,788団体存在し、その特徴はまさに千差万別、その存在は日本そのものであり、多様な日本文化の象徴です。そして、驚くことにその財政力も千差万別、小さいながらもどっこい素敵な自治を実現していたり、産業施設の固定資産税で潤っていたり、観光地として成功していたりと実にさまざまで、一定の法則を見出すことはできません。

　私たち日本リスク・データ・バンクは、銀行界の共同出資により設立され、融資業務において企業評価を担う数理モデル、いわゆる「債務者格付モデル」を提供する会社です。銀行会員は68行に及び毎月デフォルトした企業の詳細情報を全国から収集、共同データベースとして運営しています。企業評価において培った知見と技術により、2014年4月より、「地方自治体財務総合評価」を作成し、自治体の皆さま、銀行・地域金融機関の皆さまへ提供を開始しました。

　これは、2006年の総務省新地方公会計制度研究会の活動により、企業会計に近づくよう公会計制度の改革がなされ、複式簿記での財政状況の開示が進んできたことに触発されたものです。

　地方自治をよりしなやかで活き活きしたものとするために私たちに何ができるか？

それは、地方自治体を統一の方法にて相対評価し、それぞれの自治体の強さ弱さを明瞭化することだと考えました。相対評価のよいところは、各自治体の強み・弱みを客観的、かつ論理的にあぶりだすことができる点にあります。格付会社による格付などの一部の例外を除けば、いまの日本の自治体にとって「ものさし」となるような相対評価の道具は、ほとんど見当たらないといってよいでしょう。これは、われわれ市民にとってだけでなく、自治体自身にとっても、自らを振り返るための写し鏡がないことを意味しています。もちろん、自治体評価のプロ中のプロは総務省です。しかし、交付税によって全国均衡を図るステークホルダーにおいては、柔軟自由なランキングの提示にはさまざまな制約があるものと推察されます。そして何よりも、「地方自治をよくするのは私たち住民である」という強い思いから、民間視点での自治体評価も必要である、と考え本書を作成しました。
　企業評価のプロである私たちは、もちろんその知見を活用しますが、企業経営のように経費効率や利益率がよいということが"よい自治体"とは同義ではないことも理解しています。そこで、国からの財政補填がない自立した自治体を"良い自治体"のベンチマークとして、そこからの距離から自治体のランキングを行うことにしました。
　現在、アベノミクスのさらなる政策として、ふるさと納税の制度が拡充されようとしています。都市に住んでいると、人と人とのつながりや自然への畏敬が薄れてしまうものです。都市に住む人は、もっともっと地方とつながるべきです。そして地方と地方もまたつながってほしい。地方の方々は地元地域でさらにつながってほしい。
　日本津々浦々の地方自治体に国民全員が興味を持ち、父母を残して都市で暮らす方々はあらためてふるさとを思い、都市出身者は第二のふるさとを探す手がかりとなるよう、応援したい、助力したい、「あなたの自治体」を探せるよう、巻中、巻末にさまざまな視点からのランキング・リストを掲載しました。ぜひふるさと納税で、あなたにとっての自治体の「ふるさと住民」となってほしいのです。

そして、自治体の皆さまには、自分たちの強み、弱みをしっかりと受け止めて、しなやかで賢い未来を切り拓き、「ふるさと住民」を招き入れるよう努力をお願いいたします。ふるさと納税はまさに自主財源であり、それも物理的な空間を超え、心と心で結ばれた日本の真心を象徴する素晴らしい出来事なのです。

　銀行・地域金融機関の方々には、社会起業家として、「よい自治体とは何か」を考え、Voiceをあげるようお願いいたします。「地方創生」の流れのなかにあって、地域金融機関の大事な役割の1つとしてあげられるのが、地域経済の司令塔として地域社会全体に貢献することです。そこでは、地方自治体の財政問題を「経営」に見立てて、専門家として的確なアドバイスを行い、さらに実行に移すことが、地域金融機関に求められています。そして、「ふるさと住民」が増えるようご協力もお願いいたします。地域自治体の発展なくして、日本の輝ける将来はありえないのですから。

　皆さまにとって、あらためてふるさとを思うきっかけとなり、そして新しいふるさとが見つかることを心より願っています。

日本リスク・データ・バンク株式会社
代表取締役社長　大久保　豊

【監修】

大久保　豊（おおくぼ　ゆたか）

　慶應義塾大学経済学部卒、ケンブリッジ大学大学院政治経済学部卒（Master of Philosophy）。住友銀行、マッキンゼー・アンド・カンパニー、鎌倉、日本AT&Tベル研究所を経て、1996年データ・フォアビジョン株式会社を設立。2000年日本リスク・データ・バンク株式会社設立。

　現在、データ・フォアビジョン・ホールディングズ株式会社代表取締役社長、日本リスク・データ・バンク株式会社代表取締役社長。

　主な著書は『スプレッド・バンキング』『アーニング・アット・リスク』『信用リスクマネジメント革命』『銀行経営の理論と実務』『【実践】銀行ALM』『中小企業「格付け」取得の時代』『不完全なVaR』『プライムレート革命』『【全体最適】の銀行ALM』『"総点検"スプレッドバンキング』（いずれも金融財政事情研究会）。

【著者】

尾藤　剛（びとう　ごう）

　東京大学法学部卒。あさひ銀行を経て、2003年日本リスク・リスク・データ・バンク入社。現在、同社取締役常務執行役員、データベース統括部長としてデータベース運営、およびプロダクト管理に従事。主な著書は『プライムレート革命』『ゼロからはじめる信用リスク管理』（いずれも金融財政事情研究会）。

日本リスク・データ・バンク株式会社とは

　4大金融グループおよび地方銀行を中心とした全国60以上の銀行・金融機関が参加する、貸出先企業の信用状態や財務情報を共有するデータベースコンソーシアム。2000年4月の設立以来、80万先以上の国内企業に関する財務情報を集積し、参加金融機関に情報還元している。2014年4月には、地方自治体の財務情報やスコアリング結果、評価レポート等を提供するサービス「RDB C-Voice」をリリース。

目　次

第1章　健全な自治体に戻る最後のチャンス

- (1) 拡大する地方自治体間の財政格差 ………………………………… 2
- (2) 静かに増え続ける銀行の地方自治体向け貸出 …………………… 4
- (3) デフォルトリスクから目をそらすことができる構造 …………… 8
- (4) 地方自治体のリスク分析を妨げる公会計 ………………………… 12
- (5) 誰が財政規律を担うのか …………………………………………… 15
- (6) 専門性に裏付けられたVoiceの必要性 …………………………… 17
- (7) Voice醸成のための客観的・定量的分析が必要 ………………… 19

第2章　どのように地方財政を分析するのか

- (1) 地方自治体の分析に使用できる情報とは？ ……………………… 22
- (2) 総務省によるものさし「健全化判断比率」 ……………………… 36
- (3) 地方自治体を評価するものさしとは？ …………………………… 45
- (4) 何をもって「よい自治体」とするか ……………………………… 47
- (5) 「よい自治体」の特徴をとらえる財務指標 ……………………… 54

第3章　スコアリングでわかる「よい自治体」の姿

- (1) スコアリングによる総合評価 ……………………………………… 70
- (2) MTシステムとマハラノビスの距離 ……………………………… 71
- (3) マハラノビスの距離による総合評価 ……………………………… 72
- (4) 人口1万人未満にも「よい自治体」はある ……………………… 76
- (5) 自主財源の重要性 …………………………………………………… 80

- (6) 人口動態と財政の関係 ………………………………………… 90
- (7) スコアリングからわかる個別政策の影響 …………………… 92

第4章　将来のためにいま必要なこと

- (1) 将来財政のシミュレーションの前提 ………………………… 104
- (2) マハラノビスの距離で評価する2040年度の財務状況 ……… 105
- (3) 地方自治制度にかかる莫大なコスト ………………………… 109
- (4) 地方財政の現実を客観的・定量的に直視すべき …………… 110
- (5) 財務分析からわかる人口8万人のカベ ……………………… 112
- (6) 雇用の創出は財政戦略の「王道」…………………………… 114
- (7) 「ふるさと納税」が拓く地方再生の可能性 ………………… 116
- (8) 予測可能だからこそできること ……………………………… 121

巻末付録1　地方自治体財務総合評価ランキング（2012年度）………… 125
巻末付録2　地方自治体財務総合評価ランキング（2040年度予測）…… 171

あとがき ……………………………………………………………………… 214
参考文献 ……………………………………………………………………… 217
事項索引 ……………………………………………………………………… 219

第 1 章

健全な自治体に戻る最後のチャンス

(1) 拡大する地方自治体間の財政格差

　2014年4月1日、消費税率が5％から8％に引き上げられた。消費税率の引上げは実に17年ぶりのことである。当初、2015年10月に予定されていた10％への再引上げは18カ月間延期されたとはいえ、安倍首相は経済情勢にかかわらず、2017年4月に「確実に実施する」と表明している。国が増税を急ぐ理由にあげているのが、国が抱える膨大な借金と深刻な財政赤字である。2014年3月末時点で、国が抱える借金の合計は1,000兆円を超えているが、国内総生産（GDP）約500兆円の倍以上の借金というのは、先進国のなかでも断トツの大きさである。また、国の歳入（収入）は年間およそ95兆円であり、これを家計にたとえると、年収の10倍以上のローンを組んで、その返済に窮しているのと同じような状況である。付け加えると、歳入95兆円の約半分は借金でまかなっているので、実際には「真水の」収入の20倍のローンを抱えている状態といってもよいだろう。

　そして事態はこれだけではすまない。国は、この膨大な借金を、いつかは税金によって返さなければならないのだが、急速な少子化によって、今後は税金の払い手が減ることが確実なのである。また、少子化の反対側で進む高齢化は、当面の間、年金や健康保険といった高齢者福祉の費用が増え続けることを意味している。つまり、国の財政状態は、いまでも十分に危機的な状況なのだが、このままの収入と支出の関係が続けば、さらに悪くなる一方なのである。先ほどのローンの例でいうならば、将来にわたって給料が下がり、逆に生活費は増えることが目にみえている状況なのだ。消費税率の引上げは、このような危機的な財政状況を少しでも改善するために、国にとって必要なことなのだという。

　財政の問題といえば国にばかり気をとられがちだが、地方自治体の財政も、決して楽観できる状況ではない。2014年3月末時点で、全国の地方自治体が抱える借金の合計は250兆円を超えている。これに対して地方の収入は

年間97兆円であるから、家計にたとえると、年収の2.5倍ほどのローンを抱えた状況といえる。しかしながら、これには大きなからくりがある。

図表－1は、2012年度の地方自治体の歳入の内訳をみたものだ。約100兆円の歳入のうち、最も大きいのが地方税であり、これがおよそ3分の1を占めている。次に大きいのが地方交付税と国庫支出金であり、合わせてこれも全体のおよそ3分の1に相当する。地方交付税と国庫支出金は、いずれも一定のルールのもとに国から支払われるお金である。また、1割強を占める地方債は文字どおりの借金である。したがって、約100兆円の歳入から、国からの補助と借金を差し引くと50兆円強しか残らないのが、地方自治体の「真水の」歳入なのである。地方自治体も国に負けず劣らず、危機的な財政状況にあるといってよいだろう。

国の場合には、少子化・高齢化がダブルパンチのように財政を圧迫するが、地方自治体の場合は少々ようすが異なる。というのも、少子化・高齢化は国全体としては進むのだが、地方自治体ごとにみれば、進み方にバラつき

図表－1　2012年度の地方自治体の歳入（単位：兆円）

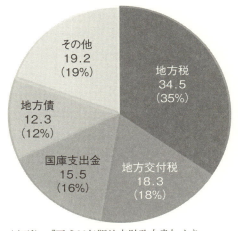

（出所）『平成26年版地方財政白書』より

があるからだ。後で詳しく述べるが、今後の人口の動き（人口動態）は、地方部での人口の落ち込みが非常に急激な一方で、都市部の人口の減少ペースは比較的緩やかなものとなることが見込まれている。

　ここで重要なことが2つある。1つは、人口動態に関する将来予測は、さまざまな経済予測指標のなかでも相当に確度の高い予測であることだ。というのも、人口動態とは基本的に、出生率と死亡率をもとに予測するものだが、いずれの数値も短期的には大きく変動することがないとされる。また、対象を生産年齢人口（15歳以上64歳未満）や老年人口（65歳以上）などに絞ると、現在の人口構成を上の年齢層にスライドさせるだけでも、少なくとも20年くらい先まではかなり高い精度で予測できる。したがって、税金の主たる払い手である生産年齢人口が減少し、これから税金をより多く使うことになる老年人口が増えることは、向こう20年以上にわたって確実に起きる動きといってよいだろう。

　そしてもう1つは、少子化・高齢化の程度が地方自治体ごとに異なるため、今後は地方自治体ごとの財政状態の格差が一段と大きくなる、ということだ。国全体でみる場合には、人口動態は相当程度正確に予測できるものの、地方自治体ごとにみると、出生率、死亡率のほかに、他の自治体からの住民の出入りによっても人口は変化する。戦後の日本では一貫して地方部から都市部に人が移り住んでおり、この傾向が続くのであれば、人口の格差、そして財政状態の格差はさらに広がることになるだろう。

(2)　静かに増え続ける銀行の地方自治体向け貸出

　地方自治体の財政には、少子化・高齢化による厳しい将来が待ち受けているが、足元ではどのようなやりくりをしているのか。

　図表-2は、全国の地方自治体の歳入について、合計額のほか、地方税、地方交付税、国庫支出金、地方債等の直近の推移を示している。後にも述べ

るが地方自治体の財政は、地方交付税の配分と、地方税に関する税制を通じて、国の影響を大きく受けている。そのなかで、近年唯一、国の関与が小さくなっているのが地方債である。

　地方債というと「債券（ボンド）」をイメージしがちだが、ここでは債券、証書借入等の形式を問わず、広く地方自治体の債務全体を指している。なお、地方自治体における「起債」とは、「債務を起こす」の意味であり、市場での債券発行にとどまらず、単に相対での借入れも含まれる。地方債の残高と、そのうち民間銀行が保有する額を示したのが図表－3である。これによると地方債の残高自体はさほど変わっていないが、ここ10年間で一貫して民間銀行による保有が増えているのがわかる。これは逆に、国や公的部門での保有が減っていることを意味する。地方自治体は、歳入・歳出の構造から、慢性的に地方債に歳入を依存する傾向があるが、近年の国による「財政投融資」の見直しによって、それまで最大の借入先であった国による債券保有が減少に転じており、これを穴埋めするように民間銀行による地方債の引

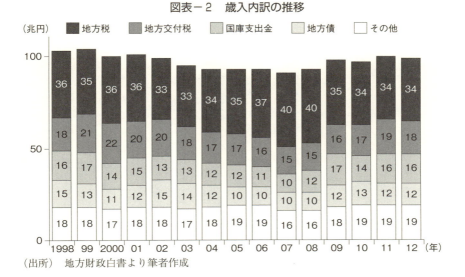

図表－2　歳入内訳の推移

（出所）　地方財政白書より筆者作成

受けが増えている。いまでは地方自治体に対する最大の貸し手は、国ではなく民間金融機関なのである。

民間金融機関にとっても地方自治体向けの貸出の増加は、まさに渡りに船であった。というのも、2000年代に入り、とりわけ2008年のリーマンショック以降の景気の急激な落ち込みにより、預金が着実に積み上がる一方で、貸出先の不足が深刻化していた。余った資金の行く先は国債であったが、少なくとも2013年4月の日銀による「異次元緩和」以前は、民間銀行がこぞって国債を買い上げることで金利も低迷、最近では、10年国債の利回りは1％を割ることが常態化している。そうした運用難の時代にあって地方債は、規制上は国と同様に「無リスク」でありながら、利回りが国債よりわずかながらも高かったため、格好の運用対象となった。

図表－4は、有価証券報告書にてデータの確認が可能な日本の銀行のうち、2012年度末時点の地方自治体向け融資残高と、貸出全体に占める比率を示したものである。紙幅の都合上、ここでは2012年度決算にて地方自治体向

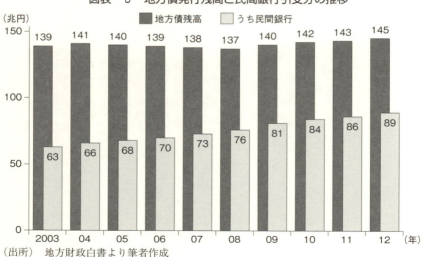

図表－3　地方債発行残高と民間銀行引受分の推移

（出所）　地方財政白書より筆者作成

け貸出残高1,000億円以上の一部金融機関のみを抜粋している。

　最上位に位置する北洋銀行では、貸出全体の10％以上が地方自治体向けの貸出、すなわち地方債にて占められているのがわかる。全般に、都市圏よりも、民間の資金需要が低迷する地方の銀行において、また、大企業向けや海外にて貸出を伸ばす余地のある大手銀行よりも、地元の貸出市場に依存せざるをえない中小金融機関において、地方自治体向け貸出への依存度が高くなっている。このように一部の地域金融機関においては、すでに地方自治体が「超大口の」貸出先となっており、その財政問題が直ちに金融機関経営に深刻な影響を及ぼすまでに、深い関係となっているのである。

　目下の国の財政状況は、地方自治体の財政問題まで面倒をみる余力を徐々に失いつつあるようにみえる。地方自治体と民間金融機関との間の相互依存関係は、今後さらに強まることはあっても、弱まることはなさそうだ。

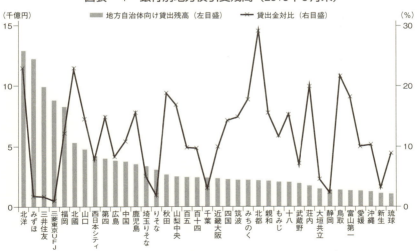

図表－4　銀行別地方債引受残高（2013年3月末）

（出所）　各社有価証券報告書より筆者作成

(3) デフォルトリスクから目をそらすことができる構造

　民間銀行による地方債の引受けが増えることには、私たち市民にとって1つ見逃せないメリットがある。それは、民間銀行が地方自治体の債権者として財政に対する利害関係を深めることで、民間銀行自身が「貸出のプロフェッショナル」という立場から、地方自治体の財政の健全性に対する監視を強め、地方自治体に対するいわば「お金のお目付け役」として適切なアドバイスをすることが期待できるからだ。

　銀行と企業の関係を例にあげると、銀行が企業に融資する場合、「債権者」としての立場から企業の財務状況を精査し、必要に応じてアドバイスを行う。これは、企業が倒産すれば、銀行は貸したお金を回収できなくなるからであり、そうなる前に銀行は当の企業とともに、企業の経営状態を健全な姿に保つよう、あらゆる努力を行うのである。これは本来、借り手が地方自治体であっても同じことであり、債権者たる銀行による自治体の財政への監視は、財政全体の持続可能性、つまり経営的な側面からのものとなる。これに対して、地方自治法が定める「会計監査制度」や市民団体による監視行動は、「経費のムダ使い」や「利権の誘導」など、ともすれば金額の大小よりも公正さに重きが置かれる傾向があった。銀行による財政の監視は、良くも悪くも、市民の満足度や、行政運営の公正さのような、ある種の倫理観とは距離を置いた行政活動の評価となるが、これは、従来自治体が直接的なプレッシャーをあまり感じていない分野なのではないだろうか。

　ところが、当の銀行は地方自治体への貸出を増やす一方で、地方自治体の財政をしっかりと監視するインセンティブがあるかというと、これがはなはだ心もとない状況にある。理由は大きく分けて3つある。

　1つ目は、規制上の取扱いである。銀行は、銀行法のもとで、自らの貸出が「まっとうな」取引先に対するものであることを、常にモニタリングする制度を内部で整備しており、その内容は、金融庁や日本銀行といった当局に

よる検査の対象となっている。先ほど、銀行と貸出先企業の関係の例を述べたが、一般論としてだけでなく法制度としても、銀行は貸出先企業の経営状態を監視する義務を負っているのである。ところが、金融庁による銀行検査の具体的な内容を示した「金融検査マニュアル」には、次のような記載がある。

> **正常債権とは、「債務者の財政状態及び経営成績に特に問題がないものとして、要管理債権、危険債権、破産更生債権及びこれらに準ずる債権以外のものに区分される債権」であり、<u>国、地方公共団体及び被管理金融機関に対する債権</u>、正常先に対する債権及び要注意先に対する債権のうち要管理債権に該当する債権以外の債権である。**
>
> （金融庁「金融検査マニュアル」別表より。下線は筆者）

これは、地方自治体向け融資は、銀行が貸出先の経営状態を監視する対象から外してもよい、つまり無条件に「まっとうな取引先」と金融庁が認めていることを意味する。建前論としては「預金者の大事なお金を運用する以上、貸出先は自治体であれ国であれ、しっかりと内容を精査するのが銀行の責務だ」といえるのだが、現実の規制がそれを求めていないのであれば、銀行内部における地方自治体の経営状態への積極的な関与は後回しにされることだろう。このほか、国際的な金融監督当局の規制体系に準拠した「自己資本比率規制」という別の銀行規制においても、日本の地方債は「無リスク」、つまり財政状態によらず「危険はない」と評価することが認められている。

　2つ目は、金融市場における地方債の位置づけである。図表－5は、2014年8月の債券市場における国債と地方債の応募者利回り（金利）を示している。これによると、国債の利回りが10年で0.522%に対して、地方債の利回りもほぼ変わらない水準にあるのがわかる。金融市場の参加者は、お金を10年間貸す相手として、札幌市も京都市も国も、ほぼ同じ金利でよいと考えて

いるのである。理論上、期間が同じ貸出であれば、金利は貸出先の「倒産しやすさ」によって差がつくものであり、この場合、金融市場の参加者は、国と地方債を発行する自治体の「倒産しやすさ」、いわゆるデフォルトリスクに違いはほとんどないといっているに等しい。市場が「国も地方自治体もリスクは同じ」と考えるならば、銀行も金融市場の参加者である以上、この見方に影響を受けることとなる。

　そして3つ目が、1つ目と2つ目の背景にもつながるのだが、「財政健全化法」という法律によって、いまのところ、地方自治体の借金は、国による「事実上の保証」を受けていることにある。

　「財政健全化法」とは正式名称を「地方公共団体の財政の健全化に関する法律」という。これは、地方自治体に対して、毎年の決算情報から「健全化判断比率」という4つの指標を計算することを義務づけたもので、この指標によって総務省は、地方自治体の財政状態を評価している。健全化判断比率が一定の基準（早期健全化基準）を下回った自治体は「財政健全化団体」に

図表－5　国債と地方債の利回り比較（2014年8月20日時点）

名　称	発行日	発行額(億円)	応募者利回り(%)	償還日
札幌市平成26年度第4回公募公債（10年）	2014/8/29	100	0.547	2024/6/20
北海道平成26年度第7回公募公債	2014/8/29	200	0.581	2024/8/29
京都市平成26年度第2回公募公債	2014/8/28	100	0.562	2024/8/28
第387回大阪府公募公債（10年）	2014/8/28	200	0.521	2024/8/28
福岡県平成26年度第3回公募公債	2014/8/27	200	0.562	2024/8/27
利付国債（10年）334回	2014/8/7	21,781	0.522	2024/6/20

（出所）　株式会社QUICK「Astra Manager」より筆者作成

指定され、財政健全化計画の策定と、指標の改善に向けた具体的なアクションを求められる。そして、もう一段下の基準（財政再生基準）に抵触すると「財政再生団体」に指定され、財政再生計画の策定と、より抜本的な解決策の具体的な遂行が求められる。財政再生計画について総務大臣の同意を得ると、当該自治体の財政状況に応じた一定の金額を上限として「再生振替特例債」（＝赤字借換債）の発行が認められる。そして、この再生振替特例債について国は、「資金事情の許す限り、適切な配慮をする」ことが義務づけられている。

　つまり財政健全化法によって地方自治体は、財政再生団体という、企業でいうところの「倒産の危機」に直面すると、特別な地方債（再生振替特例債）を国に引き受けてもらい、そこで得た資金にて既存の借金を返済できるのである。これは裏を返すと、民間銀行が地方自治体に貸し付けていた資金も、最終的には国が肩代わりしてくれることを意味する。1つ目と2つ目で述べた「国も地方自治体もリスクは同じ」という表現を、この法律を前提により正確に述べると、「地方自治体は破綻するかもしれないが、国が肩代わりしてくれるので、最終的な損失のリスクは国と同様にゼロである」ということになる。銀行のリスク管理担当者はこの状態を、「地方自治体のデフォルト率はゼロではないかもしれないが、回収率は100％とみなせる」と表現する。

　これまで財政再生計画を策定したのは、2010年3月の北海道夕張市だけである。後の資料によると、夕張市は実質赤字322億円と同額の再生振替特例債（期間17年）を発行し、政府の財政融資資金がこれを引き受けたとされる（2010年6月30日財務省財政投融資分科会資料より）。これはまさに、国による地方財政に対する「セーフティネット」が発動された事例である。

　かくして、地方債の引受手である民間銀行に、地方自治体に対する「お金のお目付け役」としての役割を期待するにも、「実質的に国と地方のリスクは同じ」という、金融機関が地方自治体の「デフォルトリスク」から目をそらすことができる構造のもとでは、自治体の経営状態を真剣に監視するイン

センティブが働きづらいのが現実である。

実際に、筆者が所属する日本リスク・データ・バンク株式会社（RDB）が、大手行・上位地銀を中心とする16の銀行に対して2013年に実施したアンケート結果によると、銀行が貸出先を評価する際に基準とする「内部格付」を地方自治体に付与している銀行は全体の4分の1にとどまる。つまり残りの4分の3の銀行では、地方自治体の経営状態の良し悪しを検討していないのである。

ただし、ここで1つ明らかなことがある。それは、財政健全化法によるセーフティネットを理由として地方自治体のリスクから目をそらすのであれば、それはあくまで「国による支援」を前提とした評価である、ということだ。繰り返しになるが、財政健全化法は、「再生振替特例債」による地方自治体の借金の肩代わりについて、「資金事情の許す限り」行うことを国に対して義務づけている。つまり、国にとって地方自治体の「尻拭い」は、あくまで自分のふところが十分であることが前提なのである。第二、第三の夕張市が現れたとき、国の財政にはそれだけのゆとりがあるのだろうか？

(4)　地方自治体のリスク分析を妨げる公会計

さて、先ほどのRDBでのアンケート結果においては、少数派ではあるが、4分の1の銀行が地方自治体に内部格付を付与しており、地方自治体の財政状態の良し悪しをなんらかの方法で評価していることがわかった。銀行は、借り手の経営状態を評価するプロフェッショナルだが、その際に参考とする情報の1つに財務情報、相手が企業であれば決算書がある。

金融商品取引法の対象となるような大企業であれば、一定のルールに従ってつくる決算書を、「決算短信」「有価証券報告書」といったかたちで公表している。また中小・零細企業の場合は、納税の際に作成する決算書があるため、銀行はこれを用いた財務分析を行って、企業の倒産のリスクを評価す

る。財務分析によって企業の経営状態の良し悪しを知り、企業間の比較ができるのは、ある程度統一されたルールに基づいてそれぞれの決算書がつくられており、またその内容が第三者のチェックを受けて、情報としての信頼性を認めることができるからだ。前者のルールとされるのが「企業会計原則」であり、後者のチェック機能となるのが税理士・公認会計士による監査制度である。

ところが、地方自治体の決算書には、企業の決算書とは大きく異なる点がある。

それはひとえに、地方自治体が発表する決算の情報が、そもそも「企業会計」には当てはまらず、「公会計」という別のルールに従って作成されている点である。両者の最大の違いは、企業会計が原則として「複式簿記」からなるのに対して、公会計が「単式簿記」（現金主義）という、いわゆるお小遣い帳方式を採用していることである。

両者の違いが端的に現れるのは、お小遣い帳には「資産」という考え方がないところである。たとえば、つくるのに1,000億円かかったダムを50年間使い続ける場合、複式簿記ではダムを1,000億円の価値がある「資産」とみなし、これを毎年20億円ずつ使う、という考え方をとる（減価償却）。これに対して単式簿記には「資産」の概念がないため、現金の出入りだけしか追えないので、つくった時点で1,000億円全額使って終了、という考え方になる。この場合、ある時点で自治体が所有するモノの価値がいくらか、という金額評価が簡単にはできないことになる。決算書のうちの「貸借対照表」が基本的に存在しないのが、従来の公会計の最大の特徴である。

これに対して銀行の財務分析、あるいはリスク評価の基本となるのは、何よりも「貸借対照表」に関する情報である。これは、各銀行内部で貸出先の評価に使用している「格付モデル」というシステムをみれば明らかであり、貸借対照表の情報がなければまともなリスク評価などできない、といっても過言ではない。銀行にとって、公会計という特殊なルールが、財務分析を非常に困難なものにしている。

図表－６に、地方自治体の財務状況をひとまとめにした資料として最も一般的な「決算カード」の一例を示した。地方自治体の１年間の歳入と歳出を中心に、細かな数値が並んでいる。これだけみると、それなりに詳細な情報が含まれるようにみえるが、あがっている項目のほぼすべてが、１年間の現金の動きに関する「フロー」の情報であり、ある時点における自治体の財政状況の断面を示す「ストック」の情報は、右下のわずかなスペースに限られている。債権者にとって最も重要な情報ともいえる借入額については、右下に総額が示されるのみである。決算書の貸借対照表にあるような、一時点の企業が有するすべてのモノの価値を示す「総資産」や、すぐに支払にまわすことのできる「現預金」のような情報は記載されていない。そもそも「単式簿記」には、そのような資産の概念がないのだから、これは当たり前のこと

図表－６　決算カードの例

平成２４年度 決算状況				都道府県名	13	東京都

人口		
人口	２２年国調	13,159,411 人
	１７年国調	12,576,601 人
	増減率	4.6 %
面積		2,104 ㎢
人口密度		6,247 人

区分	住民基本台帳人口	うち日本人
２５．３．３１	13,142,640 人	12,757,445 人
２４．３．３１	12,699,271 人	12,699,271 人
増減率	3.5 %	0.5 %

歳入の状況（単位：千円　%）

区分	決算額	構成比	経常一般財源等	構成比
地方税	4,257,081,520	68.3	3,067,027,847	90.5
地方譲与税	285,440,352	4.6	285,440,352	8.4
地方揮発油譲与税	2,290,226	0.0	2,290,226	0.1
地方道路譲与税	11	0.0	11	0.0
特別とん譲与税	355,516	0.0	355,516	0.0
石油ガス譲与税	409,408	0.0	409,408	0.0
航空機燃料譲与税	139,667	0.0	139,667	0.0
地方法人特別譲与税	282,245,524	4.5	282,245,524	8.3
市町村たばこ税都道府県交付金	-	-	-	-
地方特例交付金	5,556,614	0.1	5,556,614	0.2
地方交付税	-	-	-	-
普通交付税	-	-	-	-
特別交付税	-	-	-	-
震災復興特別交付税	-	-	-	-
（一般財源計）	4,548,078,486	73.0	3,358,024,813	99.1
交通安全対策特別交付金	3,662,728	0.1	3,662,728	0.1
分担金・負担金	63,344,820	1.0	-	-
使用料	115,244,045	1.8	18,662,030	0.6
手数料	23,885,559	0.4	-	-
国庫支出金	395,475,310	6.3	-	-
国有提供交付金	32,758	0.0	32,758	0.0
財産収入	41,968,537	0.7	7,596,038	0.2
寄附金	1,586,969	0.0	-	-
繰入金	159,713,453	2.6	-	-
繰越金	168,529,049	2.7	-	-
諸収入	370,203,881	5.9	829,895	0.0
地方債	341,258,867	5.5	-	-
うち減収補[illegible]債（特例分）	-	-	-	-
うち臨時財政対策債	-	-	-	-
歳入合計	6,232,984,462	100.0	3,388,808,262	100.0

道府県税の状況（単位：千円　%）

区分	収入済額	構成比	超過課税分
普通税	2,284,850,895	100.0	78,128,033
法定普通税	2,284,850,895	100.0	78,128,033
道府県民税	1,031,675,398	45.1	33,293,988
個人均等割	6,723,880	0.3	-
所得割	741,677,723	32.4	-
法人均等割	22,274,150	1.0	-
法人税割	206,224,287	9.0	33,293,988
利子割	37,691,700	1.6	-
配当割	13,616,236	0.6	-
株式等譲渡所得割	3,467,422	0.2	-
事業税	618,562,450	27.1	44,820,197
個人分	47,953,857	2.1	-
法人分	570,608,593	25.0	44,820,197
地方消費税	361,865,474	15.8	-
不動産取得税	66,960,078	2.9	-
道府県たばこ税	33,791,922	1.5	-
ゴルフ場利用税	629,823	0.0	-
自動車取得税	20,227,162	0.9	-
軽油引取税	41,183,810	1.8	-
自動車税	109,952,576	4.8	13,848
鉱区税	2,202	0.0	-
固定資産税特例	-	-	-
法定外普通税	-	-	-
目的税	1,075,073	0.0	-
法定目的税	5,226	0.0	-
狩猟税	5,226	0.0	-
法定外目的税	1,069,847	0.0	-
旧法による税	521	0.0	-
合計	2,285,926,489	100.0	78,128,033

区分		平成２４年度（千円）	平成２３年度（千円）
収支状況	歳入総額	6,232,984,462	6,247,367,909
	歳出総額	6,041,778,635	6,078,838,860
	歳入歳出差引	191,205,827	168,529,049
	翌年度に繰り越すべき財源	83,597,622	68,218,686
	実質収支	107,608,205	100,310,363
	単年度収支	7,297,842	198,262
	積立金	19,283,866	608,005
	繰上償還金	-	-
	積立金取崩し額	-	71,609,000
	実質単年度収支	26,581,708	-70,802,733

区分		職員数（人）	給料月額（百円）	一人当たり平均給料月額（百円）
一般職員等	一般職員	44,534	143,978,422	3,233
	うち消防職員	18,264	58,189,104	3,186
	うち技能労務職員	1,320	3,915,120	2,966
	警察官	43,615	141,923,210	3,254
	教育公務員	58,911	209,488,788	3,556
	臨時職員	-	-	-
	合計	147,060	495,390,420	3,369

区分		定数	適用開始年月日	一人当たり平均給料（報酬）月額（百円）
特別職等	知事	1	25.04.01	13,329
	副知事	4	25.04.01	12,090
	教育長	1	24.12.01	11,290
	議会議長	1	25.04.01	12,710
	議会副議長	1	25.04.01	11,470
	議会議員	125	25.04.01	10,220

区分		平成２４年度（千円）	平成２３年度（千円）
基準財政収入額		1,700,538,929	1,580,257,954
基準財政需要額		1,949,189,486	1,871,423,722
標準税収入額等		2,911,655,664	2,739,960,744
標準財政規模		2,947,394,657	2,813,532,828
財政力指数		0.86449	0.96085
実質収支比率（%）		3.7	3.6
公債費負担比率（%）		9.8	10.2
健全化判断比率	実質赤字比率（%）	-	-
	連結実質赤字比率（%）	-	-
	実質公債費比率（%）	1.0	1.5
	将来負担比率（%）	85.4	92.7
積立金現在高	財政調整基金	417,922,950	398,639,084
	減債基金	-	-
	その他特定目的基金	962,173,985	968,718,221
定額運用基金		280,121,929	279,409,502
土地開発基金		-	-
地方債現在高		5,710,330,301	5,782,568,664
債務負担行為額（支出予定額）	合計	783,925,283	830,386,708
	物件等購入	249,119,654	307,414,189
	保証・補償	11,577,990	11,493,933
	その他	523,227,639	511,478,586
	実質的なもの	-	-
収益事業収入		55,492,668	57,695,772

性質別歳出の状況（単位：千円　%）

区分		決算額	構成比	充当一般財源等	経常経費充当一般財源等	経常収支比率
義務的経費計		2,114,260,869	35.0	1,830,684,202	1,796,299,552	53.0
人件費		1,468,210,848	24.3	1,276,283,702	1,241,908,951	36.6
うち職員給		1,058,877,550	17.5	875,768,542	874,684,320	25.8
扶助費		123,649,710	2.0	80,401,790	80,391,891	2.4
公債費		522,400,311	8.6	473,998,710	473,998,710	14.0
内訳	元利償還金　元金	413,497,230	6.8	369,316,844	369,316,844	10.9
	元利償還金　利子	108,902,252	1.8	104,681,037	104,681,037	3.1
	一時借入金利子	829	0.0	829	829	0.0
その他の経費		3,188,869,964	52.8	2,578,997,573	1,343,538,055	39.6
物件費		240,333,250	4.0	177,169,874	173,767,454	5.1
維持補修費		84,297,085	1.4	53,303,477	53,243,594	1.6
補助費等		2,390,017,255	39.6	2,236,857,224	1,083,089,860	32.0
繰出金		8,738,765	0.1	4,944,482	-	-
積立金		122,299,297	2.0	23,418,749	-	-
投資及び出資金		72,951,043	1.2	49,759,924	-	-
貸付金		270,233,269	4.5	33,543,843	33,437,147	1.0
前年度繰上充用金		-	-	-	-	-
投資的経費計		738,647,802	12.2	250,596,591		
うち人件費		25,594,081	0.4	25,377,944		
内訳	普通建設事業費	737,298,755	12.2	249,765,559		
	うち補助	251,751,913	4.2	50,418,843		
	うち単独	449,039,928	7.4	183,568,802		
	災害復旧事業費	1,349,047	0.0	831,032		
	失業対策事業費	-	-	-		
歳出合計		6,041,778,635	100.0	4,660,278,366		

経常経費充当一般財源等計	3,139,837,607 千円
経常収支比率	92.7 %
	（92.7 %）
歳入一般財源等	4,851,484,193 千円

目的別歳出の状況（単位：千円　%）

区分	決算額A	構成比	Aのうち普通建設事業費	Aの充当一般財源等
議会費	5,517,753	0.1	-	5,517,533
総務費	362,022,792	6.0	65,127,228	327,296,792
民生費	833,061,165	13.8	38,551,369	659,991,568
衛生費	220,873,734	3.7	41,428,403	149,754,099
労働費	42,391,729	0.7	1,526,663	14,569,625
農林水産業費	18,691,824	0.3	10,565,754	11,130,049
商工費	309,046,047	5.1	10,806,732	78,687,406
土木費	814,399,097	13.5	453,321,346	375,178,904
警察費	594,519,438	9.8	42,932,326	539,996,069
消防費	218,175,013	3.6	20,795,792	153,490,295
教育費	934,354,298	15.5	52,243,142	729,917,897
災害復旧費	1,349,047	0.0	-	831,032
公債費	524,889,182	8.7	-	476,487,581
諸支出金	42,080,959	0.7	-	17,022,959
前年度繰上充用金	-	-	-	-
利子割交付金	15,851,242	0.3	-	15,851,242
配当割交付金	8,011,031	0.1	-	8,011,031
株式等譲渡所得割交付金	2,056,828	0.0	-	2,056,828
地方消費税交付金	175,965,708	2.9	-	175,965,708
ゴルフ場利用税交付金	442,196	0.0	-	442,196
特別地方消費税交付金	-	-	-	-
自動車取得税交付金	13,032,241	0.2	-	13,032,241
軽油引取税交付金	-	-	-	-
特別区財政調整交付金	905,047,311	15.0	-	905,047,311
歳出合計	6,041,778,635	100.0	737,298,755	4,660,278,366

（注）1．地方消費税は、精算後を計上している。
2．経常収支比率の算定上、経常一般財源等については地方税から、経常経費充当一般財源等については補助費等から、利子割交付金等市町村への各種交付金を控除した。また、経常収支比率の（ ）内の数値は減収補[illegible]債（特例分）及び臨時財政対策債を除いて算出したものである。
3．普通建設事業費の補助事業費には受託事業費のうちの補助事業費を含み、単独事業費には同級他団体施行事業負担金及び受託事業費のうちの単独事業費を含む。
4．住民基本台帳法の改正により、平成25年3月31日現在の住民基本台帳登載人口については、外国人住民を含む。

東京都
13

（出所）『平成24年度都道府県決算カード』より

である。なお、決算カードは総務省のホームページからダウンロードが可能である（http://www.soumu.go.jp/iken/zaisei/card.html）。

　単式簿記によって、自治体自身が「ストック」の情報に興味を持たなくなるのは、ごく自然な流れであろう。これに伴ってより深刻なのが「単年度主義」の弊害である。単式簿記は、基本的に現金の出入りだけを追いかける会計手法であり、これは企業会計でいうところの「キャッシュフロー計算書」や「資金繰り表」に相当する。単式簿記において、財政状態の良し悪しを示すのは、収支だけである。「今年度の収入が支出を上回っていればよい」のだから、いきおい、収入はなるべく手前に、支出はなるべく後に、という単年度主義の資金の使い方になる。こうなると、将来のための先行投資、という考え方がとりにくくなる。

　福祉行政がしばしば、老人に手厚く子どもに厳しいなどと批判されることがある。これは、現時点の収支状況を絶対的な価値判断の基準とする公会計の仕組み上、先行投資としての性質を持つ子どもへの投資が控えられ、直近の必要費用である老人世代への給付が厚くなった結果であり、むしろ制度として当然の帰結といえよう。

(5) 誰が財政規律を担うのか

　公会計という特殊な仕組みによって、銀行をはじめとする専門家が地方自治体の財政情報にアクセスし、これを読み解く機会が失われているとすれば、地方自治体の経営状態を、財務面から監視する主体が存在しえないこととなる。まして銀行は、各種の規制においても地方自治体のリスクを真剣に評価するインセンティブを有しておらず、自治体の財政状況を客観的な立場から監督する専門家の不在、これが地方財政の先行きにさらなる不安を抱かせるのである。

　もちろん、国にまだ財政面での余力があり、地方自治体自身も、夕張市の

ような事態を教訓として、懸命に財政改善に取り組んでいる限りは、財務面の監視が不十分な現状であっても大きな問題につながることはない。問題は、国の財政自体が厳しい状況にあるため、国によるセーフティネットがいつまでも続くとは限らないということと、財務面の監視が進まない状況が長く続くことによる、公会計に対する純粋な分析スキルの停滞である。

　ある銀行では、地方自治体向けの融資残高がおよそ1兆円あるなかで、これを専属で審査する人員は、たったの2人だという。公会計という特殊な仕組みを読み解くには相応のスキルが必要なのだが、この技術的な伝承すら危ういというのが、専門家たる銀行においても現実の問題となっているのである。

　いまの時点で問題がないからといって安閑とはできないのがリスク管理のむずかしいところであり、地方自治体側からの情報提供不足を前提としながらも、地方財政の規律を維持するためには、周囲の関係者の、とりわけプロフェッショナルである銀行による専門的なモニタリングが欠かせないのである。

　目下の地方財政は、国による支援を前提に、民間金融機関が資金を貸し出すことでなんとか命脈を保っているが、近い将来に訪れることが確実な少子化・高齢化による財政収入の減少と、地方自治体間の格差の拡大、そして何より巨額の財政赤字によって不確実性が増す国の支援姿勢により、今後はますます厳しい状況に置かれることとなろう。

　財政健全化法のもとではじめて「財政再生団体」の指定を受けた北海道夕張市の場合、公務員の大幅なリストラ、各種地方税や使用料の値上げ、学校や役所窓口の大幅な統廃合など、行政と住民がともに痛みを分かち合いながら、借金の返済に向けた血のにじむような努力が続けられている。ちょうど、業績の悪化した企業で厳しいリストラと経費節減がなされるのとまったく同じような光景が、自治体において現実に起こっているのである。そして、このケースは例外でもなんでもない。財政健全化法のもとでは、国は地方自治体の借金を肩代わりする努力義務は負うものの、その際には「財政再

生計画」というリストラ策の実施を自治体に求める。その結果が夕張市の現状であり、将来にわたって自治体を破綻させない、などという決まりはどこにもない。

また、銀行をはじめとする債権者にとっては、財政健全化法によって「経済的な」リスクはゼロなのかもしれないが、住民にとっては決してそうではない。住民が永く安心して地域生活を送るためには、地方自治体の財政の安定がきわめて重要となる。そのためには、何より地方自治体自身が十分な危機感を持って健全な財政運営に取り組むことが必要である。

では、住民の力で地方財政を監視し、健全な財政運営に導くことはできるのであろうか。ここには1つ重要な問題が横たわっている。

(6) 専門性に裏付けられたVoiceの必要性

ドイツの経済学者、アルバート・O・ハーシュマン博士の著書『離脱・発言・忠誠』（原文：Exit, Voice and Loyalty）で知られるようになった、経済学上の概念の1つに「Voice or Exit」というものがある。

たとえば企業経営者と株主の関係を考えると、株主は、株価の上昇や配当金の獲得という自らの利益を実現するために、主として株主総会を通じて自らの意見を経営者に対して発信し（＝Voice）、経営に働きかける。そして、もし経営者がこの「意見」に従わない場合、最終的に株主は、株式を手放して撤退する選択肢を有している（＝Exit）。いわゆる「物言う株主」とは、基本的にこの「Voice or Exit」の原理のなかで、自らの利益を実現すべく株主提案を積極的に行っていく投資家のことである。こうした相互関係は、社会の至る所でみられる。たとえば従業員と経営者との関係もそうであり、従業員は組合活動等を通じて経営に対して自らの待遇改善を訴えることができるが（＝Voice）、経営が聞く耳を持たない場合には、最終的に退職する選択肢も有している（＝Exit）。この関係を逆からみると、経営側は受け取った

Voiceが自らの利益に合わないときに、Exitされることによって受けるマイナスと比較して、最終的にVoiceを受け入れるかどうかの判断を行うのである。古くからの経済学においては、このExitを選択肢として用意することが経済主体内部における建設的な議論を呼び、自由主義経済の発展の１つの原動力になっているとされる。

　ところで、ここで問題としている地方自治体と地域住民の関係や、地方自治体と地域金融機関の関係、あるいはもっと広い視野に立って国と国民の関係などをみた場合に、Voice or Exitの牽制機能が働くかというと、地域住民も地域金融機関も、先ほどの株主や従業員ほど簡単にはExitができないことが大きな足かせとなっていることがわかる。これは地域金融機関にとっては特に深刻な問題であり、逆に住民には「引っ越す」という選択肢がないわけではない。実際に北海道夕張市の場合、財政再生団体指定前の2008年３月末に１万2,000人以上だった人口が、2014年３月末には１万人を割り込むところまで減っている。また、国という大きな枠組みでみても、人によっては「移住」が選択肢になりうる。ところが地域金融機関は、取引先、従業員、店舗網など、すべての経営資源をまとめて他の地域に引っ越さなければならず、これは大幅な業態転換を伴わない限り、ほぼ不可能といわざるをえない。地域金融機関は、地域や地方自治体との関係において、事実上、Exitの選択肢を持ち合わせていないのである。

　住民による地方財政の監視には、財務評価のノウハウの面で限界があり、地方自治体にとって必要性を感じる提案にはなりにくい。一方で財務評価のノウハウが多少なりともあるはずの金融機関には、規制面でのインセンティブに欠けるほか、ExitのないVoiceとなることで、こちらも地方自治体にとって迫力のある提案にはなりにくい。だからこそ、両者が協働して地方自治体に働きかけることで、建設的な提案が本来の意味を発揮できる、Voice or Exitの状況をつくりだす必要がある。

(7) Voice醸成のための客観的・定量的分析が必要

　ここまで地方自治体の財政状況について、主に地域金融機関や住民といった外部の立場からこれを監視する際のポイントを論じてきた。多くの問題はあるものの、住民と、銀行をはじめとする専門家の両者が協働して取り組むことが、地方自治体に対して、財政改善に向けた具体的なアクションを促す第一歩となるものと考えられる。

　一方の地方自治体の側にも、情報開示姿勢に変化の兆しがみられる。きっかけは2006年5月に総務省の新地方公会計制度研究会が取りまとめた「報告書」である。

　ここでは、地方分権という大きな流れのなかで、これまでよりも自由でかつ責任ある地域経営が地方公共団体に求められ、その際に必要となる内部管理強化と、外部への説明責任のために、わかりやすい財務情報の開示が不可欠とされ、新たな公会計制度の導入が提案された。この「新公会計制度」は、地方自治体が従来の単式簿記に加えて、複式簿記に従った公会計の情報を段階的に作成し、開示していくというものである。具体的な財務書類の作成方法についても、2007年10月の「新地方公会計制度実務研究会報告書」にて「基準モデル」「総務省方式改訂モデル」という2つの選択肢が示された。直近では2014年4月に総務省より「今後の新地方公会計の推進に関する研究会報告書」が示され、段階的導入の現状と今後の課題について取りまとめがなされた。2014年3月時点では、全国1,700あまりの自治体の3分の2以上が、ホームページ上でなんらかのかたちで新公会計制度に基づく財務情報を開示している。後述するが、新地方公会計制度は、企業会計と比べればまだまだ発展途上のところも多いが、少なくとも複式簿記を前提とした財務情報の開示が今後充実してくるのは、金融機関をはじめとする財務分析の専門家にとって大変な朗報である。

　いみじくも2014年4月の総務省の報告書は、冒頭に新地方公会計制度を導

入する背景を次のように説明している。

地方財政の状況が厳しさを増す中で、財政の透明性を高め、住民や議会等に対する説明責任をより適切に図ることの重要性が高まってきている。また、地方分権の進展に伴い、自由でかつ責任ある地域経営が一層地方公共団体に求められてきている。

総務省、そして地方自治体自身が、財政運営に対するアドバイスを必要としており、そのための材料も、従来の決算情報に加えて複式簿記に基づく財務書類のかたちで、徐々に充実しつつある。いまこそ、地域住民は、銀行、投資家といった専門家の知恵を借りて、地方自治体の改善に知恵を出すべきときではないだろうか。そして銀行をはじめとする専門家は、限られた情報であってもこれを最大限に活かし、客観的、定量的な分析手段を確立すべく努力すべきであろう。これは資金運用者としての義務であり、さらには社会の公器としての責務ともいえる。

振り返れば赤字国債の大量発行が常態化した1990年代後半以降、常に国家財政は危機が叫ばれ、これにあわせて地方財政も不安視され続けてきたが、これまで一部の例外を除いて全般に平静を保っているのは、ひとえに国内のカネ余りからくる超低金利の金融環境が、公的部門の資金不足を補ってきたからにほかならない。カネ余りゆえに、地方自治体間の格差を意識することなく、銀行も投資家も低金利で資金を提供しているのであれば、まさにいまが最後のチャンスである。地方自治体の間の格差を意識しなければならなくなるその前に、専門家は地方財政を客観的に評価する技術を身につけなければならず、逆に地方自治体自身も専門家の声に耳を傾けて、財政の改善に真摯に努めるべきと、筆者たちは考える。

ここに「よい自治体、よい地方財政」を考える意味があるのだ。

第2章
どのように地方財政を分析するのか

(1) 地方自治体の分析に使用できる情報とは？

　「よい自治体、よい地方財政」を考えるに際しては、地方自治体の財務状態を読み解くための情報源にあたる必要がある。一般企業であれば、決算書を通じて財務状態を知ることができるが、地方自治体も、地方自治法第223条第6項にて住民に毎年公表することが義務づけられている決算の情報を頼りに、財政状態を知ることが出発点となる。

❶ 地方財政状況調査と決算カード・決算状況調

　最初に取り上げるのは、自治体ごとの決算報告書を総務省が毎年3月頃に取りまとめて開示している「決算カード」である。決算カードは、総務省が毎年実施している地方財政状況調査（決算統計）の集計結果に基づき、各都道府県・市町村ごとの各種財務情報、財政指標等を、自治体ごとに1枚の帳票に取りまとめたものである。元となる地方財政状況調査は、各種の法令に基づいて各自治体が一定の手続に従って総務省に提出しているため、自治体間相互の比較がしやすい情報といえる。また、決算カードは、毎年3月頃に総務省のホームページに全自治体分がまとめて公表されるため、データを一括で取得できるというのも、比較をする立場にとっては非常に便利な情報である。これに対して、冒頭に述べた各自治体がそれぞれ開示する決算報告書の生データにあたろうとすると、各自治体に個別に問い合わせて情報を収集する労力が必要となる。

　決算カードと似た情報としては、同じく総務省が公表している「決算状況調」がある（図表－7）。こちらも決算カードと同様に地方財政状況調査の結果をもとにしており、スプレッドシートの形式で最初から用意されている一方で、決算カードにあって決算状況調に含まれないという項目がいくつか存在している。こちらも総務省のホームページからダウンロードが可能である（http://www.soumu.go.jp/iken/kessan_jokyo_1.html）。

さて、決算カードと決算状況調とは、地方自治体の財政状況を分析する際に、現状では最も使いやすい情報であるが、財務分析の専門家がこれを用いるには、やはりいくつかの問題点がある。

　最初の問題は、財務情報の対象範囲である。決算カードと決算状況調とは、いずれも地方財政状況調査の結果に基づいており、その内容は同調査項目によって影響を受けている。図表－8では、地方財政状況調査が対象としている地方自治体の会計の範囲を示した。一般企業の決算書が単体決算と連結決算からなるのと同様に、地方自治体の決算についても、どこまでを「自治体」の会計とみなすかによっていくつかの種類が存在している。決算カードと決算状況調が対象とするのは、このうちの「普通会計」という範囲である。これは地方自治法第209条が定める「一般会計」に、同第209条第2項が定める「特別会計」の一部を加えたものである。自治体によって一般会計と

図表－7　決算状況調（表計算ソフトで開いたイメージ）

	A	B	C	D	E	F	G	H
1	第1表	決算状況						
2	1-1	決算状況						
3				平成24年度			平成23年度	
4	区分	歳入	歳出	歳入歳出差引 (A)	翌年度に繰り越すべき財源 (B)	実質収支 (A)-(B) (C)	歳入歳出差引 (D)	実質収支 (E)
7	北海道	2,466,992,981	2,461,237,624	5,755,357	5,483,414	271,943	8,265,716	1,213,420
8	青森県	732,879,754	709,354,544	23,525,210	21,119,798	2,405,412	21,700,101	2,606,293
9	岩手県	1,224,814,238	1,111,840,706	112,973,532	84,484,913	28,488,619	102,032,290	13,945,160
10	宮城県	1,987,900,522	1,827,760,395	160,140,127	129,618,234	30,521,893	168,600,086	27,589,653
11	秋田県	626,308,553	614,774,193	11,534,360	6,622,204	4,912,156	10,136,836	3,634,108
12	山形県	588,292,537	577,462,412	10,830,125	7,476,892	3,353,233	8,637,120	3,526,611
13	福島県	1,792,390,540	1,577,312,040	215,078,500	209,126,532	5,951,968	54,449,570	5,986,441
14	茨城県	1,134,971,885	1,109,927,483	25,044,382	17,505,212	7,539,170	29,086,465	5,882,561
15	栃木県	776,646,842	759,869,502	16,777,340	7,872,118	8,905,222	16,379,851	6,476,189
16	群馬県	750,842,481	740,019,418	10,823,063	8,037,515	2,785,548	11,893,857	4,127,604
17	埼玉県	1,633,973,624	1,624,765,586	9,208,038	5,619,230	3,588,808	9,921,842	4,514,627
18	千葉県	1,613,020,140	1,591,143,285	21,876,855	11,904,006	9,972,849	23,826,381	8,315,866
19	東京都	6,232,984,462	6,041,778,635	191,205,827	83,597,622	107,608,205	168,529,049	100,310,363
20	神奈川県	1,929,001,739	1,891,542,643	37,459,096	33,579,907	3,879,189	15,012,506	4,918,291
21	新潟県	1,300,812,208	1,259,152,586	41,659,622	35,368,440	6,291,182	26,408,135	4,621,255
22	富山県	559,738,902	539,031,441	20,707,461	19,424,875	1,282,586	23,603,754	1,324,551
23	石川県	570,721,713	558,712,801	12,008,912	11,245,513	763,399	10,722,745	749,135
24	福井県	454,572,261	447,931,707	6,640,554	3,056,631	3,583,923	7,423,133	4,294,255
25	山梨県	485,407,639	463,996,164	21,411,475	15,843,805	5,567,670	23,205,104	4,944,824
26	長野県	843,840,157	829,263,045	14,577,112	9,368,676	5,208,563	15,169,653	5,345,766
27	岐阜県	752,652,570	736,419,501	16,233,069	10,066,705	6,166,364	14,356,458	5,324,707
28	静岡県	1,128,493,749	1,106,829,105	21,664,644	14,873,249	6,791,395	18,956,074	6,592,074
29	愛知県	2,146,263,556	2,129,036,653	17,226,903	11,208,831	6,018,072	18,133,817	6,541,016
30	三重県	699,747,787	677,844,225	21,903,562	15,929,200	5,974,362	20,774,900	4,270,526
31	滋賀県	481,513,597	474,815,200	6,698,397	5,449,084	1,249,313	4,818,336	1,272,551
32	京都府	911,298,664	905,785,800	5,512,864	4,931,213	581,651	6,647,347	499,612
33	大阪府	2,782,199,220	2,751,488,922	30,710,298	16,742,672	13,967,626	26,927,262	12,412,781
34	兵庫県	2,041,056,485	2,029,932,747	11,123,738	10,430,462	693,276	9,924,549	731,088
35	奈良県	466,225,051	459,910,517	6,314,534	5,811,389	503,145	8,448,124	2,441,274
36	和歌山県	582,593,618	570,008,884	12,584,738	8,664,214	3,920,524	11,539,858	4,271,193

（出所）『平成24年度都道府県決算状況調　1-1決算状況』より

特別会計のいずれに含めるか対応が分かれる会計区分があることに配慮して、自治体間の比較をしやすくするためにつくられた概念といえる。

　地方自治体の財政状態をより正確に理解するために大事なことは、収入も支払も、可能な限り幅広く、漏れなく把握することである。たとえば、身近な公共施設として「市民病院」があるが、通常は市民病院の運営主体は市であり、市は自らの収入の一部を病院の運営費用に充当していることが多い。ところが会計上、病院の会計は「公営企業会計」といって一般会計ではなく特別会計に含まれ、普通会計の範囲からは除外される。ということは、もし市民病院が赤字を垂れ流していても、一般会計や普通会計の数字だけを分析していては、簡単には病院の問題にたどり着くことができないのである。

　一般企業でも、子会社に損失を付け替えて、親会社の決算を黒字にみせる会計操作がしばしばニュースになることがあるが、地方自治体においても同様であり、さまざまな取引や会計処理を通じて、一般会計や普通会計の数字をよくみせようとすることがある。したがって、地方自治体の本当の財政状

図表－8　地方公会計の対象範囲

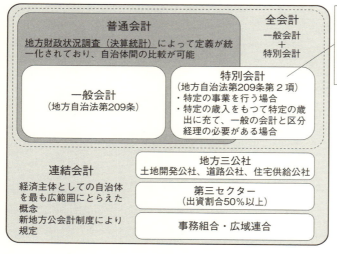

態をみるためには、会計の範囲をなるべく広くカバーして、財務情報を分析することが重要である。

　1990年代前半のバブル崩壊以降、地方自治体の財政を苦しめたものの1つに「土地開発公社」があげられる。土地開発公社はもともと、自治体が住宅や学校、公園などをつくる際の土地を先行的に取得することを目的として、地方自治体が設立した法人であり、地方自治体は土地が実際に必要になった際に公社からあらためて買い取ることが前提となっていた。ところが、バブル期に積極的に土地の先行取得を行った土地開発公社にあっては、後に地価が急落したことにより、地方自治体が現在の価格でこれを買い取ると巨額の損失が発生するため、多くの土地が買い取られずに何年にもわたって「塩漬け」にされた。一方で、土地開発公社は最初に土地を取得する際、地方自治体自身のほか、時には民間銀行からも借金をして土地購入資金を用意しているため、いずれはこれらの土地を地方自治体に買い取ってもらわねばならない。それも、いまの安い地価ではなく、購入当時の「簿価」で買い取ってもらわないと、土地開発公社自身が借金を返せないのである。こうして、土地開発公社が抱える土地は地方自治体にとっての「隠れ借金」となるのであるが、図表-8でもわかるように、土地開発公社の財務情報は一般会計にも特別会計にも含まれない。

　こうした隠れた情報までも含めて地方自治体の財政状態を評価するためには、土地開発公社を含む「地方三公社」や、地方自治体が出資する事業法人（第三セクター）などをカバーする「連結会計」を財務分析の対象とすることが本来望ましい。ところが、決算カードや決算状況調は、あくまで普通会計を対象としており、一部の特別会計や、公社・第三セクターに隠された赤字や債務の実態までは、詳しく知ることができないのである。

　決算カードや決算状況調のもう1つの問題は、前章でも述べたが、単式簿記による財務情報である点だ。あらためて従来の公会計の特徴である、単式簿記、現金主義の経理について整理しておく。

　現金主義の経理を一言で表すと「お小遣い帳」方式であり、そこには、現

金の出入り（収支）に関する、時点と金額、相手先の情報のみが記録される。したがって、職員への人件費の支払も、市庁舎建設にかかる費用負担も、帳簿上は全額が同じ時期の支出（歳出）として同列に扱われる。これに対して、一般企業の多くが採用する会計基準である発生主義の経理では、支払について現金が動いた時点ではなく、支払事由が発生した時点に費用として認識する。したがって、市庁舎建設費用のように、現金を支払った後も長きにわたって庁舎を利用する場合、利用期間ごとに支払事由が発生したものとして、期間に応じて費用として按分する「減価償却」の考え方をとるのが通常である。一般に現金主義は、棚卸資産や売掛金、販売設備のような資産を有しない、純粋な現金商売のケースでしか企業の期間損益を正しく認識できないとされており、企業の決算書で目にすることはほとんどない。

　単式簿記・現金主義の会計では、支払ったカネがモノに変わってしまえば、それ以降を帳簿で追いかけることがない。市町村が、公園を造成するための土地を購入したとしても、土地購入費用が「歳出」として記録されれば、経理上はそれで終わりであり、土地は会計とは別の台帳で管理されることになろう。これは、財務分析においてきわめて重要な意味を持つ「貸借対照表」に相当する情報が、公会計には明確には存在しないことを意味している。たとえば、自治体がいまの時点で手持ちの土地などの資産を売り払ったらいくらになるのか、いまの借金を返しきれるのか、といった基本的な財務の健全性の状態把握すら容易ではないのである。また、お金の出入りの情報について、あくまで対象となる年度における現金の収入と支出の内訳でしかないのも、分析上はおおいに悩むところである。典型的な例では、公会計においては、地方税による収入も、債券発行による借金も、現金収入という意味で同じ「歳入」として区分されている。同様に、借金の元本の返済も、利息の支払も、現金支出という意味では同じ「歳出」であり、科目としては「公債費」として区分されているが、このままでは、金利上昇が財政に及ぼす影響を分析しようにも、利息だけを取り出せないことには分析を進められないのである。

また、決算カードや決算状況調が、各自治体における決算報告をふりだしに、地方財政状況調査の調査票作成、総務省による確認と取りまとめ、という何段階もの工程を経るため、一般に公表されるまでに決算時点から約1年を要するというのも、タイムリーな財務分析という観点ではおおいに問題となる。これでは、せっかく詳細な分析を行っても、それはすでに1年前の自治体の姿でしかないのである。これに対して、たとえば東京証券取引所は上場会社に対して、決算期末後30日以内、遅くとも45日以内の決算短信の開示を求めている。一般企業における情報開示の時間的な感覚とはまったく異なるのが、公会計の開示の現状である。

　決算カードや決算状況調は、統一的な基準に基づく会計データをワンストップで参照できるという点で、外部の分析者にとって有用な情報である一方、対象範囲が普通会計にとどまること、単式簿記による収支情報が中心であること、時間的なタイムラグが一般企業の感覚よりもかなり長いことなどの問題を抱えている。ただしこのうち、タイムラグ以外の問題については、次に示す「新地方公会計制度」による新たな開示情報を通じて、おおいに解決が進もうとしている。

2 新地方公会計制度

　地方自治体における新たな情報開示への取組みとして、総務省の報告書を出発点に進められているのが新地方公会計制度である。これは、地方自治体が従来の単式簿記に加えて、複式簿記に従った公会計の情報を段階的に作成し、開示していくものである。直近では2014年4月に総務省より「今後の新地方公会計の推進に関する研究会報告書」が示され、段階的な導入の現状と今後の課題について取りまとめがなされている。

　新地方公会計制度において開示の対象となるのが「財務4表」であり、これは一般企業と同様に複式簿記によって作成される4種類の財務情報からなる。具体的には、貸借対照表（BS）、行政コスト計算書（PL、損益計算書）、純資産変動計算書（NW、株主資本変動計算書）、資金収支計算書（CF、

キャッシュフロー計算書）の4つである。また、集計の対象範囲として、普通会計に加えて、一般会計とすべての特別会計を合わせた全会計、公社や第三セクター等まで含めた連結会計についても想定されている。

　財務4表の作成方法は、総務省が「新地方公会計モデルにおける連結財務書類作成実務手引」等の詳細なマニュアルを用意しており、地方自治体はこれにしたがって、従来の会計データをベースに財務4表をつくりあげることができる。ただし、もともと地方自治体が持っているデータは、あくまで「単式簿記」が基準の会計数値である。これを複式簿記をベースとした財務4表につくりかえるには、一定の読替えルールや、足りない情報の補完ロジックを通じた、段階的な移行が避けられない。総務省は、「総務省方式改訂モデル」と「基準モデル」という2種類の移行方法のうちのいずれかを自治体が選ぶことを求めている。

　このうちの総務省方式改訂モデルは、公有財産の状況（資産残高）や発生主義による取引情報（収支）を、複式簿記によることなく、既存の地方財政状況調査（決算統計）の情報を活用して作成するもので、従来の単式簿記・現金主義の会計から比較的容易に作成可能とされる方式である。2011年度決算においては、財務4表を作成している1,711団体のうちの1,416団体（82.8%）が採用している。

　これに対して基準モデルは、個々の取引について発生のつど、または期末に一括で発生主義にて複式簿記による仕訳を行い、資産についても固定資産台帳を整備して時価評価に近い財務書類を作成する方式であり、2011年度決算においては254団体（14.8%）が採用している。

　現状は1,789団体（都道府県市町村）（2011年度末時点）のうち前述の1,711団体（95.6%）が、なんらかのかたちで財務4表などの財務書類を作成しており、公会計は単式簿記・現金主義、という常識も徐々に過去のものとなりつつある。参考までに、図表－9に総務省方式改訂モデルによる財務4表（BS）の例を示した。

　新地方公会計が全国の自治体に浸透するのは、外部の分析者にとっておお

いに歓迎すべきことであり、従来の決算カード・決算状況調だけに頼らざるをえなかった財務分析に比べれば、地方財政の実態をより深く、より広く知ることが可能となる。ただし、一般企業の財務評価と同様に分析を行うためには、なお越えなければならないハードルがいくつか存在している。

最大の問題は、前述のとおり財務4表の作成方法が複数あり、それらが自治体の自由選択に任せられていることである。総務省方式改訂モデルと基準

図表－9　総務省方式改訂モデルによる貸借対照表の例（2011年度、埼玉県）

貸借対照表（連結）				
（平成24年3月31日現在）					(単位：千円)
借　　方			貸　　方	
[資産の部]			[負債の部]	
1 公共資産			1 固定負債	
(1) 有形固定資産			(1) 地方公共団体	
①生活インフラ・国土保全	4,624,880,304		①普通会計地方債	3,762,750,230
②教育	651,396,298		②公営事業地方債	255,170,344
③福祉	37,807,945		地方公共団体計		4,017,920,574
④環境衛生	530,498,256		(2) 関係団体	
⑤産業振興	269,998,863		①一部事務組合・広域連合地方債	
⑥警察	166,107,239		②地方三公社長期借入金	21,033,965
⑦総務	177,153,242		③第三セクター等長期借入金	65,555,669
⑧収益事業	2,590,778		関係団体計		86,589,634
⑨その他	449,177		(3) 長期未払金		85,934,229
有形固定資産計		6,460,882,102	(4) 引当金		696,753,552
(2) 無形固定資産		234,453,112	（うち退職手当等引当金）		639,225,234
(3) 売却可能資産		22,219,835	（うちその他の引当金）		57,528,318
公共資産合計			6,717,555,049	(5) その他		74,105,695
			固定負債合計			4,961,303,684
2 投資等			2 流動負債	
(1) 投資及び出資金	5,704,690		(1) 翌年度償還予定額	
(2) 貸付金	77,410,395		①地方公共団体	209,469,180
(3) 基金等	181,294,986		②関係団体	5,936,979
(4) 長期延滞債権	26,878,151		翌年度償還予定額計		215,406,159
(5) その他	40,669,860		(2) 短期借入金（翌年度繰上充用金を含む）		470,000
(6) 回収不能見込額	△ 7,144,238		(3) 未払金		30,036,619
投資等合計			324,813,844	(4) 翌年度支払予定退職手当		77,675,775
			(5) 賞与引当金		35,759,315
3 流動資産			(6) その他		7,039,598
(1) 資金	142,678,478		流動負債合計			366,387,466
(2) 未収金	25,490,538		負　債　合　計				5,327,691,150
(3) 販売用不動産	1,670,243				
(4) その他	588,020,817				
(5) 回収不能見込額	△ 135,424				
流動資産合計			757,724,652	純　資　産　合　計				2,474,303,110
4 繰延勘定			1,900,715		
資　産　合　計				7,801,994,260	負債及び純資産合計			7,801,994,260

（出所）『平成23年度の埼玉県の財務諸表について』より

モデルでは、同じ財務4表でも財務情報を構成する項目名が異なり、また同じ項目名であっても中身には違いがあるなど、同等の比較をすることがむずかしい。上場会社の財務分析にたとえると、国内基準と米国会計基準をそれぞれが採用する2社の決算書の比較よりは、基準の違いがはるかに大きいといってもよいだろう。加えて地方自治体の場合、国内最大規模の自治体である東京都が、総務省方式改訂モデルでも基準モデルでもない、独自の「東京都モデル」を採用していることから、この方式も考慮に入れねばならない。複数の会計基準にヨコ串を通した分析手法を確立できなければ、せっかく、新地方公会計に基づいてこれまで以上に詳細な財務情報の開示を受けたとしても、自治体間の比較ができないのである。

　比較可能性の問題はもう1つある。新地方公会計制度では連結財務書類の作成が勧められているものの、現状は強制ではないため、なんらかのかたちで連結の財務4表を作成しているのは、1,789団体のうち1,214団体（67.8％）にとどまる（2011年度決算）。たしかに全体の3分の2強という水準は、従来の開示状況からすれば大きな前進であるものの、この手の情報を比較のために利用するには、原則として全員が同じ基準で集計した数値でなければならない。たとえば、土地開発公社が巨額の債務を抱える2つの地方自治体があったとして、一方は連結財務諸表を開示、もう一方は普通会計の財務諸表のみ開示していた場合、実態は同じであっても、連結財務諸表を開示したほうだけが財政状態を悪く評価されることが起こりうるが、これでは公正な比較とはいえまい。したがって、いまの連結財務の開示状況では、比較のための分析に使える情報としては、多くの全自治体が共通して開示している普通会計に頼らざるをえない。

　新地方公会計の情報を分析に使用する際に、別の観点で注意しなければならないのが、そもそもこの情報を開示すること自体が地方自治体にとって強制ではないことである。2006年の新地方公会計制度研究会の報告書以降、地方自治体による財務諸表の作成と開示に向けて総務省が旗振り役を務めているが、地方自治体に財務諸表の作成や開示を直接的に義務づける法令はいま

のところ存在していない。これは、地方交付税の算定根拠として使用することもあって、法的に作成が義務づけられている地方財政状況調査の調査票とは、位置づけが根本的に異なることを意味する。

総務省によると、「地方公共団体に公会計による財務書類の作成を義務付ける法律上の規定は存在しない」が、「行革推進法第62条は（中略）、資産・債務を網羅的に表示することができる財務書類の整備は資産・債務改革の前提であると考えられることから、（公会計の整備の）取り組みが必要であると解することができる」という。したがって、地方自治体が作成している新地方公会計による財務情報は、自発的に開示されたものであり、開示しないことにも、あるいは誤記・虚偽記載があっても、自治体も国もなんら責任を負

図表－10　公会計情報の開示内容比較

	決算状況調	決算カード	財務4表
開示主体	総務省		各自治体
発表時期	翌2月（都道府県）翌3月（市町村）	翌3月	任　意
対象範囲	普通会計		普通会計 連結会計
会計基準	現金主義		一部複式簿記による会計処理 行政コスト計算書（PL） 貸借対照表（BS） 純資産変動計算書（NW） 資金収支計算書（CF）
特　徴	・総務省実施の「地方財政統計」に基づく法的拘束力の強いデータ ・フォーマットが統一されており比較可能性に優れる		・総務省の「新地方公会計制度研究会報告書」等に基づく、法的拘束力の弱いデータ ・複数の会計基準（改訂モデル、基準モデル、東京都モデルなど） ・開示レベルは自治体によってまちまち

うことはなく、罰則も存在しないのが実情である。これは、金融商品取引法や法人税法等で財務書類の作成義務を負っている一般企業の財務情報と決定的に異なる点といえよう。なお、行革推進法（2006年6月）第62条第2項では「企業会計の慣行を参考とした貸借対照表その他の財務書類の整備に関し必要な情報の提供、助言その他の協力を行う」ことが政府の義務とされており、これが、旗振り役である総務省の側が制度整備を進めるための一定の法的根拠となっている。

財務4表の作成と開示が義務ではなく、地方自治体の自主性によるものであることの問題点を端的に表すのが、開示状況の違いである。2013年3月末時点の総務省の集計結果によると、前述のとおり2011年度決算において1,789団体中1,711団体が新地方公会計に基づく財務書類を作成済み、または作成中となっている。

これに対して、実際に各自治体のウェブサイトをあたって、情報の利用が可能かどうかを集計したのが図表－11の結果である。これによると、なんらかのかたちでサイト上に財務書類を開示している自治体は、1,788団体中1,232団体にとどまる（2014年9月現在）。さらにこのうちの218団体は、総務省が手引のなかで示しているフォーマットをなんらかのかたちで集約した簡易版の情報のみを開示している。図表－12は総務省方式改訂モデルを採用する兵庫県について、ウェブサイト上で公表している様式を示したものだ。図表－9の埼玉県と比べて、参照できる情報が極端に限られているのがわかる。連結財務諸表の問題の箇所（30ページ）で示したとおり、開示レベルが異なるものを比較する場合には、開示レベルが粗いほうにあわせて分析項目を絞らざるをえないため、現状ではせっかくの財務4表も主要な財務項目しか分析には活用しきれないのが実態である。

財務4表の開示は始まったばかりだが、全国の自治体に徐々に浸透しつつあるのは、住民や債権者にとって、まずは非常に望ましい流れである。一方で、財務情報の開示の世界では、まさに「悪貨が良貨を駆逐する」ことから、新地方公会計制度がより実効的に機能するためには、総務省が強いリー

図表－11　新地方公会計制度によるウェブサイトでの情報開示状況
（2011年度決算）

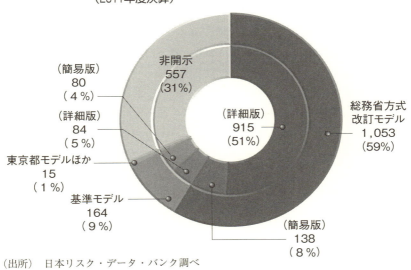

（出所）　日本リスク・データ・バンク調べ

図表－12　財務4表簡易版

（単位：億円）

資産の部		25年度 a	24年度 b	増減 (a−b)	負債の部		25年度 a	24年度 b	増減 (a−b)
1	公共資産	80,062	80,260	▲198	1	固定負債	57,888	58,640	▲752
	(1)有形固定資産	79,567	79,664	▲97		(1)地方債等	49,669	50,271	▲602
	(2)無形固定資産	345	356	▲11		(2)退職手当引当金	4,841	4,958	▲117
	(3)売却可能資産	150	240	▲90		(3)預かり金等	3,378	3,411	▲33
2	投資等	6,774	6,782	▲8	2	流動負債	9,736	7,573	2,163
	(1)投資及び出資金	1,863	1,806	57		(1)翌年度償還地方債	8,124	5,936	2,188
	(2)貸付金	1,481	1,568	▲87		(2)翌年度支給退職手当等	1,612	1,637	▲25
	(3)基金	1,805	1,752	53	負債合計　B		67,624	66,213	1,411
	(4)長期延滞債権等	1,625	1,656	▲31	純資産の部		25年度 a	24年度 b	増減 (a−b)
3	流動資産	7,468	6,557	911	純資産　A−B		26,680	27,386	▲706
	(1)資金	6,488	5,232	1,256					
	(2)未収金等	980	1,325	▲345					
資産合計　A		94,304	93,599	705	負債及び純資産合計		94,304	93,599	705

（出所）　2013年度、兵庫県、連結貸借対照表

ダーシップを持って、ある程度拘束力のある開示義務を地方自治体に課すことが必要であろう。またその際には、通常の決算数値のみならず、財務諸表の数値についても、一定の監査を通すことを義務づけることがより望ましい。なお、2015年1月23日の総務省通知「統一的な基準による地方公会計の整備促進について」では、これまで複数あった公会計基準を統一する「統一的な基準」が示され、2015年度からの3年の移行期間を経て、すべての地方自治体に対して複式簿記による新たな財務書類の作成を要請している。こうした動きにより、今後は、複式簿記をベースとした財務情報の比較可能性が飛躍的に高まることが期待される。

3 人口動態等の補足情報

　決算カードや決算状況調、財務4表は、形式、対象の違いはあれ、いずれも地方自治体の過去の資金の動きを示す情報である。地方財政の評価とは、地方自治体のカネが将来にわたって足りるのかを、足元の状況から判断することであり、まずは足元のカネの動きが重要なことはいうまでもない。一方で、カネの動きを決めるのは、モノやサービスの動向であることから、財務の評価にはカネ以外の情報も当然に必要である。財務情報の1つとしてあげた決算カードにも、住民基本台帳上の人口や、自治体の面積、職員の数など、直接的には資金と関係のない数値が含まれている。

　地方財政を評価する際に、財務情報以外で最も注目すべきなのが人口である。地方財政にとって人口は、税収の大きさを決めると同時に、必要な行政サービスの規模、つまり費用の大きさにもかかわるキーファクターである。このため、将来の財政状況を知るためには、足元の人口だけでなく今後の人口の動きを推計することも非常に重要である。

　一般に、将来の人口の推計値として広く参照されているのが、国立社会保障・人口問題研究所が定期的に公表している「日本の地域別将来推計人口」である。これによると、2010年度で1億2,800万人あった日本の総人口は、2050年度には9,700万人まで減少することが予想されている。そして、国、

地方を問わず財政にとって特に深刻と考えられているのが、主たる税収の担い手である生産年齢人口（15歳から64歳までの人口）の落ち込みであり、2010年度に8,100万人あったものが、2050年度には5,000万人まで減少することが予想されている。

図表－13では、過去の将来推計人口（中位推計）と国勢調査の結果、つまり推計と実績とを比較している。さまざまな経済予測のなかでは比較的精度が高いとされる将来人口だが、過去には外れたケースも散見される。代表的なのが1986年12月推計であり、これはその前の1981年11月推計で出生率の前提を大きく引き下げたものを、将来的に出生率が回復する方向に修正したことによる。ただし、次の1992年9月推計以降は、出生率の回復を見込まない前提での推計が続いており、結果的には国勢調査結果と整合するようになっている。人口動態の将来予測に関する情報は、出生率等の前提に注意を払う必要はあるものの、地方財政の先行きを知るための重要な参考情報として分

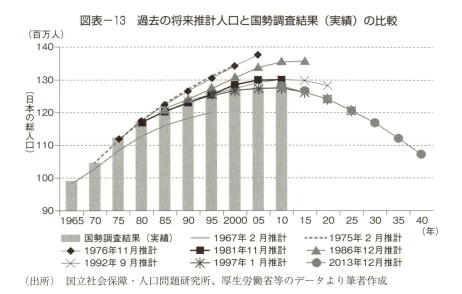

図表－13　過去の将来推計人口と国勢調査結果（実績）の比較

（出所）　国立社会保障・人口問題研究所、厚生労働省等のデータより筆者作成

析におおいに活用する余地があろう。

　銀行が貸出先の状況を審査する際には、決算書の情報だけでなく、数字にあらわれない定性的な要素も十分に考慮に入れて調査するのが通常である。すでに述べたように、決算カードや財務4表といった会計上の数値にいくつかの問題がある以上、地方自治体の分析を詳細に行うには、それ以外の定性的な情報も積極的に活用することが重要である。将来推計人口や、その前提となる出生率といった情報は、自治体の会計数値そのものではなくとも、財政の先行きに深くかかわっている情報である。このほかにも、たとえば固定資産税との関係が深い地価の情報や、事業者が納める市町村民税にかかわる事業所数や従業者数など、分析に役立つ情報は多岐にわたっている。

　本当の「よい自治体、よい地方財政」を知るためにどんな情報が必要か、これを考え続けることも専門家には求められる。

(2)　総務省によるものさし「健全化判断比率」

■1　地方交付税制度と総務省

　住民や金融機関は、自治体の決算やその他の情報を活用して、自らの手で地方財政の状況を詳しく調べることができるが、もし、ほかの専門家の手による客観的な分析結果が活用できるのであれば、それを参照することも有力な選択肢である。

　いまの日本で、全国の自治体の財政状況を最も正確に把握し分析しているのは、総務省をおいてほかにない。というのも総務省は、地方交付税法第4条に基づいて、各地方自治体の財政状況を的確に把握し、収入が不足する自治体に対して地方交付税を交付する権限と責任を担っているからである。決算カードや決算状況調の情報も、このために総務省が収集した膨大なデータの一端である。

　さて、地方交付税とは、自治体ごとに等しく事務を遂行できるように、財

源(自治体にとっての収入源)の均衡化を図る目的で、国が地方自治体に交付する補助金のことであり、基本的には次の算式によって決定する。

普通交付税額＝基準財政需要額－基準財政収入額
(このほかに特別交付税があり、あわせて地方交付税という)

　基準財政需要額とは、地方行政を運営するうえで必要な経費額を合理的に算定したものであり、地方交付税法にて計算方法が事細かに定められている。これに対して基準財政収入額とは、標準的な税率を前提として算定した税収の見込額である。両者の差額が、地方交付税法が想定する標準的な行政事務を遂行するのに必要な費用に対する、自治体ごとの税収の不足分である。総務省は、この基準財政需要額と基準財政収入額を正確に計算するために、地方自治体から細かな財政情報を集めている。

　基準財政需要額と基準財政収入額、およびそれを算出根拠として計算される普通交付税の額は、それぞれが自治体の財政状況の一端を、地方交付税法というフィルターを通じて表現したものといえる。なお、基準財政需要額を基準財政収入額が上回る場合には、財源の不足がないということで普通交付税は公布されない。2012年度決算において普通交付税を受け取っていないのは、47の市町村、および東京都の全48団体であるが、これらを特に「不交付団体」と呼ぶ。

2　財政健全化法と健全化判断比率

　一方、自治体ごとの財政状況に対する総務省の評価をより直接的に表現する指標として、財政健全化法(地方公共団体の財政の健全化に関する法律)のもとで公表される「健全化判断比率」というものがある。財政健全化法は、地方財政の健全性に関する比率の公表制度を通じて、地方自治体に健全な財政運営を促すことを目的としており、健全性の目安として定義されているのが健全化判断比率である。健全化判断比率としては4つの財務指標が定義さ

れており、この数値が一定の水準を超えた自治体は、「財政健全化団体」や「財政再生団体」として、財務改善のための計画の策定と遂行を求められることになる。健全化判断比率はそれぞれ次のような定義式からなる。

・実質赤字比率＝実質赤字額÷標準財政規模
　前年度の一般会計等における歳入と歳出の差額（赤字額）の埋め合わせに使った費用の大きさを表す。大きいほど、歳入不足が深刻であることを意味する。

・連結実質赤字比率＝連結実質赤字額÷標準財政規模
　実質赤字比率と同じ意味だが、赤字の集計対象として公営企業等まで含めている。

図表－14　早期健全化基準と財政再生基準（資金不足比率を除く）

		早期健全化基準 財政健全化団体 （以上）	財政再生基準 財政再生団体 （以上）
実質赤字比率	市町村	11.25%～15.00% （財政規模による）	20.00%
	都	5.69%	8.87%
	道府県	3.75%	5.00%
連結実質赤字比率	市町村	16.25%～20.00% （財政規模による）	30.00%
	都	10.69%	18.87%
	道府県	8.75%	15.00%
実質公債費比率		25.00%	35.00%
将来負担率	市町村	350%	
	都道府県 政令市	400%	

- 実質公債費比率＝（元利償還金＋準元利償還金－特定の償還財源－算入公債費等）÷（標準財政規模－算入公債費等）

　借入金に対する金利負担と、元金の返済負担の相対的な大きさを示している。大きいほど、金利や元本返済にかかる負担が重いことを意味する。

- 将来負担比率＝将来負担額÷（標準財政規模－算入公債費等）

　一定の保証債務まで含めた借入残高全般の相対的な大きさを示している。大きいほど、将来にわたって返済すべき借入が多いことを意味する。北海道夕張市の事例で、第三セクターや公営企業に対する自治体の巨額の債務保証が、財政破綻の要因と考えられたことから、指標として重視されている。

　現在の日本の法制度では、自治体の破綻について明確な定義がないとされているが、これは、財政健全化法のもとで財政再生団体に指定されると、国がその自治体の借金を実質的に肩代わりすることで、他の債権者に迷惑をかけないかたちで事を収めることが前提になっているからであろう。したがって健全化判断比率は、単に自治体の財政状態を示すのではなく、指標そのものが自治体の生死を決めるものである。いかにして健全化判断比率を適正な水準に保つか、そのための財政面のさまざまな施策を考えることこそが、自治体自らが行う財務分析の大きな目的の１つとなる。

　2012年度決算において健全化判断比率が早期健全化基準（財政健全化団体に指定される指標水準）を上回っているのは、北海道夕張市（実質公債費比率40.0％）と、大阪府泉佐野市（将来負担比率352％）の２団体だけである。

3　健全化判断比率の限界

　健全化判断比率は、自治体の財政の健全性を定量的に表した基準であり、外部の人間が自治体の財務状況の良し悪しを判断するうえで有用な指標ではあるが、その数値の具体的な意味合いを考えると、注意すべき点が浮かびあ

がる。それはひとえに、標準財政規模という数値の不安定さである。

健全化判断比率は4つとも、赤字幅、もしくは債務の大きさに注目した指標だが、いずれも分母には標準財政規模が含まれ、これが自治体の大きさを測る基準となっているのがわかる。では、標準財政規模とはいかなる数字なのであろうか。

標準財政規模とは、総務省によると「地方公共団体の標準的な状態で通常収入されるであろう経常的一般財源の規模を示すもの」とされており、地方財政法施行令第13条にて次の式で定義されている（市町村の場合）。

標準財政規模＝
（基準財政収入額－地方譲与税等※**）× 4/3 ＋地方譲与税等**※**＋普通交付税＋臨時財政対策債（歳入）**
※特別とん譲与税、自動車重量譲与税、航空機燃料譲与税、地方揮発油譲与税、および交通安全対策特別交付金の見込額

なお、ここでいう基準財政収入額とは、標準的な税率によって算定した各種税収の見込額であり、地方交付税法第14条にて税源ごとに細かな計算方法が定められている。いずれも法令によって定義式が明らかにされているが、これを再現するには、納税義務者数や課税標準額等のきわめて詳細なデータが必要となる。また臨時財政対策債とは、本来は国が普通交付税として支給すべき金額を、国側の財政要因で用意できなかった場合に、普通交付税として受け取るはずだった金額を上限として、自治体が地方債を発行して資金調達することを認める制度である。国側の財政要因が許すようになった段階で、償還のための財源を国が交付税にて自治体に支給することから、国にとっては普通交付税の立替払いのような意味合いを持っている。

これらを踏まえて標準財政規模の大まかな意味を考えると、前年の情報をもとに算出した、標準的な外部環境のもとでの歳入見込額、と解することができる。自治体の規模を比較するための尺度として特に問題はないようにみ

えるが、実際にこの数値の動きを追ってみると一筋縄ではいかないことがわかる。というのも、歳入のなかに「普通交付税」が含まれており、この動きが外部からは簡単には見通せないからだ。

ここでは、青森県大鰐町の例を取り上げたい。大鰐町は青森県東南部に位置する人口1万人ほどの町であり、経営難に陥った第三セクターへの財政支援によって、大鰐町自体の財政も悪化していた。図表－15は大鰐町の2001年度以降の標準財政規模と普通交付税の動きを示したものだ。大鰐町ではこの間、一貫して人口が減少しているにもかかわらず、標準財政規模は大きく増減しているのがわかる。標準財政規模の動きにあわせて普通交付税も大きく動いており、人口減少が続く自治体にあって歳入見込額が時には増えることを合理的に予見できるかというと、かなりむずかしいのではないかと推察される。

もう1つ、滋賀県竜王町のケースをみてみよう。竜王町は県中央部に位置する人口1万人強の町であり、自動車工場や大規模アウトレットモールなど

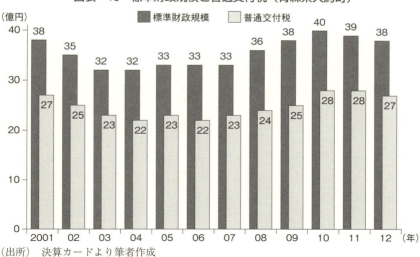

図表－15　標準財政規模と普通交付税（青森県大鰐町）

（出所）　決算カードより筆者作成

により、税収面では比較的恵まれた自治体とみられる。図表−16は先ほどと同様に標準財政規模と普通交付税の動きを比べたものだが、こちらも2005年頃から標準財政規模が大きく増減しているにもかかわらず、普通交付税の額はほとんど影響を受けていないのがわかる。一方で、標準財政規模のブレによって実質公債費比率が大きく影響を受けており、2005年度の13.8%から2010年度には19.3%にまで上昇している。実質公債費比率が財政の危険度合いのシグナルとして機能するのは、借金の返済と利払の負担額である公債費の大きさを、自治体の規模に引き直して評価できるからであるが、規模に引き直す際の基準となる標準財政規模が大きく動いてしまうのでは、指標としての評価がむずかしくなってしまう。なお、先ほどの大鰐町の人口は2012年度で10,984人、竜王町は同じく12,621人で若干上回るが、直近の標準財政規模は、大鰐町の38億円に対して竜王町は36億円であり、上下関係が逆になっている。

このように、標準財政規模は定義式こそ法令で明らかにされているもの

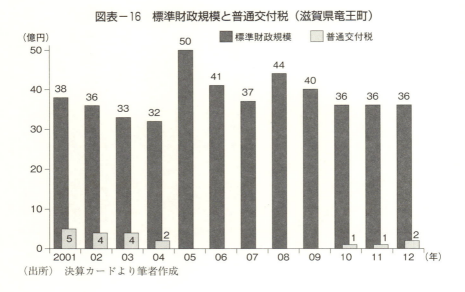

図表−16　標準財政規模と普通交付税（滋賀県竜王町）

（出所）　決算カードより筆者作成

の、再現するには詳細かつ広範なデータが必要となるうえに、実際の数値には「標準的な外部環境のもとでの歳入見込額」という趣旨からは想像しがたいブレもあり、この要因を外部からとらえることは必ずしも容易ではない。この結果、健全化判断比率は、時に予見がむずかしいような大きな変動をみせる。財政の健全性を評価する指標として全面的に信頼するには、客観性・予見可能性の面で一定の留保を要するというのが、健全化判断比率の1つの限界である。

なお、健全化判断比率のうち実質赤字比率と連結実質赤字比率の2つについては、黒字の場合には公表しなくてよいことになっている。2012年度決算にて実質赤字比率が赤字の団体はゼロ、連結実質赤字比率が赤字の団体は7つである。赤字の場合だけではなく、黒字でもギリギリなのか、余裕を持って黒字なのかでは、財政状況には大きな差があるはずだが、現行制度のもとでこれを確認する手段はなく、また決算カードだけでは再現ができない。企業の財務諸表で、黒字の場合には損益を公表しなくてよいといわれたら、誰もが首をかしげることであろう。今後の制度の改善が待たれるところである。

4 財政力指数

もう1つ、総務省が用意している財政指標のなかで注目度の高いものに「財政力指数」というものがある。これは、以下の式で定義される。

財政力指数＝基準財政収入額÷基準財政需要額（過去3年間の平均値）

基準財政収入額の定義は前述のとおりである。基準財政需要額の定義も、地方交付税法第11条以下で事細かに定められており、再現するためには、たとえば道路面積や港湾施設の規模など、基準財政収入額以上に詳細なデータが必要となる。

財政力指数の大まかな意味は、「標準的な外部環境のもとでの」歳入と歳

出の比率(の3年平均)である。ここには標準財政規模とは違って、普通交付税や臨時財政対策債が含まれていないため、大きな変動を引き起こすような要素は見当たらない。しかしながら、基準財政収入額、基準財政需要額そのものを外部から再現することには、同様に技術的な困難があるものと考える。

5 信用格付

　総務省が日本の自治体の財政評価の第一人者であることは論を俟たないところだが、同じように、一定のポリシーのもとで自治体の評価を行っている民間企業に格付会社がある。格付会社が自治体を評価する目的は、自治体が発行する債券の償還可能性(安全性)を投資家に伝えることにあり、そこで債券の償還可能性を格付というかたちで表現している。たとえば、大手格付会社のスタンダード＆プアーズは、自社の格付を次のように説明している。

> **スタンダード＆プアーズの信用格付けは、主として、債務者や債務の総合的な信用力について、相対的な序列を表すように意図されている。格付けは債務不履行の蓋然性について絶対的な水準を表す尺度ではない。信用力には、債務不履行の蓋然性のほか、(1)支払いの優先順位、(2)(債務不履行時の)回収見込み、(3)信用度の安定性といった要素が含まれている。**

　したがって自治体向けの格付であれば、自治体自身や地方債の総合的な信用力についての相対的な序列を表していることになる。注意が必要なのは、この格付には(2)回収見込みの要素が含まれているということである。前述のとおり、日本の自治体の債務には事実上、財政健全化法による国の保証が付されていることから、総合的な信用力という観点で自治体の比較を行うと、自治体単独での債務不履行の蓋然性(＝デフォルトの可能性)の違いが薄まってしまう可能性が高い。

(3) 地方自治体を評価するものさしとは？

　総務省が算出している健全化判断比率や財政力指数は、再現には広範かつ詳細なデータの収集が不可欠なため、外部から予見することが相当に困難という問題はあるものの、自治体の財政状況の一面を評価する指標として有効であることはいうまでもない。また、健全化判断比率は、それ自体が早期健全化団体・財政再生団体の判定基準そのものであること、財政力指数も、普通交付税の要否を判定する基準となっていることから、それ自体がその後の自治体の財政運営に直接的に影響を及ぼすという意味で、単なる財務指標以上の意味合いを持っているのも確かである。

　ただ、これらの指標に注目して指標値の改善を図ることだけが、市民にとって必要な自治体の財務改善のあり方なのかというと、それだけでは不十分であろう。健全化判断比率も財政力指数も、それぞれの目的に応じて、財政の一部分を評価した指標にすぎない。健全化判断比率であれば、財政破綻を未然に防ぐために自治体の財政収支と債務規模に注目しており、その目的にかなった指標定義になっている。財政力指数も同様であり、自治体間の財政不均衡を是正する普通交付税の目的に従って、標準的な外部環境下での自治体単独での収支見通しに基づく適切な普通交付税額の算定を志向した指標定義となっている。ところが、市民にとって必要な自治体の財政のあり方とは、健全で破綻しなければそれでよい、というものでもないだろう。また、財務の収支が良好で自治体に金が余っていればそれでよい、というものでもないはずだ。このあたりは、さまざまな議論はありながらも、まずは「企業価値」という1点で評価すれば大きく外すことのない企業財務の分析とまったく異なるところである。

　1つの例として再び北海道夕張市の例をあげておきたい。自治体の収支状況を評価する指標の1つに「経常収支比率」というものがあり、次の式で定義される。なお、経常収支比率は決算カードにも収録されている。

経常収支比率＝経常経費充当一般財源等÷経常一般財源（歳入）

　分子は経常的に発生する費用、分母はこれに対応した収入であり、企業の評価で用いる経常収支比率のイメージとは分子・分母の位置関係が逆になっている点に注意を要する。自治体の場合には、経常収支比率が低いほど「財政の弾力性が高い」というポジティブな評価をする。さて、夕張市の経常収支比率は2012年度決算で79.9%であり、これは低いほうから数えて全国で上位20%に入る水準である。いまの夕張市にとっては、少しでも経常経費を切り詰めて巨額の債務の削減を図ることが合理的な行動なのだが、これがほかの自治体にとっても同じように合理的かというと、必ずしもそうとはいえまい。行政の経費を切り詰める際には、住民サービスの低下とのトレードオフが必ず問題となる。一定の質・量の住民サービスを維持するためには経常収支比率を下げすぎないほうがよい、という考え方も当然成り立ちうる。
　同じようなことは自治体の人件費についてもいえるかもしれない。企業の財務分析の場合には、企業価値自体が、企業が（株主のために）生み出す将来キャッシュフローの合計額として定義できるため、株主にとってのキャッシュフロー上はマイナスにしかなりえない人件費が、しばしば真っ先にコストカットの対象となる。ところが、自治体にとっての人件費は、収支だけをみればマイナス要素だが、下げすぎれば行政サービスの低下を通じて住民の満足度を下げることになる。また、人件費の対象たる公務員は住民でもあることから、極端な引下げやリストラが仮にあると、地域経済に対する影響も無視できないことであろう。これも、大きすぎても小さすぎても、なんらかの問題が発生する項目とみることができる。
　地方財政の将来に対する懸念とは、通常は、財政のさらなる悪化と、その行く末としての自治体の財政破綻にあることから、目指すべき財務の改善とは、第一に財政の健全性を確保することにある。ところが、住民の利害をもう少し幅広くとらえると、必ずしも健全性だけではすまないことがわかる。自治体の財務の改善とは、単に破綻しないことだけが目的なのではなく、よ

り積極的な目的もあってしかるべきなのである。

「多少の借金はあっても、住民サービスに配慮した財政運営」

「資金がある限りインフラ投資を優先し、地域経済の刺激を優先する財政運営」

いずれも住民が望むのであれば、あるべき自治体の財政の姿として間違いとはいえないはずだ。何をもって「よい自治体」とするか、まず分析する側にポリシーがあってはじめて、自治体を評価する際の尺度を具体的に考えることができるのである。

(4) 何をもって「よい自治体」とするか

とはいえ、目下の地方自治体の財政状況は、基本的には国の後ろ盾によってどうにか命脈を保っているところである。今後、国の財政自体がより厳しい局面を迎えるなかでは、自治体自身も、少しでも自立した財政運営を目指すよう意識すべきであろう。したがって、国に頼ることがむずかしくなる将来環境を前提とするならば、「よい自治体」を定義する際の最大のポイントは、何よりも「財政の自立性」ではないだろうか。また、少子化・高齢化のような大きな社会変化は、1年や5年といった短期間ではなく、10年、20年という長い時間をかけてゆっくりと進むものである。ここでは、目先の自主財源のことだけを評価するのではなく、将来にわたる財政の自立性をも考慮に入れるべきであろう。そのためには、将来の財源の動きに影響する要素もあわせて評価すべきであり、たとえば、人口の変化や年齢構成だけではなく、長期的には人口が集まる要因となりうる行政サービスの水準などにも目を配ることが必要となる。そして何より、現時点でいくら財政的に自立していても、将来的には急速に財政が悪化することが目にみえているのでは元も子もない。したがって、健全化判断比率でみているような将来的な債務の償還可能性も、評価においては重要な要素となる。「将来にわたる財政の自立

性」といっても、考慮すべき要素は非常に多岐にわたるのである。

　では、何をもって「よい自治体」とすべきなのか。1つのやり方として、「よい自治体」を「そうでない自治体」と比べることで、よい自治体の特徴をあぶり出すという方法がある。

　たとえば、銀行が貸出先を評価する際にしばしば用いるのが、倒産した企業を「悪い貸出先」、生き残った企業を「よい貸出先」とみなして貸出先全体を2つのグループに分けて、それぞれのグループの決算書の特徴を統計的に調べあげる「モデル化」と呼ばれる手法である。モデル化によると、悪い貸出先グループとよい貸出先グループの決算書の特徴の違いから、たとえば「売上高が前年よりも30％以上減ると危ない」「手持ちの現金が月商を割り込んだら危ない」といった悪い貸出先の特徴を、具体的にあぶり出すことができる。そして、これらの特徴は、過去のデータという確かな根拠に基づくものであるため、特定の人の経験や勘とは異なり、悪い先を客観的、かつ定量的に判別できる「基準」となりうるのである。

　同じように考えると、財政的に自立した「よい自治体」とそうでない自治体の財務のようすを比べることで、よい自治体の特徴をよりわかりやすくとらえることができそうである。

　では、財政的に自立している自治体の定義を具体的に定めてみよう。ここでいう自立とは、外部、つまり国やその他の自治体の助けに頼ることなく財政運営が可能な自治体と読み替えることができる。代表的なのが、国からの補助金である普通交付税を受け取っていない「不交付団体」と呼ばれる自治体である。これらの自治体では、地方税など自治体が自ら徴収する財源である「自主財源」が十分にあることで、日常的な歳出を自力でまかなうことが可能なため、国からは普通交付税が支給されないのである。

　ここで、地方交付税の制度について簡単に触れておきたい。地方交付税とは、国が所得税や法人税、消費税といった国税の一定部分を財源として、地方自治体に対して年度ごとに支給する一種の補助金のことであり、一定のルールによってある程度機械的に算定される普通交付税と、災害等の一時的

な財源不足に対応してつど算定される特別交付税とからなる。地方交付税は、自治体に対して最低限の収入を保障する「財政保障機能」と、国と自治体の間の収入格差をならす「垂直的財政調整機能」、および自治体同士の収入格差を是正する「水平的財政調整機能」という3つの目的を制度として有しているとされる。

　普通交付税の算定方法を大まかに述べると、各自治体の標準的な運営状況における支出見込額を「基準財政需要額」、同じく標準的な外部環境における収入見込額を「基準財政収入額」として、一定の基準で算定した両者の差額を、国が補填すべき各自治体の資金不足額とみなすものである。具体的な計算方法や算定の基準等については、地方交付税法に詳細な定めがある。地方交付税は、自治体間の財源の不均衡を是正し、地方自治に必要な自治体運営の財源を最低限保障する、地方自治に欠かすことのできない制度ではあるが、一方で資金不足額を国が補填する仕組みは、ともすれば各自治体が自力で財務を改善するインセンティブを阻害するという、いわゆるモラルハザードの問題もしばしば指摘されている。

　不交付団体は2007年度の142団体をピークに減少傾向にあり、特にリーマンショックの影響で税収が大きく落ち込んだ2009年度を境に急減した。直近2014年度の不交付団体は1,765自治体（都道府県市町村）のうち55団体にとどまる（図表−17参照）。このうち都道府県は東京都のみ、政令市はゼロであり、市町村が54団体である。国の補助金に頼らない日本の地方自治体は、全体の5％以下にすぎない。なお、ここで用いた総務省の定義による不交付団体には、市町村の合併の特例に関する法律の適用により交付税が実際には交付されている団体（2014年度は茨城県神栖市、千葉県成田市、静岡県御前崎市、愛知県豊田市）が含まれる。

　また、不交付団体といっても、たまたま直前の税収が好調で不交付となったケースもあるかもしれない。実際に不交付団体の数は、景気動向に左右されやすいのは図表−17にみるとおりである。そこで、一過性ではなく、一定の期間にわたって継続して普通交付税を受けていない自治体こそが、外部環

境の変化にも強い財政を有するものとみなし、対象を特定することとしたい。また、2011年度は東日本大震災の影響で、一部地域の自治体の財務状況に不連続な変化があった可能性を考慮し、ここでは2006年度から2010年度の5年間を対象とし、この間継続して普通交付税を受け取っていない自治体を抽出したところ、図表−18のとおり全部で62団体が対象となった（東京特別区を除く）。

　ここでも都道府県は東京都のみ、政令市は神奈川県川崎市のみであり、残りはすべて市町村である。市町村の内訳を都道府県別にみると、愛知県が最多の14、次いで神奈川県の10、東京都の7と続いており、大都市周辺の市町村に集中しているのがわかる。ただし、神奈川県横浜市や愛知県名古屋市といった中心都市自体はこのリストに残っていないので、人口が多ければ多いほどよい、というわけでもないようだ。

　このほか特徴的なのが、地方にあってこのリストに含まれる自治体の多くが、原子力関連設備の所在地に当たっていることである。北海道泊村、青森

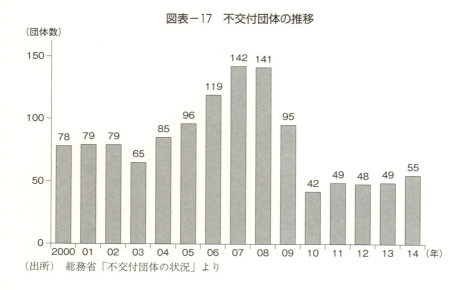

図表−17　不交付団体の推移

（出所）　総務省「不交付団体の状況」より

県六ヶ所村、宮城県女川町、福島県大熊町、新潟県刈羽村、佐賀県玄海町などがこれに相当する。原子力発電所に代表される大型の固定資産を抱える市町村では、巨額の固定資産税収入に支えられて、豊かな財政を享受しているケースがある。リスト（図表−18）57番の群馬県上野村も、そうした自治体の1つである。

群馬県上野村は、群馬県南西部、長野県との県境に位置する山間の村であ

図表−18　5年連続（2006〜2010年）で不交付の自治体

通番	都道府県	市町村	通番	都道府県	市町村	通番	都道府県	市町村
1	茨城県	東海村	22	神奈川県	鎌倉市	43	愛知県	豊山町
2	栃木県	芳賀町	23	神奈川県	藤沢市	44	愛知県	大口町
3	埼玉県	戸田市	24	神奈川県	厚木市	45	愛知県	飛島村
4	埼玉県	朝霞市	25	神奈川県	海老名市	46	愛知県	武豊町
5	埼玉県	和光市	26	神奈川県	寒川町	47	愛知県	幸田町
6	埼玉県	八潮市	27	神奈川県	中井町	48	三重県	川越町
7	埼玉県	三芳町	28	神奈川県	箱根町	49	京都府	久御山町
8	千葉県	市川市	29	神奈川県	愛川町	50	大阪府	摂津市
9	千葉県	市原市	30	山梨県	昭和町	51	大阪府	田尻町
10	千葉県	君津市	31	長野県	軽井沢町	52	福岡県	苅田町
11	千葉県	浦安市	32	静岡県	裾野市	53	北海道	泊村
12	千葉県	袖ヶ浦市	33	静岡県	長泉町	54	青森県	六ヶ所村
13	東京都		34	愛知県	碧南市	55	宮城県	女川町
14	東京都	立川市	35	愛知県	刈谷市	56	福島県	大熊町
15	東京都	武蔵野市	36	愛知県	安城市	57	群馬県	上野村
16	東京都	三鷹市	37	愛知県	小牧市	58	神奈川県	清川村
17	東京都	府中市	38	愛知県	東海市	59	新潟県	聖籠町
18	東京都	調布市	39	愛知県	大府市	60	新潟県	湯沢町
19	東京都	小金井市	40	愛知県	日進市	61	新潟県	刈羽村
20	東京都	多摩市	41	愛知県	みよし市	62	佐賀県	玄海町
21	神奈川県	川崎市	42	愛知県	長久手市			

る。1985年の日航機墜落事故で有名になった「御巣鷹の尾根」で知られている。2012年度の住民基本台帳によると人口はわずか1,306人で、うち65歳以上の老年人口の占める割合が42.3%（全国市町村の中央値は27.5%）という、いわゆる過疎の村である。にもかかわらず上野村が不交付団体であり続けている理由は、利根川水系の最上流部、神流川につくられた上野ダムと、これに付随する国内最大級の揚水発電所である東京電力神流川発電所による巨額の固定資産税収入にあると考えられる（図表－19参照）。

上野村の固定資産税収入は2012年度で約19億円にのぼり、これは住民1人当りに換算すると140万円に相当する。なお、住民1人当りの固定資産税の全国市町村の中央値は約5万円にすぎない。このリストにはあがっていないが、同じ発電所の上部に位置する南相木ダムを擁する長野県南相木村も、住民1人当りの固定資産税は約90万円にものぼる。

こうした大型の財源を抱える自治体の財政運営は、足元では潤沢な歳入を享受できる一方で、特定の固定資産に収入を依存することが、逆に財政を不

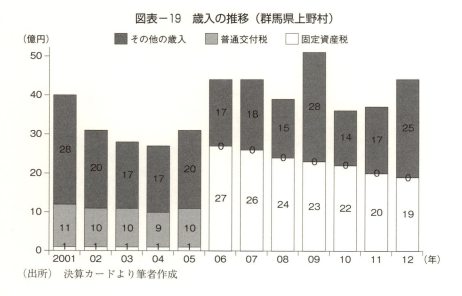

図表－19　歳入の推移（群馬県上野村）

（出所）　決算カードより筆者作成

安定化させる要因ともなりうる。

　熊本県の天草諸島に位置する熊本県苓北町は、人口8,000人ほどの自治体だが、町内に九州電力苓北火力発電所を擁することもあって、潤沢な固定資産税収入を確保している。ところが、固定資産税収入は2004年をピークに年を追うごとに減少しており、2012年度には約15億円と、ピーク時の半分の水準にとどまっている。これは、固定資産税収入が設備の減価償却の進行によって徐々に減ることによるもので、たとえば汽力・内燃力・ガスタービンによる発電設備の法人税法上の耐用年数は15年とあることから、15年が経過して償却がすめば、原則として固定資産税収入が見込めないことになる（図表−20参照）。

　他方で、固定資産税の減少分を埋め合わせるように増えているのが普通交付税であり、結果として歳入全体では2010年度を除いて50億円前後の水準を保っている。このように歳入が減っても、ある程度機械的に国が普通交付税にて埋め合わせる仕組みが、自治体による財政改善の自助努力を妨げる1つ

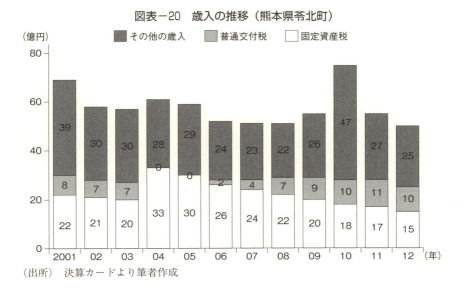

図表−20　歳入の推移（熊本県苓北町）

（出所）　決算カードより筆者作成

の要因ともなっている。

　特定の設備の固定資産税に頼ると、一時的には財政収支が改善するものの、持続的な財政の自立のためには、長期間にわたってより安定的な財源を確保することが望ましい。したがって、財政の持続的な自立性を考えるうえでは、財源の大きさと同時に、その質についても内容を吟味する必要があろう。

　大型の固定資産に歳入の多くを依存する自治体においては、地方税収入全体に占める固定資産税の割合（ここでは「固定資産税比率」という）が極端に高いという特徴があることから、ここでは固定資産税比率が80％を超える自治体については、歳入構造に片寄りがある特殊な財政状況として、後の分析の対象となる「よい自治体」の定義から除外することとした。図表－18で網掛けを付した53番以降の10団体がこれに該当する。

(5) 「よい自治体」の特徴をとらえる財務指標

　ここまでで、5年連続で普通交付税を受けておらず、かつ歳入構造に片寄りがない自治体を、財政的に自立した「よい自治体」として定義した。次に、これらの自治体の財政状況の特徴を、財務指標のどの部分に見出すことができるか、「よい自治体」とそれ以外の自治体を見分ける、いわば「センサー」となるような財務指標を決める必要がある。

　たとえば、前述の総務省による財政指標「健全化判断比率」や「財政力指数」などは、自治体の財政運営の健全性を測る尺度として実際に使われていることから、センサーの候補となりうる。ただし、外部から自治体の財政状況を分析する側にとっては、この指標が将来的にどのように動くのか、どのような環境で改善し、どのような環境で悪化するのかなど、自分の頭で指標の内容を詳細に理解できることが本来は望ましいのに対して、これらの指標の定義はきわめて複雑であり、外部の手で再現し理解することは決して容易

ではない。センサーとなるような指標には、開示されている会計数値からある程度容易に再現が可能な、定義式の明瞭さが必要なことから、ここではこれらの指標をセンサーとして用いるのを避けることとした。

そこで今回は、銀行が企業に融資する際、あるいは投資家が企業に投資をする際に、決算書のどこをみているのかを参考にしつつ、センサーとなる指標を定めることとした。筆者が属するRDBと25の銀行が参加した地方自治体財務の研究会においては、およそ次の4つの観点から評価すべき財務指標を絞り込むことが議論された。

- 資金収支の健全性（＝借入れの返済能力）
- 財政の自立性（＝自主財源の大きさ）
- 人口減少への対応力（＝人口動態）
- 行政効率化の状況（＝行政の改善余地）

また、地方自治体の財務指標を評価するうえで気をつけなければならないのは、先述のとおり、地方自治体の財務指標が企業の財務指標と異なり、たとえば「大きければ大きいほど収益力が高い」「小さければ小さいほど費用の無駄が少ない」というように、わかりやすく優劣をつけられるものばかりではない、ということである。

たとえば住民1人当りの経費負担が極端に大きいことは、自治体の現在の収支に対してはマイナスの影響を及ぼしているが、それによって非常に手厚い福祉を実現していれば、人口動態にはプラスに寄与し、将来的な収支には逆にプラスになることも考えられる。したがって、センサーとなる財務指標の評価に際しても、単に数字の大小をみるのではなく、「よい自治体」が実現している水準を理想的なものとして、それよりも大きすぎる場合にも、小さすぎる場合にも、何かしらの改善余地があるものと解釈することとした。

以下、4つの観点それぞれについて、注目すべき財務指標の特徴と解釈の方法について述べる。

1　資金収支の健全性（＝借入れの返済能力）

　財務分析において基本中の基本ともいえるのが、収入と支出のバランスの評価である。これには、一時的な支出、たとえば災害に対する復旧工事の費用などを除外した経常的な支出を、経常的な収入でカバーできているかどうかを評価する財務指標が用いられる。収入が支出を上回っていれば「健全な資金収支」と判断できるため、たとえば銀行のような資金の貸し手は、資金収支の黒字幅が貸出金額に対して十分あることを確認したうえで、貸出を行うことが通常である。

　特に、貸し手の立場から資金収支の健全性を考える際には、資金収支と借金の大きさの両者のバランスを評価する「債務償還年数」という指標が重視される。これは、直近1年間の収支状況が今後も続くと仮定して、現時点の借金をすべて返済するのに何年かかるかを表した指標である。借金が多かったり、現金収入が少なかったりすると、債務償還年数は大きな数値になる。つまり、返済に長い期間を要するので、貸し手にとっては貸した資金がすべて回収できるかどうかの不確実性が高い、という評価になる。

　地方自治体の財務情報からでも、同様の指標をつくることは可能である。指標の分子には地方債残高、指標の分母には基礎的財政収支（プライマリーバランス）を用いれば、現時点の地方債を何年かけて償還できるか、つまり債務償還年数を計算できる。

　図表−21では先ほどのリスト（図表−18）にあがった「よい自治体」の1つである千葉県市川市を例に、債務償還年数を計算している。基礎的財政収支はプライマリーバランスともいい、通常の歳入と歳出の差異（収支）のうち、借入金の増減、および利払費用の影響を取り除いた収支のことである。国家財政のプライマリーバランスはしばしばニュース等でも取り上げられることがあり、政府は国債残高のこれ以上の膨張を抑えるために、たびたびプライマリーバランスゼロを達成する目標年度を設定し、収支の改善に努めているとされる。同じように自治体でもプライマリーバランスを計算することが可能であり、この数値がプラスであれば、借金を減らすことができるもの

と考えられる。

　市川市の2012年度のプライマリーバランスは約23億円のプラスであり、これを返済原資とすれば約30年で現在の地方債を全額償還できる計算になる。全国の市町村における債務償還年数の中央値は約24年であり、市川市はこれよりも多少、借金の負担が大きいと解することができる。

　なお、国債残高の問題でしばしば言及される国の債務償還年数は、現時点でプライマリーバランスがマイナスであるため計算ができない。言い換えると、いまの状態では国債残高は増える一方であるということだ。2012年度決算でプライマリーバランスがマイナスの地方自治体は375団体、全体の約20％にのぼる。

　財務状態を評価するうえで借金の返済能力に注目するのは、金融機関のみならず、信用力評価の専門家である格付会社などにおいても、最もオーソ

図表−21　債務償還年数の計算例（千葉県市川市）

地方債残高（A）	68,309百万円	期限までに返済しなければならない借入れの合計
歳入合計（＋）	138,054百万円	自治体の年間の収入額の合計
うち地方債収入（−）	7,342百万円	地方債発行による収入額
うち繰越金（−）	1,758百万円	前年度決算からの繰越金による収入額
歳出合計（−）	136,166百万円	自治体の年間の支出額の合計
うち元利償還金（＋）	9,339百万円	地方債償還、および利払に関する支出額
基金増減（＋）	201百万円	財政調整基金と減債基金の増減額
基礎的財政収支（B）（プライマリーバランス）	2,328百万円	借入れと返済に関する資金移動を除いた資金収支 プラスである限り借入れが増えることがないとされる
債務償還年数（A/B）	29.3年	

（出所）　決算カードより筆者作成

ドックスなアプローチである。その際にも債務償還年数の考え方は、分子、分母の細かな定義に多少の相違はあるものの、中心的な財務指標として取り扱われている。

　また、企業の財務分析においては、債務償還年数のほかにも数限りない財務指標が用いられる。ここではそれらのすべてを取り上げることはしないが、1ついえることは、財務指標を分析する目的の多くは、なんらかのかたちで借金の大きさか、返済原資となる現金収支の大きさのいずれかを評価するところに行きつく、ということである。たとえば、企業財務の分析でしばしば用いられる「経常収支比率」という指標がある。これは、企業の現金収入と現金支出の比率を単純にとったもので、この指標によって企業の資金繰り状況、つまり現金不足で企業が突如破綻する可能性を評価できるのだが、これは現金収支そのものを評価する指標である。自治体の財務分析においても、現金収支の状況を評価する意味は小さくない。

　本節の最後に、借金の返済能力や、資金収支の状況など評価する代表的な財務指標を以下に例示しておく。

- 債務償還年数
- 経常収支比率
- 歳入合計地方債比率・住民1人当り地方債残高
  （自治体の規模に対する相対的な地方債残高の大きさ）
- 歳入合計公債費比率・住民1人当り公債費
  （自治体の規模に対する相対的な元利返済負担の大きさ）
- 地方債利子率
  （借入全体の平均的な金利）

2　財政の自立性（＝自主財源の大きさ）

　「よい自治体」の条件の1つが財政の自立性、とりわけ国の補助金がなくとも行政機能を維持できる歳入面の自立性にあることから、自治体が自ら徴

収する自主財源の大きさは、財政状況を評価するうえできわめて重要と考えられる。

　自主財源とは、自治体が自らの権限によって自主的に徴収できる財源のことであり、具体的には地方税、分担金および負担金、使用料および手数料、財産収入、寄附金、繰入金、繰越金、諸収入が該当する。自治体は自主財源による収入を、原則として自由な目的で使用できる。したがって、自主財源が大きければ大きいほど、地方自治体は国や都道府県に財政的に頼ることなく、政策を自由に遂行できることになる。

　2012年度の決算情報をもとに市区町村の自主財源の内訳をとったのが図表－22である。自主財源26兆円の約7割を占めるのが地方税である。市区町村の地方税はさらに、個人・法人単位で課税する市町村民税と、保有する固定資産に対して課税する固定資産税、およびそれ以外の地方税に大別できる。それ以外の地方税には、軽自動車税や市町村たばこ税、入湯税、都市計画税などが含まれる。市区町村の自主財源は、市町村民税と固定資産税とが

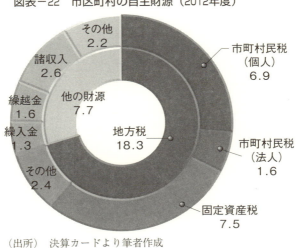

図表－22　市区町村の自主財源（2012年度）

（出所）　決算カードより筆者作成

それぞれ3分の1程度を占めており、前者は住民の数や、法人の数と規模によって、後者はそれに加えて大規模固定資産の有無によって、財源の大小が決まる。先述の群馬県上野村は、後者の比率が極端に高い事例である。

市区町村と都道府県とでは財源に違いがあるため、ここでは都道府県を分けて取り上げた（図表－23）。都道府県の場合、自主財源全体（25.9兆円）に占める地方税の比率が約6割であり、市区町村に比べると若干低い。これは他の財源のうちの「諸収入」が自主財源全体の約2割を占めることによる。ただし諸収入のうちの約8割は一般会計から外部に貸し出した資金にかかる元利金収入に当たるため、これが再度貸出に回るのであれば、必ずしも自由に使える財源とは言い切れない点には注意を要する。

都道府県の地方税収入は、主に個人が対象の道府県民税のほか、事業税、地方消費税、自動車税など、市区町村に比べて財源が分散している傾向がある。また、市区町村の自主財源の中心を占める固定資産税が道府県には入らないかわりに、地方消費税や事業税が財源にあるが、これらは資産ではなく

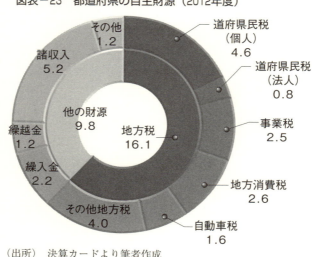

図表－23　都道府県の自主財源（2012年度）

（出所）　決算カードより筆者作成

取引を課税対象としていることから、固定資産税に比べて景気動向の影響を受けやすいものとみられる。なお、都道府県のうち東京都については、東京特別区にかわって固定資産税等を徴収する権限を有しており、図表－23のその他地方税にはこれが含まれる。これは東京都の財政状況を安定的なものとする大きな要因となっているが、これについては後述の「大阪都構想」の箇所であらためて触れたい。

　自主財源の反対の概念が依存財源である。依存財源とは、国や県など他の団体を通して交付される財源のことであり、自治体は基本的に自らその金額を決めることができない。依存財源には地方交付税のほか、地方譲与税、国庫支出金、都道府県支出金などが含まれる。地方債による収入も、資金の出し手によって金額が定まるという意味で、広い意味での依存財源に含まれる。

　依存財源のうちの地方譲与税とは、国税として徴収された税を一定の基準に従って地方自治体に配分するもので、地方揮発油譲与税、石油ガス譲与税、自動車重量税、航空機燃料譲与税、特別とん譲与税、地方法人特別譲与税の6種類が存在する（2015年3月現在）。このうち規模が大きいのは地方法人特別譲与税であり、2012年度は全体で1兆6,000億円が都道府県に分配された。

　また、国庫支出金、および都道府県支出金とは、国（または都道府県）が実施する施策の事務を自治体が行う場合の、自治体側の実費負担分を国（または都道府県）から支給するものであり、金額と用途のいずれも、自治体の自由には決められない性質の資金である。たとえば、生活保護法の規定に基づいて市町村が支給する生活保護費には、「生活保護費負担金」として、国から国庫支出金が割り当てられる。このほか地方交付税については、すでに説明したとおりである。

　図表－24は市区町村の、図表－25は都道府県のそれぞれの財源について、自主財源と依存財源の双方を合算して内訳をみたものである。いずれにおいても、自主財源が歳入全体に占める割合は半分に満たないのがわかる。依存

財源の内訳をみると、市区町村には都道府県支出金が一定割合存在するのと、地方債の割合が都道府県のほうが高いのが目を引く。

さて、財政の自主性を評価するからといって、依存財源があることがすべて問題というわけではない。たとえば国庫支出金であれば、考え方としては国が責任を持って行う事業のうち、自治体を巻き込まなければできない部分についての「実費」を国が自治体に支給したものと解することができるため、これが多いからといって、自治体側の財政運営が大きな制約を受けるという性質のものではない。国庫支出金が少ないのは単に、国から（余計な）仕事が振られてきていない、ということでもある。実際に不交付団体においても、歳入のすべてを自主財源でまかなっているわけではなく、2012年度決算における歳入全体に占める自主財源の割合は、不交付団体でも7割強であった（中央値）。

とはいえ、依存財源のなかでも地方交付税と地方債の2つについては、用途が限定されていないという意味で自治体にとってきわめて「都合のよい」

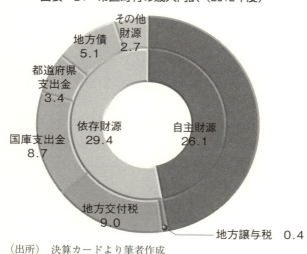

図表－24　市区町村の歳入内訳（2012年度）

（出所）　決算カードより筆者作成

資金である一方で、毎年の金額決定が国、あるいは投資家に委ねられていることから、国や投資家の財布の状況によって大きく金額が変わる可能性があり、またその決定に対して自治体側が積極的に関与することができないため、財政の自立性、持続性という観点からは、あまり多くを依存すべきではないだろう。

このような観点から、財政の自立性を評価するのに用いる財務指標が自主財源比率である。自主財源比率は、歳入合計に占める自主財源の割合であり、100%に近いことが必要というわけではないものの、高いほうが財政の自立性も高いものと評価できる。

先ほどのリスト（図表-18）にあがった「よい自治体」のうち、東京都を除く自治体の自主財源比率の中央値が72.4%であるのに対して、全国の市町村では35.8%にすぎない。また、全国の都道府県における自主財源比率の中央値も41.9%であり、決して高いとはいえない。これは、都道府県が市町村に比べて地方債発行をしやすい制度にも原因があるものと考える。

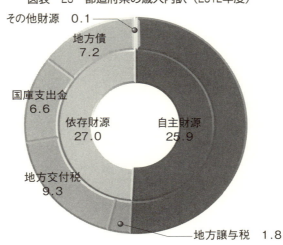

図表-25　都道府県の歳入内訳（2012年度）

その他財源　0.1
地方債　7.2
国庫支出金　6.6
依存財源　27.0
自主財源　25.9
地方交付税　9.3
地方譲与税　1.8

（出所）　決算カードより筆者作成

財政の自立性を評価するのに有効な財務指標を一部例示しておく。

- 自主財源比率
- 住民1人当り自主財源金額
  （自治体の規模に対する相対的な自主財源の大きさ）
- 固定資産税地方税比率
  （地方税収入に占める固定資産税の割合。特定の資産への税収の片寄りを評価する指標）
- 普通交付税比率
  （自治体の規模に対する相対的な普通交付税の大きさ。自主財源比率とは逆に、国への財政の依存状況を評価する指標）

3 人口減少への対応力（＝人口動態）

　冒頭から再三述べているとおり、これからの日本社会全体が立ち向かわなければならない最大の問題が、少子化・高齢化と人口減少への対応だ。「よい自治体」の財務状況を考える際にも、自立した財政の持続性を評価するために、人口動態が自治体の財務に与える影響を無視することはできない。

　人口については、住民基本台帳による年度データのほかに、5年に一度の国勢調査によるデータが利用できる。いずれも、年齢別、性別などの区分ごとの情報をもとに、自治体の年齢構成や、年齢構成と歳入・歳出の関係などを調べるのにおおいに役立つ。

　また、国勢調査の結果を受けて、国立社会保障・人口問題研究所が5年ごとに作成する「日本の将来推計人口」のデータでは、出生率や経済環境といった前提条件を明らかにしたうえでの、数十年先の推計人口を自治体別に得ることができるため、自治体の財政の将来にわたる自立性に注目するような財務分析においては、現時点の人口と同等かそれ以上に重要な参考情報となる。

　現時点で最新の将来推計人口としては、2010年度の国勢調査結果を受け

て、2013年に作成されたものを参照できる。

図表－26は国立社会保障・人口問題研究所が公表している日本の将来推計人口のうち、出生中位・死亡中位という中間的なシナリオにおける人口動態を示している。合計特殊出生率（女性が生涯で出産する平均人数）の仮定は平均で1.35であり、これは2010年の実績値1.39を若干下回る水準である。

この予測では2010年の総人口1億2,805万人に対して、2040年には1億727万人へと、約16％減少する見通しになっている。なかでも深刻なのが若年人口（15歳未満）の減少であり、2010年の1,683万人から2010年には1,073万人へと、実に36％減の見通しである。また、経済活動の中核を担う生産年齢人口（15歳以上65歳未満）も、2010年の8,173万人から2040年には5,786万人に、こちらも29％減の見通しである。そして老年人口（65歳以上）は、2,948万人から3,867万人へと逆に31％の増加見通しである。

単に人口が減るだけであれば、納税者が減少することで歳入は減るもの

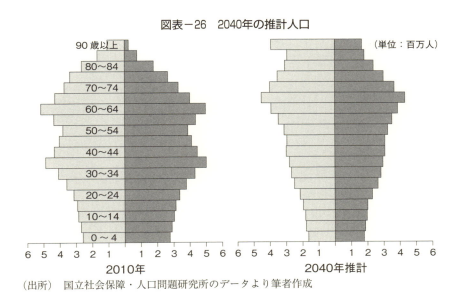

図表－26　2040年の推計人口

（出所）　国立社会保障・人口問題研究所のデータより筆者作成

の、同時に行政サービスの受け手も減少することで歳出も減るため、理屈のうえでは財政収支が単純に悪化するわけではない。問題となるのは生産年齢人口（15歳以上65歳未満）の減少であり、市町村民税や都道府県税の納税主体の減少が歳入減を意味する一方で、行政サービスはすべての年齢層が対象となるため、歳出側は同じようには減らないことから、財政収支の悪化要因になるものと考えられる。

したがって、「よい自治体」における人口動態に関する指標の水準は、自治体の財務にとって望ましい人口構成のあり方のヒントとなることであろう。ここでは、次のような指標を候補として考える。

- 直近の人口の増減率
- 直近の年齢構成
- （予測値に基づく）将来の人口増減率
- （予測値に基づく）将来の年齢構成

4 行政効率化の状況（＝行政の改善余地）

自治体の財務を評価するうえで、住民にとって関心の高い項目の1つが、行政における予算の無駄遣いの排除という視点である。予算の無駄遣いとは、財務においては収支指標の悪化を通じて、**1**の資金収支の健全性の悪化要因となることから、これをモニタリングすることは**1**の指標を分析することとあまり変わらない。

ただし、たとえば**1**の観点から債務償還年数を計算し、他の自治体との比較等を通じて評価したとしても、それによって借金の大きさがどれほど深刻かについて認識を新たにできるものの、どのように改善すべきかの解決策までは、簡単にはみえてこない。指標だけでみれば、分子の地方債を繰上償還によって減らすのか、分母のプライマリーバランスを増やすのか、という選択肢が考えられるが、それぞれを具体的にどのように実現するのかについて、少なくとも債務償還年数だけでは方法までも知ることはできない。

したがって、■の指標を通じて債務の償還能力や、収支の状況が明らかになったところで、自治体には、次にこれらの指標を改善するための歳出の削減や歳入の拡大という具体的な施策が求められることになる。ここでむずかしいのが、自治体の歳出については、それ自体が行政サービスの質と量を決定する側面があるため、たとえば費用は少なければ少ないほどよいという、企業財務における典型的なアプローチが必ずしも適当でないケースがあることである。前述の北海道夕張市の例にもあげたが、低い経常収支比率（歳出が歳入を大きく下回る状況）は、借金の返済には必要なことだが、これによって行政サービスの質と量が犠牲になる側面があるのだ。歳出については、細かな項目ごとにみることで改善の余地があるかどうかを判断するとともに、どの程度の歳出規模が適正なのかを見極めたうえで、はじめて歳出削減という具体的なアクションに移ることが望ましい。

なお、財務の改善余地といっても、自治体の場合は歳出側のみを指すわけではない。多すぎる歳入は、地域住民にとっては逆に過大な税負担を意味している可能性もある。

歳出、歳入のいずれについても、よい自治体にみられる指標の水準は、多くの自治体にとっても望ましい水準の目安として機能するのではないだろうか。ここでは、次のような財務指標が分析対象として考えられる。

- 住民1人当り人件費
  （住民1人当りの公務員人件費の負担状況）
- 住民1人当り扶助費
  （住民1人当りの社会保障給付の負担状況）
- 住民1人当り市町村民税
  （住民1人当りの市町村（道府県）民税の負担状況）
- 投資的経費割合
  （歳出全体に占めるインフラ投資の割合。適正な公共工事の規模を測る目安となる）

- 公営事業繰出割合
 (歳出全体に占める公営事業への支出の割合。適正な公営事業規模を測る目安となる)

第3章
スコアリングでわかる「よい自治体」の姿

(1) スコアリングによる総合評価

前章では、「よい自治体」の財務面の特徴をとらえるための、以下の4つの観点について説明した。

- 資金収支の健全性（＝借入れの返済能力）
- 財政の自立性（＝自主財源の大きさ）
- 人口減少への対応力（＝人口動態）
- 行政効率化の状況（＝行政の改善余地）

各自治体の財務の状況を評価するには、これらの指標について「よい自治体」の数値と比較することで、どの項目についてどれほどよいのか、あるいは悪いのかの判定が可能になる。

一方で、総合的な評価を知りたい場合には、これらの項目について一定の重みづけを行った「総合得点」が必要となる。最も簡単な総合得点の例としては、小学校のテストのように、国語、算数、理科、社会の点数を単純に合計する方法があげられる。国語と算数がより大事ということで、国語と算数がそれぞれ150点満点、理科と社会がそれぞれ100点満点の合計500点満点とすることもあるかもしれない。

地方自治体の総合評価において、テスト科目に相当するのが財務指標である。財務指標をそれぞれ得点化し、総合評点として足しあげるにもさまざまな方法があるが、ここでは最初に、総合得点のつくり方の1つである「MTシステム」について簡単に触れ、その結果による全国の自治体の総合ランキングを作成してみたい。

(2) MTシステムとマハラノビスの距離

　MTシステム（Mahalanobis Taguchi System）とは、田口玄一博士[1]により開発された品質工学の手法の1つである。主に製造業で使われており、良品のなかから不良品（特に未知の不良品）を発見するパターン認識手法として知られている。
　MTシステムのコンセプトは、次の一文に集約できる。

「幸福な家庭はすべて互いに似かよったものであり、不幸な家庭はどこもその不幸のおもむきが異なっているものである」
　　　　　　　　　　　　　　　（「アンナ・カレーニナ」トルストイ（木村浩訳））

　これは、「よい自治体」ならば似たような財務状況だが、「悪い自治体」は、それぞれ異なる理由で悪い財務状況になっているのではないか、という仮定に基づくアプローチである。
　MTシステムを用いて自治体の財務状況を総合的に評価する場合には、最初に、「よい自治体」の財務指標の平均的な姿を特定することからスタートする。これには先述の4つの観点から選び出した財務指標について、「よい自治体」における平均値を求めるのと同じことである。
　そしてすべての財務指標について、この平均値をとるケースを「よい自治体」のなかでも最も平均的な「最もよい自治体」と定義し、ここから各財務指標がどの程度離れているか、その距離によって自治体を評価するのが、MTシステムの基本的な考え方である。なお、このときに用いる距離の定義

1　日本の工学者。実験計画法を応用したロバスト設計手法（タグチメソッド）などで、製造業において国内外から高い評価を受ける。1997年にアメリカ自動車業界への貢献を評価され、日本人としては本田宗一郎氏（1989年）、豊田英二氏（1994年）に次いで3人目の米国自動車殿堂入りを果たした。

が、一般的な「ユークリッドの距離」ではなく「マハラノビスの距離」であることが、MTシステムの特徴である。手法の詳細については章末の説明を参照されたい。

(3) マハラノビスの距離による総合評価

では、マハラノビスの距離による総合評価の結果をみることにしよう。マハラノビスの距離は、「よい自治体」の平均的な姿を「ゼロ」として、そこ

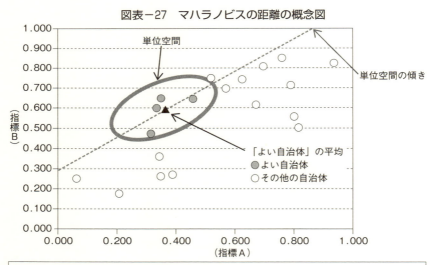

図表－27 マハラノビスの距離の概念図

2指標によるマハラノビスの距離の計測イメージ。単位空間（この場合「よい自治体」）を構成する自治体の集団の各指標値を計算し、それらの平均値と傾き（相関）を求める。各自治体の単位空間からの距離をもってマハラノビスの距離とするが、その際には平均値とあわせて傾きも考慮する。したがって、平均値からの距離が同じ自治体であっても、単位空間の傾きによって両者の間に評価の差が生じる。図では単位空間は楕円で表現されているが、この円の上であれば同じマハラノビスの距離と評価される。なお、距離の定義として一般的な「ユークリッドの距離」では、傾きが考慮されないため、単位空間は真円で表現される。

からどれだけ離れているかを表すので、数値が小さいほど「よい自治体」に近いものと解釈できる。なお、以下では、マハラノビスの距離のことを単に「スコア」と呼ぶことにする。

2012年度決算による財務状況の総合評価結果で、全国1,719市町村（当時）のトップに立ったのは愛知県岡崎市である。図表－28には全国の上位20団体を示したが、愛知県からは岡崎市をはじめ7つの市町村がランクインし

図表－28　財務総合評価の上位20団体（2012年度、市町村のみ）

順位	都道府県	市町村	スコア	人口（千人）	標準財政規模（億円）	自主財源比率（％）	単位空間
1	愛知県	岡崎市	0.44	369	691	69.7	
2	大阪府	吹田市	0.47	352	658	69.6	
3	神奈川県	藤沢市	0.48	415	764	71.6	○
4	東京都	小金井市	0.50	114	207	65.5	○
5	千葉県	白井市	0.53	62	111	65.5	
6	愛知県	知立市	0.58	66	121	67.0	
7	愛知県	東海市	0.59	110	268	76.2	○
8	愛知県	武豊市	0.60	42	87	75.0	
9	静岡県	湖西市	0.61	59	136	69.8	
10	千葉県	袖ヶ浦市	0.62	61	136	72.4	○
11	愛知県	安城市	0.63	177	359	74.9	○
12	神奈川県	海老名市	0.63	127	222	66.1	○
13	千葉県	市原市	0.65	277	512	68.6	○
14	愛知県	小牧市	0.67	146	301	76.3	○
15	千葉県	君津市	0.70	88	182	71.4	○
16	神奈川県	厚木市	0.72	219	433	68.7	○
17	愛知県	豊橋市	0.73	365	727	65.2	
18	千葉県	習志野市	0.73	161	302	63.5	
19	静岡県	清水町	0.73	32	61	66.9	
20	茨城県	牛久市	0.74	82	144	63.9	

（出所）「RDB C-Voice Score（2012年度）」より

ており、次いで千葉県から5団体、神奈川県から3団体などと続いている。なお、巻末付録(1)にて2012年度の決算データによる全都道府県・市区町村のスコアを一覧にしたので、あわせて参照されたい。

　愛知県岡崎市は、愛知県の中東部に位置する人口約37万人の市である。人口は全市町村のうち53位に相当し、2003年には政令市に次ぐ規模の「中核市」に指定されており、都道府県の事務権限の一部移譲を受けている。

　岡崎市が高い評価となった要因は、前述の4つの観点のいずれの財務指標をとっても、「よい自治体」の平均的な水準に近く、バランスに優れた財政状態にあるからと考えられる。人件費・物件費といった自治体の日常的な経費の自主財源に対する割合を示した「修正経常収支比率」を計算すると、全国の市町村の中央値が141.1%、よい自治体の中央値が75.5%に対して、岡崎市はこれをさらに下回る70.8%となっている。また歳入全体に占める自主財源の割合を示す「自主財源比率」は69.7%であり、これも全国の市町村の中央値35.8%を大きく上回り、よい自治体の中央値72.4%に近い水準にある。

　図表－29にはないが、人口全体に占める老年人口の比率を示す「高齢化率」は18.0%であり、これも全国の中央値27.5%に比べると大きく下回っている。また、行政の効率でみると、住民1人当りの人件費（≒公務員給与の総額を住民の数で割ったもの）53,808円という水準は、よい自治体の中央値64,446円、全国の中央値79,972円のいずれをも下回っている。収支状況、自立性、人口動態、行政効率のいずれをとってもハイレベルで優れているのが、全国1位となった要因であろう。なお、岡崎市は2011年度決算の総合評価も全国1位であった。

　岡崎市はトヨタ自動車のお膝元である豊田市に隣接しており、域内には多くの企業が製造拠点を抱えている。製造業の拠点が多く集まることで、法人・個人からの豊富な税収が確保できるほか、製造拠点による大量の雇用が生産年齢人口を引き寄せることで人口動態も安定する。総合評価で上位に入る自治体の多くは、岡崎市同様に製造業の拠点を域内に多く抱えるという特徴を持っており、図表－28のなかでも、同じ愛知県内の市町村のほか、静岡

図表－29　愛知県岡崎市の財務情報（財務指標値）

	2010年度	2011年度	前年比	2012年度	前年比	県内中央値	全国中央値	単位空間中央値
◆基礎指標◆								
財政力指数	1.09	1.03	▲0.06	0.98	▲0.05	0.95	0.44	1.09
経常収支比率（％）	87.6	85.0	▲2.6	85.5	＋0.5	86.9	87.7	89.5
同（除く臨時財政対策債等）（％）	90.9	88.8	▲2.1	89.3	＋0.5	92.9	93.8	91.7
健全化指標　実質赤字比率	-	-	-	-	-	-	-	-
連結実質赤字比率	-	-	-	-	-	-	-	-
実質公債費比率	-	▲0.6	-	▲1.0	▲0.4	5.0	10.7	4.1
将来負担比率	-	-	-	-	-	1.4	43.5	-
人口密度（人/km²）	946	951	＋5	954	＋3	1,889	206	2,350
◆住民1人当り指標（円）◆								
1人当り歳入合計	337,905	305,674	▲32,231	330,712	＋25,039	331,981	498,137	368,678
同地方税	171,733	171,563	▲170	172,152	＋589	167,623	113,498	204,285
同個人住民税	63,379	62,341	▲1,038	65,792	＋3,452	56,912	38,714	62,560
同固定資産税	69,728	69,799	＋70	67,005	▲2,794	72,459	52,849	96,852
同普通交付税	2,685	4,408	＋1,723	5,186	＋778	15,157	134,586	-
同自主財源	226,538	215,534	▲11,005	230,388	＋14,855	216,606	184,246	260,087
同歳出合計	326,225	293,519	▲32,705	312,626	＋19,106	313,472	475,243	349,326
同人件費	54,397	54,848	＋451	53,808	▲1,040	55,969	79,972	64,446
同公債費	18,299	17,735	▲563	17,740	＋5	24,349	53,634	22,497
同投資的経費	72,210	31,955	▲40,255	53,765	＋21,810	35,669	65,833	41,479
同経常経費充当一般財源等	164,171	161,955	▲2,216	163,224	＋1,269	178,524	257,140	196,560
同地方債残高	186,378	183,481	▲2,897	187,986	＋4,505	221,161	474,057	186,602
同実質債務残高	260,777	252,915	▲7,862	240,583	▲12,332	255,559	503,839	243,263
◆収支指標◆								
自主財源比率（％）	67.0	70.5	＋3.5	69.7	▲0.8	65.7	35.8	72.4
地方税比率（％）	50.8	56.1	＋5.3	52.1	▲4.1	51.6	22.6	56.9
普通交付税比率（％）	0.8	1.4	＋0.6	1.6	＋0.1	4.9	27.4	-
地方債収入比率（％）	8.3	4.3	▲4.0	6.2	＋1.9	6.6	9.0	4.8
法人住民税地方税比率（％）	7.4	7.1	▲0.3	7.0	▲0.1	7.0	6.5	8.4
固定資産税地方税比率（％）	40.6	40.7	＋0.1	38.9	▲1.8	44.8	46.8	48.0
公債費割合（％）	5.6	6.0	＋0.4	5.7	▲0.4	8.1	11.4	6.6
投資的経費割合（％）	22.1	10.9	▲11.2	17.2	＋6.3	11.5	13.8	12.3
公営事業繰出割合（％）	12.4	13.0	＋0.6	12.6	▲0.4	12.3	12.3	10.8
修正経常収支比率（％）	72.5	75.1	＋2.7	70.8	▲4.3	83.6	141.1	75.5
◆債務指標◆								
歳入合計地方債比率（％）	55.2	60.0	＋4.9	56.8	▲3.2	74.0	93.6	50.8
歳入合計実質債務比率（％）	77.2	82.7	＋5.6	72.7	▲10.0	77.2	98.0	70.1
地方債償還年数（年）	赤字	9.3	-	17.2	＋7.9	30.5	24.2	26.2
実質債務償還年数（年）	赤字	12.8	-	22.0	＋9.2	34.1	26.2	30.7
歳入合計公債費比率（％）	5.4	5.8	＋0.4	5.4	▲0.4	7.7	10.9	6.3
地方債利子率（％）	-	1.4	-	1.2	▲0.2	1.4	1.5	1.6

（出所）「RDB C-Voice Paper（2012年度）」より

県湖西市、千葉県袖ヶ浦市、市原市、君津市、神奈川県海老名市、厚木市などがこのパターンに相当するものと思われる。

　もう1つのパターンが、第2位にランクインした大阪府吹田市に代表される、大都市周辺のベッドタウンである。吹田市は大阪市の北側に隣接しており、ベッドタウンというよりは「副都心」と呼ぶほうが相応しいほどに、多くの企業が拠点を設けているが、神奈川県藤沢市、東京都小金井市、千葉県白井市などは、東京・横浜からほど近い典型的なベッドタウンとみることができよう。こうした都市の多くは、地の利によって生産年齢人口を集めやすいことから人口動態に優れるほか、住民税を通じて豊かな自主財源を確保できることから、総合的な評価で優位に立つことになる。

(4)　人口1万人未満にも「よい自治体」はある

　大規模な製造拠点も、都市圏からほど近いベッドタウンも、自治体のロケーションによっては、はなから望めないケースもあろう。そもそも図表－28では、東名阪の都市圏に比較的近く、人口動態にも恵まれた都市ばかりが並んでいるようにもみえる。では、ここでは少し条件を変えて、人口が1万人に満たない市町村における総合評価上位のランキングをみてみる。

　図表－30は、人口1万人未満の市町村における総合評価上位20団体を示している。ここでも目立つのは「製造業」である。ここでトップに立っている三重県朝日町は、町の面積の5％に相当する29万㎡を東芝の三重工場が占める製造業の町である。同様に、大規模な製造業の拠点を有している市町村には、愛知県飛島村（中部電力西名古屋火力発電所、三菱重工業飛島工場ほか）、神奈川県中井町（テルモ湘南センター）、山梨県忍野村・山中湖村（ファナック本社工場ほか）、佐賀県上峰町（ブリヂストン佐賀工場）、岐阜県坂祝町（パジェロ製造）、埼玉県横瀬町（三菱マテリアル横瀬工場）、長野県宮田村（日本発条伊那工場）などがあげられる。また、千葉県芝山町は成田空港に隣接す

るため、製造業や流通業の拠点が多く所在している。

　地方においては巨大ショッピングモールの集客力もまた大きく、このなかでは、熊本県嘉島町や鳥取県日吉津村が恩恵にあずかっているものとみられる。このほか観光地として名高い新潟県湯沢町と群馬県草津町、関西国際空港の所在地である大阪府田尻町を含めて、これらに共通するのは、やはり「雇用」である。製造業にせよ他の業種にせよ、産業が根を下ろしているこ

図表－30　財務総合評価の上位20団体（2012年度、人口1万人未満）

順位	都道府県	市町村	スコア	人口（千人）	標準財政規模（億円）	自主財源比率（％）	単位空間
1	三重県	朝日町	0.97	10	27	67.0	
2	愛知県	飛島村	1.25	5	41	86.3	○
3	千葉県	芝山町	1.30	8	29	73.1	
4	福岡県	久山町	1.30	8	27	64.5	
5	神奈川県	中井町	1.47	10	29	81.7	○
6	山梨県	忍野村	1.57	9	41	82.7	
7	新潟県	湯沢町	1.62	8	42	78.5	
8	宮崎県	木城町	1.70	5	31	85.1	
9	佐賀県	上峰町	1.75	10	25	49.8	
10	山梨県	山中湖村	1.85	6	44	86.1	
11	熊本県	嘉島町	1.86	9	24	52.9	
12	神奈川県	清川村	1.92	3	17	82.5	
13	大阪府	田尻町	1.94	8	35	88.6	○
14	石川県	川北町	1.96	6	22	58.3	
15	岐阜県	輪之内町	2.03	10	27	49.2	
16	群馬県	草津町	2.14	7	22	58.6	
17	岐阜県	坂祝町	2.19	8	21	53.9	
18	鳥取県	日吉津村	2.20	3	13	58.8	
19	埼玉県	横瀬町	2.23	9	23	47.5	
20	長野県	宮田村	2.25	9	26	45.1	

（出所）「RDB C-Voice Score（2012年度）」より

とで雇用が生まれ、雇用が住民を呼び、そこから新たな産業が生まれるという好循環が、小さな自治体であっても財務状態の改善に有効なのである。

　将来の人口動態を踏まえた分析は後の章で行うが、継続的な雇用を生み出す産業を誘致するのか、巨大ではあっても一過性の土木工事需要を誘致するのかでは、仮に同じような財政出動があったとしても、将来にわたる効果には大きな差が出るであろうことを、こちらのランキングから理解することができよう。

　そしてもう１つ、図表－30にて19位にランクインしている埼玉県横瀬町に注目したい。横瀬町は県の中西部、秩父市の隣の山間部に位置する。先ほどは大企業の製造拠点が所在する市町村のなかで紹介したが、必ずしも都心から近いわけではなく、人口は毎年１％以上のペースで減少しているいわゆる過疎の村である。工場の恩恵はあるものの、財政の自立性を示す指標の１つ、住民１人当りの自主財源額は187,168円で、全国の市町村と比べても真ん中あたりに位置するにすぎない。それでも総合評価で比較的上位にくるのは、行政の効率性による。住民１人当りの歳出（費用）項目に注目すると、人件費が全国中央値79,972円に対して75,662円、公債費（利払と元本返済の合計）が同じく53,634円に対して35,638円、投資的経費（土木工事等の費用）が65,833円に対して32,764円など、いずれも全国の市町村に比べると低く抑えられている。住民１人当りの指標は、人口が小さくなればなるほど低く抑えるのがむずかしくなることから、横瀬町の人口規模でこれを実現するには、相応の行政の努力が必要であろう。この結果、資金収支の健全性を測る修正経常収支比率は122.8％と、全国の中央値よりも20％ポイント近く抑えられている。

　横瀬町は、人口規模やロケーション、人口構成にかんがみて、不交付団体のような財務状況を実現するには相当に困難な条件のもとにあるように考えられるが、自治体の自助努力によっては、「よい自治体」の総合評価に少しでも近づくことのできる１つの事例といえよう。

図表－31　埼玉県横瀬町の財務情報（決算数値）

	2010年度	2011年度		2012年度		県内中央値	全国中央値	単位空間中央値
			前年比		前年比			
◆基礎指標◆								
財政力指数	0.63	0.59	▲0.04	0.55	▲0.04	0.79	0.44	1.09
経常収支比率（％）	84.3	84.8	+0.5	87.6	+2.8	89.1	87.7	89.5
同（除く臨時財政対策債等）（％）	97.1	93.6	▲3.5	96.3	+2.7	97.7	93.8	91.7
健全化指標　実質赤字比率	-	-		-		-	-	-
連結実質赤字比率	-	-		-		-	-	-
実質公債費比率	11.5	10.6	▲0.9	9.7	▲0.9	6.7	10.7	4.1
将来負担比率	98.0	78.1	▲19.9	63.6	▲14.5	41.0	43.5	-
人口密度（人/km²）	185	183	▲2	180	▲3	1,863	206	2,350
◆住民1人当り指標（円）◆								
1人当り歳入合計	425,382	396,961	▲28,421	394,364	▲2,597	320,610	498,137	368,678
同地方税	123,861	129,394	+5,533	129,796	+402	134,061	113,498	204,285
同個人住民税	40,604	40,811	+207	41,975	+1,164	54,238	38,714	62,560
同固定資産税	70,088	70,055	▲34	67,883	▲2,172	57,281	52,849	96,852
同普通交付税	79,483	90,123	+10,640	91,673	+1,550	32,352	134,586	-
（同自主財源）	165,385	175,752	+10,367	187,168	+11,417	176,043	184,246	260,087
同歳出合計	399,102	363,382	▲35,720	366,992	+3,610	302,005	475,243	349,326
同人件費	73,009	74,188	+1,179	75,662	+1,474	55,639	79,972	64,446
同公債費	34,362	33,635	▲727	35,638	+2,003	26,188	53,634	22,497
同投資的経費	70,432	53,523	▲16,909	32,764	▲20,759	32,875	65,833	41,479
（同経常経費充当一般財源等）	215,822	222,083	+6,260	229,886	+7,803	171,837	257,140	196,560
同地方債残高	327,174	337,112	+9,939	342,573	+5,461	267,582	474,057	186,602
同実質債務残高	328,397	337,528	+9,131	346,409	+8,881	303,228	503,839	243,263
◆収支指標◆								
自主財源比率（％）	38.9	44.3	+5.4	47.5	+3.2	57.9	35.8	72.4
地方税比率（％）	29.1	32.6	+3.5	32.9	+0.3	44.0	22.6	56.9
普通交付税比率（％）	18.7	22.7	+4.0	23.2	+0.5	10.0	27.4	-
地方債収入比率（％）	10.4	9.2	▲1.2	7.8	▲1.4	8.6	9.0	4.8
法人住民税地方税比率（％）	4.1	7.5	+3.4	8.0	+0.5	6.6	6.5	8.4
固定資産税地方税比率（％）	56.6	54.1	▲2.4	52.3	▲1.8	42.2	46.8	48.0
公債費割合（％）	8.6	9.3	+0.6	9.7	+0.5	8.7	11.4	6.6
投資的経費割合（％）	17.6	14.7	▲2.9	8.9	▲5.8	10.9	13.8	12.3
公営事業繰出割合（％）	11.5	12.9	+1.3	14.0	+1.1	12.0	12.3	10.8
修正経常収支比率（％）	130.5	126.4	▲4.1	122.8	▲3.5	98.6	141.1	75.5
◆債務指標◆								
歳入合計地方債比率（％）	76.9	84.9	+8.0	86.9	+1.9	84.3	93.6	50.8
歳入合計実質債務比率（％）	77.2	85.0	+7.8	87.8	+2.8	94.1	98.0	70.1
地方債償還年数（年）	赤字	29.6	-	19.2	▲10.4	57.4	24.2	26.2
実質債務償還年数（年）	赤字	29.6	-	19.4	▲10.2	71.8	26.2	30.7
歳入合計公債費比率（％）	8.1	8.5	+0.4	9.0	+0.6	8.4	10.9	6.3
地方債利子率（％）	-	1.2	-	1.2	▲0.0	1.3	1.5	1.6

（出所）「RDB C-Voice Paper（2012年度）」より

(5) 自主財源の重要性

　さて、「よい自治体」の基本的な定義の1つが「将来にわたる財政の自立性」であった。総合評価においては主に4つのポイントから財務の特徴を把握しているが、なかでも最も重視されてしかるべきなのが、「現時点での」財政の自立性であろう。ここで、財政の自立性に関係する個別の財務指標値について、もう少し詳しくみてみることにしたい。

　すでに述べたとおり、自主財源とは、自治体が自らの権限に基づいて自主的に徴収できる財源のことであり、具体的には地方税、分担金および負担金、使用料および手数料、財産収入、寄附金、繰入金、繰越金、諸収入が該当する。歳入全体に占める自主財源の割合が大きければ、逆に地方交付税や国庫支出金、地方債収入といった、外部から調達する、ないし支給を受ける資金の割合は小さくなり、外部の要因に左右されることなく安定的な財政運営を行うことができる。そしてもう1点、自主財源の割合が高いことのメリットの1つが、将来に備えて資金をプールすることができる、すなわち「貯金の自由」を得られることにある。

　以下は、2013年5月14日開催の財務省「財政制度分科会」の資料の一節である。

- **地方交付税（交付税特会から地方団体への交付額：いわゆる出口ベース）は、地方歳出の見直しや地方税の充実等により、2000〜2007年度までの間減少。リーマンショックによる景気低迷の影響等も踏まえ、2009年度以降、地方交付税を増額させるための各種加算措置を実施。**
  - ※さらに、2013年度においては、対前年度・対前々年度より減少したものの繰越金等の活用を続けることとなったが、こうした臨時財源に依存した交付税総額の確保は一時的なもので、今後とも続けられるわけではないことに留意が必要。
- **交付税総額が増加するなか、財政調整基金と減債基金も増加（ここ3年で6.2兆円⇒7.9兆円へと+1.7兆円増加）。**

- **これは、国は借金をしながら地方交付税を増やしているなか、それを受け取る地方団体は貯金が増加している状況**ともいえる。

　最後の行の下線は筆者が付したものだが、地方交付税を給付する財務省にとっては、地方交付税を原資に、自治体側の財政調整基金や減債基金といった資金プールが積み上がることが、いささか不本意に映っているようである。地方交付税は原則として一般財源であるとはいえ、補助金というものの性質上、使い道には一定の制約を受けざるをえないのが現実である。

　2012年度決算における、全国の都道府県、および市町村の自主財源比率は図表－32のように分布している。市町村の中央値は35.8%、最大は大阪府田尻町の88.6%、最小は岩手県山田町の5.6%である。また、都道府県の中央値は41.9%、最大は東京都の83.5%、最小は高知県の26.2%となっている。「よい自治体」の中央値は72.4%であるが、これを上回る自治体は全国に39団体

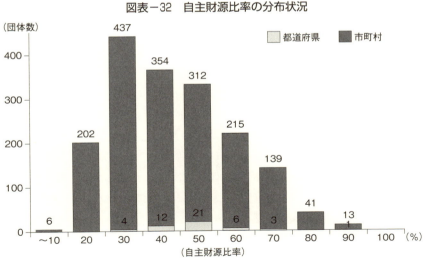

図表－32　自主財源比率の分布状況

（出所）　2012年度決算カードより筆者作成

しか存在しないので、すべての自治体が目指すべきハードルとしては、現実にはやや高すぎる水準であろう。また、自主財源比率は、自主財源以外の歳入（依存財源）が膨らめば下がる指標だが、たとえばたまたま国直轄の大規模な土木工事が発生した場合などは、多額の国庫支出金が依存財源に計上されるため、当該自治体の本来の財政事情とは別の要因によって左右される部分がある。

ここでは、あるべき自主財源の水準を考えるうえで、修正経常収支比率、および住民1人当りの自主財源額という2つの指標を参照することとした。これらはいずれも、自主財源比率に比べると外部の要因に左右されにくいと考えられ、また、それぞれが、必要な経費に対する自主財源の割合、あるいは住民1人当りの大きさに換算した自主財源額、という意味を持った数値であることから、比較の目安としても理解しやすいものと考える。

修正経常収支比率は次の算式で計算される。

修正経常収支比率＝経常経費充当一般財源等÷自主財源

経常経費充当一般財源等とは、人件費（地方公共団体職員に対する給与等）、扶助費（生活困窮者の生活維持目的で支出される経費等）、公債費（地方債の元本返済・利息支払費用等）のように、毎年度経常的に支出される経費のうち、一般財源（地方税、地方交付税など原則的として資金使途に縛りのない歳入）にてまかなわれた金額のことである。

総務省の地方財政白書などでは例年、財政構造の弾力性、つまり収支の余裕度合いを測る指標として、「経常収支比率」についての集計がなされているが、こちらは先ほどの式の自主財源にかえて経常一般財源等（歳入合計）を用いている。歳入合計がもとになっているので、ここには地方交付税や臨時財政対策債といった、国の裁量によって左右される補助金を含んでいる。

2012年度決算における経常収支比率と修正経常収支比率の分布形状を、すべての都道府県・市町村について示したのが図表−33である。一見してわか

るように、経常収支比率は、ほとんどの自治体が100%近辺に収まるような狭い幅に分布しているのに対して、修正経常収支比率は50%付近から400%以上まで幅広く分布している。両指標の違いは分母だけであり、地方交付税や地方譲与税といった依存財源が、自治体間の自主財源の格差を見事に均衡化する役割を果たしていることがここから読み取れる。言い換えると、自治体の「生の」収支状況を知るためには、単なる経常収支比率は役に立たないのである。

修正経常収支比率は最小が宮城県女川町の14.8%、最大が北海道音威子府村の786.6%であった。女川町の場合、もともと不交付団体であったことに加えて、東日本大震災にかかる復興基金からの繰入金（自主財源額185億円のうち111億円）や、諸収入（25億円）が自主財源の金額を大きく押し上げたことが、極端に低い修正経常収支比率に影響している。一方、音威子府村（おといねっぷむら）は、道北部、住民800名足らずの小さな村である。自主財源

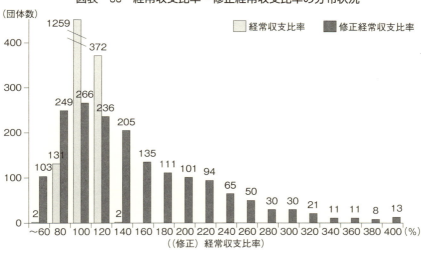

図表－33　経常収支比率・修正経常収支比率の分布状況

（出所）　2012年度決算カードより筆者作成

1億8,400万円に対して、経常経費充当一般財源等は約8倍の14億4,450万円にのぼる。最低限の行政機能を維持するには固定的な費用がかかるため、規模の小さい自治体ほど経常経費充当一般財源等の負担感が大きいものとなることは理解できる。

　経常経費充当一般財源等による負担感をみるためには、これを住民の数で除した住民1人当りの金額でみるとわかりやすい。図表-34は、縦軸に住民1人当りの経常経費充当一般財源等の金額、横軸に人口をとった散布図である。ここでは比較的規模の小さい自治体での影響をみるために、対象を人口1万人未満の市町村に限定している。ひとつひとつの点が各自治体に相当するが、左に進むほど上がっていく形状が見てとれる。これは、人口が少ない自治体ほど、住民1人当りの経常経費充当一般財源等の負担が大きいことを意味している。そしてもう1つ、横軸の人口が4,000人程度のところを境に全体の傾きが急になっていることから、1自治体当り、4,000人程度の住民

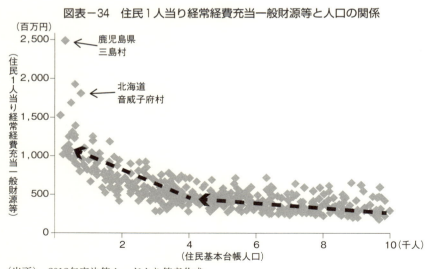

図表-34　住民1人当り経常経費充当一般財源等と人口の関係

（出所）　2012年度決算カードより筆者作成

数を割り込むと、経常経費の負担感が飛躍的に増すものと考えられる。

　さて、ここではあるべき自主財源の水準を考えるために、自主財源にてカバーすべき費用の例として経常経費充当一般財源等の水準を参照した。図表－33に戻ると、経常経費充当一般財源等を自主財源にてカバーできている自治体、すなわち修正経常収支比率が100%以下の自治体は379団体で、全自治体の約２割に相当する。自主財源額の目標としては、まずは経常経費充当一般財源等を自力でまかなう状況を目指してはどうか。また、人口が4,000人に満たないような小規模の自治体にあっては、100%カバーするとはいかないまでも、少しでもこれに近づける努力があってよいだろう。そしてその際には、いまの経常経費充当一般財源等の水準が身の丈にあったものかどうか、いま一度歳出項目の精査を行ってみることも必要であろう。

　歳出項目を精査する際の１つの例として、全国の市町村における、若年人口１人当りの教育費支出（充当一般財源）の分布形状を図表－35に示した。

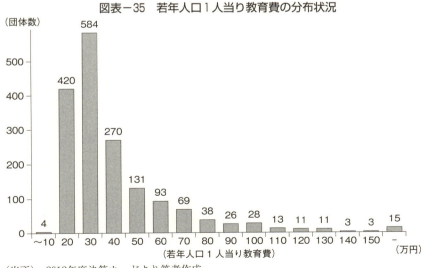

図表－35　若年人口１人当り教育費の分布状況

（出所）　2012年度決算カードより筆者作成

平均値は362,000円、中央値は265,000円であるが、100万円を超える自治体も56団体存在している。教育費のなかには、小中高等学校の経費のほかに、社会教育費（公民館、図書館、博物館等の社会教育施設等に要する経費）や保健体育費（体育施設の建設・運営や体育振興および義務教育諸学校等の給食等に要する経費）なども含まれるため、単純に若年人口に比例するわけではないが、なぜここまで差がつくのか、たとえば社会教育施設に無駄はないのかなど、身の丈にあった経常経費の水準を考えるうえで、自治体ごとに点検すべき項目であろう。

次に、自主財源に係るもう1つの指標として、住民1人当りの自主財源額を取り上げる。図表－36は、自主財源、および主たる構成要素である地方税について、住民1人当りの金額を示した。図の横軸は5万円刻みになっており、縦軸は自治体数を表している。自治体が自主財源を充実させる方法としては、自主財源の主たる担い手である住民の数を増やすのか、もしくは住民

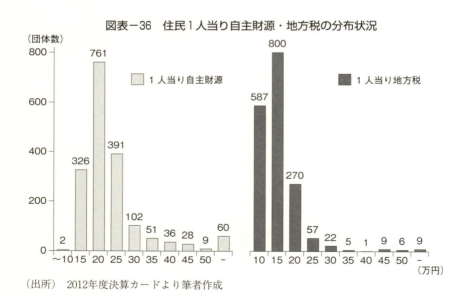

図表－36　住民1人当り自主財源・地方税の分布状況

（出所）　2012年度決算カードより筆者作成

1人当りの自主財源額、あるいはその内訳となる住民1人当りの地方税額を増やすのか、いずれかないし両方の選択肢があるが、図表－36は、後者の選択肢が必ずしも容易ではないことを物語っている。というのも、自主財源の6割から7割を占める地方税については、全自治体の9割以上に相当する1,657団体において、住民1人当りの金額が20万円以下の範囲に収まっている。住民1人当りの地方税額が増えるのは、住民が全体的に裕福になるのか、さもなければ課税の対象を広げることを意味するが、いずれも容易でないことは想像に難くない。かくして住民1人当りの地方税額は、比較的狭い範囲に収まるのである。

ただ、少数とはいえなかには住民1人当りの地方税額が20万円を大きく超えるような自治体も存在している。この中身をみるために、ここでは特に市町村を対象として、地方税の内訳となる市町村民税と固定資産税について、住民1人当りの金額の分布を図表－37に示した。

図表－37　住民1人当り市町村民税・固定資産税の分布状況

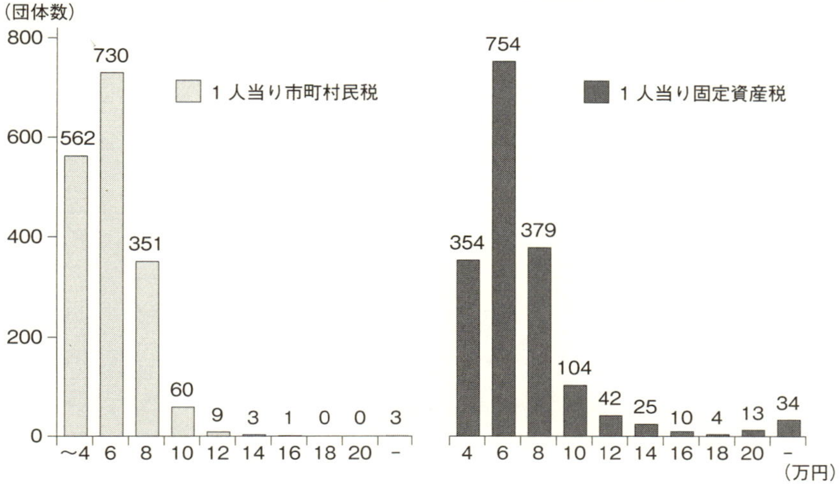

1人当り市町村民税：~4: 562、6: 730、8: 351、10: 60、12: 9、14: 3、16: 1、18: 0、20: 0、-: 3

1人当り固定資産税：4: 354、6: 754、8: 379、10: 104、12: 42、14: 25、16: 10、18: 4、20: 13、-: 34

（団体数）（万円）

（出所）　2012年度決算カードより筆者作成

これによると、市町村民税の分布がきわめて狭い幅に収まっているのに対して、固定資産税については相応に裾野が広がっていることがわかる。したがって、住民1人当り自主財源額に差が生ずる要因としては、市町村民税よりも固定資産税によるところが大きいものと考えられる。図表－38にはそれぞれの指標についての上位20市町村をあげた。住民1人当りの市町村民税については、10万円を超える自治体が全国でも16団体しか存在せず、また5位の東京都武蔵野市、6位の千葉県浦安市、7位の兵庫県芦屋市など、大都市

図表－38　住民1人当り市町村民税・固定資産税の上位20市町村

〈市町村民税〉

順位	都道府県	市町村名	人口(千人)	金額(円)
1	山梨県	山中湖村	6	511,707
2	山梨県	忍野村	9	307,141
3	愛知県	飛島村	5	207,279
4	滋賀県	竜王町	13	146,279
5	東京都	武蔵野市	137	132,043
6	千葉県	浦安市	159	128,385
7	兵庫県	芦屋市	95	124,710
8	神奈川県	中井町	10	118,895
9	東京都	青ヶ島村	0	117,914
10	東京都	小笠原村	3	112,704
11	愛知県	刈谷市	143	105,755
12	北海道	猿払村	3	102,150
13	東京都	国立市	73	101,029
14	東京都	三鷹市	177	100,699
15	東京都	立川市	175	100,294
16	東京都	調布市	220	100,192
17	愛知県	名古屋市	2,184	99,795
18	栃木県	市貝町	12	99,413
19	大阪府	大阪市	2,547	98,993
20	神奈川県	鎌倉市	177	98,539

〈固定資産税〉

順位	都道府県	市町村名	人口(千人)	金額(円)
1	群馬県	上野村	1	1,416,680
2	北海道	泊村	2	1,344,940
3	長野県	南相木村	1	879,730
4	福島県	桧枝岐村	1	837,925
5	愛知県	飛島村	5	627,495
6	宮崎県	木城町	5	587,897
7	青森県	六ヶ所村	11	567,407
8	新潟県	刈羽村	5	491,381
9	神奈川県	清川村	3	424,999
10	佐賀県	玄海町	6	415,981
11	青森県	東通村	7	407,787
12	宮城県	女川町	8	391,396
13	新潟県	湯沢町	8	388,048
14	福井県	おおい町	9	371,022
15	岐阜県	白川村	2	362,937
16	神奈川県	箱根町	13	335,718
17	大阪府	田尻町	8	323,894
18	長野県	軽井沢町	20	303,221
19	北海道	厚真町	5	296,477
20	宮城県	七ヶ宿町	2	292,054

（出所）　2012年度決算カードより筆者作成

圏の自治体が上位を占めている。市町村民税については差がつきにくく、また差があってもそれは都市か地方か、という位置取りによって左右されるのだとすれば、広く一般の自治体が自主財源強化の手段として市町村民税に手をつけるのは、あまり有効とはいえないであろう。

これに対して固定資産税については、2章(4)ですでに例にあげた群馬県上野村がトップに立っているほか、2位以下にも大規模な発電施設を擁する自治体が並んでいる。発電施設に限らず、事業を誘致することは、固定資産税収入の大きな増加につながることから、特に過疎化が進む地方の市町村にとっては、自主財源を強化する非常に有力な手段となっている。ダムを誘致すれば大きな自然破壊につながるほか、集落を失う住民が出ること、また原子力関連施設については非常に大きなリスクを伴うことなど、こうした大規模な固定資産を誘致する自治体の取組みには賛否両論あるものの、図表－38の右側の自治体の多くが自らリスクを負って自主財源を確保し、ほかの団体よりも健全な財務状態を実現していることは紛れもない事実である。また、いまの地方の市町村にとっては、自主財源を充実させる抜本的な解決策が容易に見つからないことの裏返しでもある。

さて、自主財源の強化のためには、住民1人当りの地方税額を改善するほかに、自主財源の担い手である住民の数を増やすというより直接的な手段も考えられる。全国的な人口減少が見込まれるなかで、住民の数の確保は、自主財源の問題以前にすべての自治体にとって共通する課題ではあるが、自主財源との関係で重要なことは、単に住民を増やすのではなく、市町村民税や道府県税の納税者を増やす必要があるということである。具体的には、所得税を納める主たる年齢層である生産年齢人口（15歳以上65歳未満）と、法人が増える必要があり、両者を結びつけるのが「雇用」である。そしてここでの雇用とは、将来にわたって継続的なものでなければならない。住民がその自治体のなかで働き続けることで、継続的な地方税収入に結びつくのである。また、法人の場合には、単に雇用を生むだけでなく、法人自体の規模が拡大することでさらに大きな雇用を生み、また法人自体の所得が大きくなる

ことによって地方税も増えることになる。

　これが、土木工事や建築工事による雇用の場合には、工事が終われば労働者は別の現場に移ってしまい、継続的な収入とはなりにくい。また、工事が事業としてひとりでに拡大することもない。ダムや橋は、完成当初は大きな固定資産税収入を生むかもしれないが、減価償却の進捗によってその額は徐々に減ることはあっても、法人所得に対する地方税のように成長することは決してない。同じ歳入の水準を維持するためには、新たな工事をつくりだすしかない。

　継続的な雇用を増やすための事業誘致には、交通面をはじめとするインフラ整備に多大な投資が必要となることも多い。自治体にとって越えなければならないハードルは高いものの、図表－30でみた人口1万人未満でも総合評価が上位の自治体の多くは、豊かな雇用を通じて財源を確保している。これらはまた、一過性の事業に比べると、長期的に安定した収入をもたらすのである。

(6) 人口動態と財政の関係

　財政の自立性においては自主財源の大きさが重要な一方で、将来にわたって継続的に自立性を確保するために重要なのが人口動態である。自主財源との関係でいうと、いかにして生産年齢人口を確保するかということになる。

　2つの値の関係の強さ（相関）を示す指標の1つにR^2値というものがあるが、年齢別人口と主な財源項目との間のR^2値を集計した結果が図表－39である。ここでは、2012年度決算における政令市を除く市町村を対象とした。もともと、年齢別人口相互の相関が高いことから、それぞれについて大きな差がつくことはないのだが、歳入合計を除くすべての歳入項目で、生産年齢人口に対する相関が高いことがわかる。また、歳入合計だけは老年人口に対する相関が最も高くなっているが、これは老年人口の割合が比較的高い地方部

の市町村において、普通交付税に依存する割合が高いことが理由として考えられる。

　一方で、費用と年齢別人口の関係に目を向けると、どちらかというと老年人口との関係が強い項目が多い。図表－40は、年齢別人口と主な費用項目との間のR^2値を集計したものだが、どの項目をとっても、老年人口との相関が最も高くなっている。公債費において特に相関が高いのは、普通交付税と同様に、老年人口の割合が比較的高い地方部の市町村において、地方債の元利金支払の負担が大きいことが理由として考えられる。

　自主財源は主に生産年齢人口に影響を受け、費用は主に老年人口に影響を受けることから、人口減少と高齢化は、自主財源の減少と費用の増加を同時にもたらすことになる。地方財政にとって少子化・高齢化の問題とは、支出と収入の両サイドにダメージを与えるダブルパンチなのである。

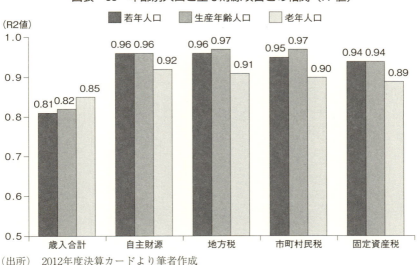

図表－39　年齢別人口と主な財源項目との相関（R^2値）

（出所）　2012年度決算カードより筆者作成

(7) スコアリングからわかる個別政策の影響

ここまで、財政を評価する際の4つのポイント、資金収支の健全性、財政の自立性、人口減少への対応力、行政効率化の状況を踏まえた総合評価をみてきた。各自治体においては、ポイントごとの定量的な評価を参考に、他の自治体との比較等を通じて長所・短所を洗い出し、それぞれのポイントに対する適切な施策を講じることで、財務の改善につなげることができる。

また財務指標を用いたスコアによる定量評価は、現時点での各自治体の強み、弱みを知るほかにも、個別の政策手段が財務状況にどのように影響するのかを測る材料にもなりうる。ここでは、「平成の大合併」および「大阪都構想」という2つの政策を対象に、それらの政策が地方自治体の財務状況にどのように影響するのかについて考察する。

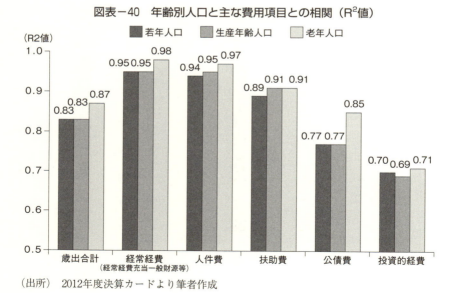

図表－40　年齢別人口と主な費用項目との相関（R^2値）

（出所）2012年度決算カードより筆者作成

1 平成の大合併のつめあと

　平成の大合併とは、自治体の行財政基盤の強化を目的として1990年代後半から2000年代にかけて進められた、市町村合併を促進する一連の政策と、それによって発生した多くの市町村合併の通称である。当時、市町村合併の旗振り役となった法律が「市町村の合併の特例に関する法律」（旧合併特例法、2005年3月に失効）であり、2006年3月31日までに合併する自治体に対してさまざまな財政面のメリットを与えることで、合併協議が促進されることとなった。

　市町村の数は、2001年4月1日時点で3,226団体あったが、旧合併特例法失効後の2006年4月1日には1,820団体まで減少した（図表−41参照）。直近では、2014年4月5日に栃木県栃木市と岩舟町の合併があり、1,718団体となっている。政府による当初の目標は合併後で1,000団体（2000年の与党行財政改革推進協議会）だったことから、目標には届いていないものの、それでも10年足らずの間に自治体数は3分の2程度に減っている。

　旧合併特例法では、合併自治体に対するメリットがいくつか用意されていたが、そのなかでも大きかったのが、地方交付税の割増措置と、合併特例債の発行の2つであったといわれている。

　地方交付税の割増措置とは、合併後10年間に限り、合併前の基準にて算出した地方交付税額を下回らないようにする算定措置であり、これを「合併算定替」と呼んでいる。合併算定替に相当する地方交付税については、合併11年後から5年間かけて緩やかに減額し、合併16年後から本来の普通交付税額に戻ることになる。

　また、合併特例債とは、合併後10年間に限り、合併に関連する事業費に充当するための地方債の発行を認め、国が元利金の7割を負担する制度である。これは、合併に伴う借金の7割について、国が償還財源を約束したものと解釈できる。

　合併効果によって本来であれば減額されるべき普通交付税額が維持され、また地方債の発行によって一時的な財源を得た合併市町村であるが、いずれ

も合併後10年間に限った時限措置である。平成の大合併のピークは2005年から2006年にかけてであり、合併から10年が経過した自治体がちらほらと出始めている。

　2002年4月1日に5つの町が合併してできた香川県さぬき市では、2013年度から合併算定替の減額がスタートしているようだ。図表－42はさぬき市の普通交付税額、および普通交付税の理論上の算定結果となる基準財政需要不足分（基準財政需要額と基準財政収入額の差額）の推移を示している。普通交付税額と基準財政需要不足分はほぼ一致するのが通常だが、合併した2002年度以降は、両者の間に20億円ほどの差異が生じており、このうちの多くが合併算定替に相当する普通交付税の割増分と考えられる。合併算定替は、合併年度とそれに続く10年度の間の時限措置であり、さぬき市の場合は2013年度から5年間をかけて普通交付税が徐々に減額され、2018年度には割増分がゼロになる予定である。このときに想定される普通交付税の額は、理論的には基準財政需要不足分と同等の水準となるはずである。

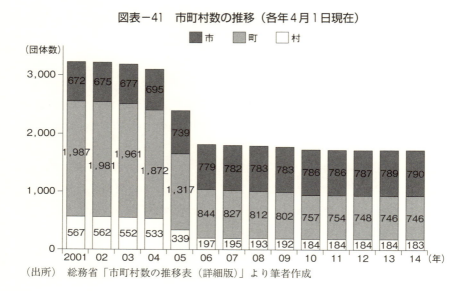

図表－41　市町村数の推移（各年4月1日現在）

（出所）　総務省「市町村数の推移表（詳細版）」より筆者作成

自治体ごとの合併算定替の金額については、合併前の基準財政需要不足分と合併後の基準財政需要不足分の差額によって概算できるため、今後、合併算定替の期限到来によって普通交付税が減額されることの、自治体財政に与えるインパクトも大まかに見通すことができる。

　図表-43には、合併算定替の概算値が歳入に占める割合の高い市町村の上位20団体を示した。歳入合計に占める割合の最も高かったのは千葉県南房総市で、11.5％であった。南房総市は2006年3月20日に6町1村が合併して誕生した市であるが、2位の長崎県南島原市も8町が、3位の岡山県真庭市も5町4村がそれぞれ合併してできた市である。合併元の市町村の数が多いほど合併算定替は大きくなる傾向があり、その分、10年経過後の地方交付税減額のインパクトも大きいものとなる。

2　財政面から理解する大阪都構想

　ここ数年来の地方自治制度を取り巻く話題のなかでも、マスコミを中心に

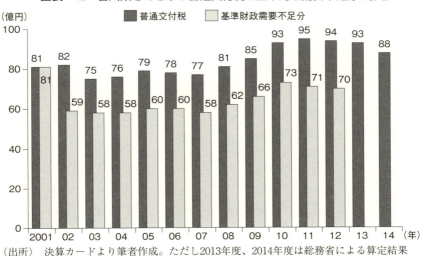

図表-42　香川県さぬき市の普通交付税と基準財政需要不足分の推移

（出所）決算カードより筆者作成。ただし2013年度、2014年度は総務省による算定結果

全国的に注目を集めたものの1つに、「大阪都構想」がある。ここでは、大阪都構想の財政面での意味合いについて考えてみることにしたい。大阪都構想を一言で述べると、現在の大阪府と大阪市を統合して、東京都と東京特別区（23区）のようなかたちに再編することを意味している。これによる財務面のインパクトについて先に結論を述べると、「よい自治体」を尺度に考え

図表－43　合併算定替への依存度が高いとみられる市町村

順位	コード	都道府県	市町村	合併算定替（概算、百万円）	普通交付税に占める割合（%）	歳入合計に占める割合（%）
1	012234	千葉県	南房総市	2,670	26.9	11.5
2	042214	長崎県	南島原市	3,125	22.4	10.3
3	033214	岡山県	真庭市	3,138	21.8	10.0
4	037208	香川県	三豊市	2,817	27.4	9.4
5	042411	長崎県	新上五島町	1,698	20.3	9.4
6	038356	愛媛県	上島町	616	19.7	9.3
7	019209	山梨県	北杜市	3,002	25.9	9.3
8	042213	長崎県	雲仙市	2,670	21.1	9.2
9	043514	熊本県	あさぎり町	997	18.0	9.0
10	024441	三重県	多気町	724	35.7	8.9
11	042209	長崎県	対馬市	2,771	17.5	8.9
12	002307	青森県	外ヶ浜町	534	17.1	8.8
13	034215	広島県	江田島市	1,317	21.3	8.7
14	015224	新潟県	佐渡市	4,418	20.8	8.7
15	033215	岡山県	美作市	1,967	18.5	8.6
16	044212	大分県	豊後大野市	2,522	20.5	8.5
17	022222	静岡県	伊豆市	1,411	29.1	8.4
18	038506	愛媛県	愛南市	1,388	17.9	8.3
19	034214	広島県	安芸高田市	2,060	21.5	7.8
20	039211	高知県	香南市	1,452	20.3	7.8

（出所）　決算カードより筆者作成

た場合には、いまの大阪府にとってはプラスで、大阪市にとっては中立という結果になる。

　大阪都構想の財務分析上の意味を理解するためには、そもそも都と府、市と特別区の財政制度の違いを知っておく必要がある。

　まず、都と府の違いであるが、地方自治法（以下、「同」という）第1条の3第2項において、都道府県はいずれも市町村と同じ「普通地方公共団体」に位置づけられている。そのうえで、市町村を包括する広域の地方公共団体として、「地域における事務等のうち、広域にわたるもの」「市町村に関する連絡調整に関するもの」、および「その規模又は性質において一般の市町村が処理することが適当でないと認められるもの」を処理するのが都道府県とされる（同第2条第5項）。したがって、地方自治法が定義する役割において、都と府に違いはない。

　一方、都に限って法が規定するものの1つに特別区がある。特別区は、他の法令に特に定めのない限り、市と同じ事務を処理するものとされるが（同第281条第2項）、そのうち、「人口が高度に集中する大都市地域における行政の一体性および統一性の確保の観点から当該区域を通じて都が一体的に処理することが必要であると認められる事務」については、特別区にかわって都が処理するものとされる（同第281条の2第2項）。また、財政面での特別区と市町村の違いとして、都による、特別区相互間の財源均衡化の権限を定めた「特別区財政調整交付金」の制度がある（同第282条）。すなわち都は、特別区に対する交付金、およびその裏付けとなる地方税の財源を握っており、これを「財源均衡化」の目的で特別区に再配分する権限を有している。これに対して道府県では、同様の権限を市町村に向けて行使することはない。

　図表-44に、2012年度決算における東京都と大阪府の歳入構造の違いを示した。両者の最大の違いは、東京都にあって大阪府にない約2兆円の「都税」である。これは、地方自治法第281条の2第2項を根拠に、都が特別区にかわって徴収している地方税であり、主に固定資産税、市町村民税（法人分）、事業所税、都市計画税などが含まれる。これらは現在の大阪において

は、大阪市の財源となっており、大阪府に入ってくることはない。
　また、東京都は都税を原資として特別区に対して特別区財政調整交付金を支給するが、これは2012年度決算で約9,000億円であった。したがって差額の1兆1,000億円強は、東京都の他の財源に充当された計算になる。この差額を、特別区向けの政策に充当するのか、あるいは特別区以外の住民にとってもメリットのある政策に振り向けるのかについては、都の判断ということになろう。「大阪都構想」のなかでしばしば登場する「大阪全体」という表現は、現状であれば（現）大阪市のためにしか使うことのできないこの差額を、場合によっては府全体のために活用できることを踏まえているものと考えられる。もっともこれは、（現）大阪市民にとっておもしろい話とは限らない。
　したがって、財政収支上の大阪都構想の意味合いは、現在は大阪市が有する歳入を、大阪都（元の大阪府）と、新たに設置する特別区とに付け替えるものと理解できよう（図表-45）。

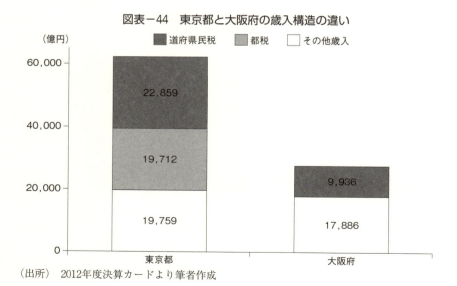

図表-44　東京都と大阪府の歳入構造の違い

（出所）　2012年度決算カードより筆者作成

では、「よい自治体」の観点からすると、大阪都構想による財政の変化はどのように評価できるのか。ここでは、先ほどの総合評価の枠組みを使って考えてみたい。
　まず、大阪都構想を評価するためには、府と市を合併した「大阪都」の仮想財務情報を作成する必要がある。ここでは、評価に最低限必要な項目を対象に、以下の処理を行った。

① 大阪府、大阪市の普通会計データを単純合算する
② できあがった「大阪都」データのうち、歳入、および歳出から以下の金額を控除する
　・旧大阪市の歳入のうち利子割交付金等
　・旧大阪市の歳入のうち府支出金

また比較のために、東京都と特別区（東京23区）を合算した「大東京都」

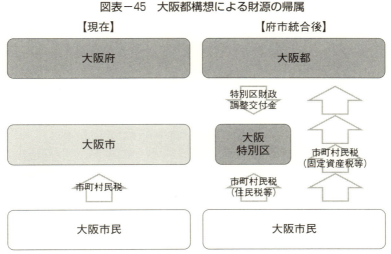

図表－45　大阪都構想による財源の帰属

（出所）「大阪都構想特設サイト」より筆者作成

第3章　スコアリングでわかる「よい自治体」の姿　99

データを用意すべく、歳入、および歳出から以下の金額を控除する調整を行った。

- 特別区の歳入のうち利子割交付金等
- 特別区の歳入のうち都支出金
- 特別区の歳入のうち特別区財政調整交付金

　ここまでの財務の調整方法をもとに、大阪府、大阪市、大阪府＋大阪市（大阪都）、東京都＋特別区（大東京都）、という4つの自治体、ないし仮想自治体を対象とする、財務総合評価の結果を図表−46に示した。これによると、「大阪都」の財務の評価は、従来の大阪市と大阪府のちょうど中間あたりに落ち着くことがわかる。つまり、財務面だけからみると、相対的に評価の低い大阪府にとってはポジティブ、逆に評価の高い大阪市にとってはネガティブな合併とみることができる。一般事業会社における合併と同様に、単に足して2で割るような合併・統合では、財務面でのメリットが出にくいことを意味している。おそらくここでのシミュレーションの結果は、多くの合併自治体においても、すでに経験済みのことなのではないだろうか。したがって、大阪都構想が財務面の改善効果までも実現するためには、1＋1を3にも4にもするような、統合後の具体的な財務改善策が必要ということになる。

　ここでの考察は、普通会計の単純合算に若干の調整を加えただけの非常に

図表−46　仮想財務による大阪都の財務総合評価

	財務総合評価			（参考）住民1人当り自主財源（円）		
	2010年度	2011年度	2012年度	2010年度	2011年度	2012年度
大阪府	2.57	2.39	2.45	295,923	205,263	197,614
大阪市	1.93	1.97	1.99	392,808	381,462	420,248
大阪府＋大阪市（大阪都）	2.32	2.09	2.12	410,753	317,028	321,019
（参考）東京都＋特別区	1.28	1.28	1.26	517,372	509,439	514,902

（出所）「RDB C-Voice Score」より筆者作成

ラフなものであり、この試算だけをもって財務面への効果を結論づけるべきではない。実際に府と市が合併する際には、統合後の具体的な財務改善策の一環として、たとえば、両者の間で重複している業務の効率化等を通じて一段の費用削減が期待できよう。また一方で、地方交付税や国庫支出金の算定基準も変わり、歳入全体でみると必ずしもプラスの効果ばかりとは限らない。このほかにも、大阪都の評価にはさまざまな不確定要素が付きまとうはずである。

ただし、相対的な健全性に劣るとされる大阪府の財政にとっては、大阪市の財源が加わることで大きなメリットを得られるのは間違いないところであろう。なかでも、本来であれば市町村に帰属する固定資産税収入は、景気の動きにも左右されにくい安定的な財源である。道府県が都になることで、これを自主財源に取り込めるとすれば、今回のような定量分析に限らず、一般的な財務分析の観点でも一定のプラスの評価につながるものと考えられる。

参考　　マハラノビスの距離

３指標によるマハラノビスの距離の計算方法を以下に示す。

最初に、単位空間（よい自治体の集団）を構成するデータ（各自治体の財務情報）について、３つの指標値を計算し、それぞれ平均値がゼロ、標準偏差が１となるように標準化する。

次に、標準化した３つの指標値について、単位空間での相関行列Rを計算する。

$$R = \begin{pmatrix} 1 & r_{12} & r_{13} \\ r_{21} & 1 & r_{23} \\ r_{31} & r_{32} & 1 \end{pmatrix}$$

このとき、ある自治体の３つの指標値（標準化後）を$X = (x_1, x_2, x_3)$とすると、マハラノビスの距離Dの２乗は、相関行列の逆行列R^{-1}を用いて、次の式で表せる。

$$D^2 = XR^{-1}X^t = (x_1, x_2, x_3)\begin{pmatrix} 1 & r_{12} & r_{13} \\ r_{21} & 1 & r_{23} \\ r_{31} & r_{32} & 1 \end{pmatrix}^{-1}\begin{pmatrix} x_1 \\ x_2 \\ x_3 \end{pmatrix}$$

なお、単位空間において3つの指標値に相関がない場合には、

$$R = R^{-1} = \begin{pmatrix} 1 & 0 & 0 \\ 0 & 1 & 0 \\ 0 & 0 & 1 \end{pmatrix} \quad \text{より、}$$

$$D^2 = (x_1, x_2, x_3)\begin{pmatrix} 1 & 0 & 0 \\ 0 & 1 & 0 \\ 0 & 0 & 1 \end{pmatrix}\begin{pmatrix} x_1 \\ x_2 \\ x_3 \end{pmatrix} = x_1^2 + x_2^2 + x_3^2$$

これは、一般に知られる距離(ユークリッドの距離)の算式と同じものである。

第4章
将来のために いま必要なこと

2014年5月に政策研究団体「日本創成会議」が報告書のなかで発表した2040年の「消滅可能性都市」の一覧は、多くの自治体関係者に衝撃を与えた。これを受けて対策本部を設置する自治体も続々と出てくるなど、将来の人口減少問題が、いよいよ現実味を持って関係者に受け止められるようになってきたといえよう。

　同報告書では、若年女性の人口推移と都市間の人口移動に注目して自治体別の将来人口を試算しており、従来の人口動態予測に比べて、地方により厳しい結果を示している。なお、報道等が引用する「消滅可能性自治体」とは、若年女性人口（20〜39歳）が2040年に半減する市町村として同報告書が試算した896団体を指すことが多いようだが、特定の年齢層の女性の半減だけをもって「消滅」と称するのはやや行き過ぎの感も否めない。

　とはいえ、地方の人口減少が、世間でいわれているほど「将来の」問題ではない、という認識には誰しも異論のないところであろう。そして人口減少問題は、自治体の財政収支に対して確実に悪影響を及ぼすことはすでに述べたとおりである。ここでは、将来の推計人口をもとに、2040年度の自治体の財務状況をシミュレーションし、少子高齢化が財政に及ぼす影響をあらためて考えることにしたい。

(1)　将来財政のシミュレーションの前提

　2040年度の人口の推計値には、前にも引用した国立社会保障・人口問題研究所の作成による「日本の地域別将来推計人口（2013年3月推計）」の「出生中位・死亡中位」のデータを用いた。これは前述の日本創成会議のシナリオと比べると、都市部への人口流出がさらに加速することを考慮してない分だけ、地方にとって楽観的な数値とされる。前提とする合計特殊出生率は平均で1.35であり、2010年実績の1.39に比べると少しだけ低下することを想定している。

2040年度の財務状況を予測するにあたっては、前述の人口推計値をもとに、2010年度の国勢調査結果からの人口の増減を推計し、これに応じて直近決算における財務項目の値を変化させたものを用いている。人口の増減が財務項目の増減に及ぼす影響度合いについては、2010年度の各自治体の財務数値を対象とした年齢別人口による回帰分析の結果を適用した。なお、手法の詳細については122ページの〔参考：将来財政シミュレーションの前提〕を参照されたい。

　このほかには、前章の合併算定替の影響を考慮したことを除いて、ここでのシミュレーションに、各自治体個別の今後の不確定要素は反映されていない。たとえば、債務削減努力や経費節減の効果は見込んでおらず、逆に、金利上昇や借金の増加による債務負担増大のリスクも織り込んでいない。各自治体の詳細を把握することよりも、全自治体同一の条件下での分析を通じて財務の傾向をつかむことを主な目的とする、簡便なシミュレーションであることをあらかじめ強調しておきたい。

(2) マハラノビスの距離で評価する2040年度の財務状況

　2012年度決算と、2040年度予想決算によるスコア、すなわち「よい自治体」の財政状況を基準とする総合評価の結果を比較したのが図表－47である。

　これによると、2040年度のスコアの分布が大きく右に移動しており、人口動態の変化を財務情報に加味すると、スコアが全般に大きく悪化するのがわかる。スコアの中央値は2012年度の3.21に対して、2040年度は4.61である。

　財務状況が大幅に悪化する要因は、すでに述べたとおり、生産年齢人口が減ることで、個人や企業の所得に依存する市町村民税を中心とした自主財源収入が大きく減る一方、歳出側は、老年人口や若年人口も合わせた総人口の動きにあわせて緩やかにしか減らすことができないうえに、人件費や経費の

ように固定的にかかる費用があることから、結果として、収入不足になることが多いからである。

次に、「生の」収支状況を表す修正経常収支比率について、市町村ごとに集計したのが図表－48である。これによると、修正経常収支比率が1倍以内、つまり自力で財政収支の均衡を維持できる自治体の数は、2012年度の369団体から、2040年度には137団体に減るのがわかる。逆に修正経常比率が2倍以上、つまり自力で調達できる財源の2倍を超える経費がかかっている自治体の数は、2012年度には432団体だったものが、全自治体の半数近い765団体に増える。修正経常収支比率の赤字部分の多くは、基本的には普通交付税によって穴埋めされるため、2040年には、この穴埋めにかかる国の財政負担がこれまで以上に大きくなる。

2040年度の推計財務総合評価上位20市町村の一覧を、図表－49に掲げた。トップの愛知県東海市（2012年度7位）、第10位の愛知県武豊町（同8位）、

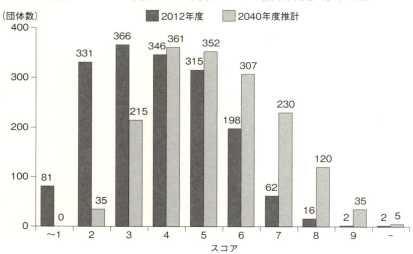

図表－47　2012年度と2040年度のスコア（総合評価）分布の違い

（出所）「RDB C-Voice Paper（2012年度）」より筆者作成

第13位の愛知県西尾市（同15位）は引き続きトップ20に入ったが、ほかはすべて入れ替わっている。2012年度の上位20市町村と比べると、新潟県聖籠町、石川県川北町、大阪府田尻町、三重県朝日町、愛知県豊山町など、人口が2万人に満たない比較的小規模の自治体が目立つ。

もともと、2040年度の人口推計が2010年度を上回る市町村は、全国に74団体しか存在しないが、総合評価上位の20市町村のうち13市町村では2040年まで人口が増える見通しである。これら小規模自治体の特徴として考えられるのが、製造業等による雇用のほかに、周辺中心都市のベッドタウンとしての居住ニーズであろう。

また、これら20市町村のうち、修正経常収支比率が2012年度に比べて改善する見通しなのは、石川県川北町と愛知県武豊町の2町だけである。2040年度の上位市町村といえども、大半は財政状況が改善するわけではなく、ほかよりも悪化のペースが緩やかであるにすぎない。

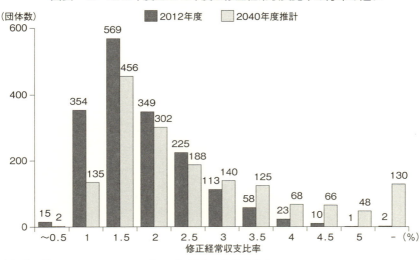

図表－48　2012年度と2040年度の修正経常収支比率の分布の違い

（出所）「RDB C-Voice Paper（2012年度）」より筆者作成

第4章　将来のためにいま必要なこと　107

図表－49　2040年度推計財務による財務総合評価の上位20市町村

	都道府県	市町村	総合評価	修正経常収支比率(%)	(参考) 2012年度		
					順位	総合評価	修正経常収支比率(%)
1	愛知県	東海市	1.17	0.73	7	0.59	0.65
2	新潟県	聖篭町	1.38	0.79	189	1.41	0.78
3	茨城県	東海村	1.44	0.80	126	1.19	0.61
4	愛知県	大府市	1.45	0.82	28	0.76	0.77
5	愛知県	幸田町	1.46	0.80	38	0.82	0.71
6	石川県	川北町	1.47	0.79	398	1.96	0.88
7	千葉県	浦安市	1.52	0.81	216	1.51	0.63
8	愛知県	長久手市	1.54	0.74	219	1.52	0.67
9	埼玉県	戸田市	1.59	0.73	166	1.33	0.64
10	愛知県	武豊町	1.59	0.72	8	0.60	0.75
11	大阪府	田尻町	1.66	0.68	387	1.94	0.64
12	三重県	朝日町	1.70	0.83	71	0.97	0.82
13	愛知県	西尾市	1.72	0.88	15	0.69	0.87
14	静岡県	長泉町	1.74	0.70	44	0.86	0.55
15	茨城県	つくば市	1.77	1.01	32	0.79	0.80
16	愛知県	豊山町	1.78	0.82	313	1.77	0.75
17	千葉県	成田市	1.82	0.82	129	1.20	0.69
18	愛知県	豊田市	1.82	0.79	50	0.88	0.72
19	埼玉県	和光市	1.85	0.87	37	0.82	0.75
20	愛知県	刈谷市	1.85	0.64	57	0.92	0.62

(出所)　「RDB C-Voice Paper (2012年度)」より筆者作成

(3) 地方自治制度にかかる莫大なコスト

　簡易なシミュレーションの結果ではあるが、2040年度の自治体の財政状況は、相応に厳しい見通しであることがわかった。先ほども述べたとおり、修正経常収支比率が悪化した分を放置すれば自治体の資金繰りが行き詰まることから、自治体自身で手当ができないのであれば、国がかわって財源を用意しなければならない。

　2012年度決算における自主財源と経常経費充当一般財源等の差異は、全市町村合算で1兆1,936億円、全都道府県合算で4,589億円であった。これが2040年度には、全市町村合算で4兆4,809億円、全都道府県合算で3兆8,746億円となる（いずれも福島県内の市町村分を除く）（図表－50参照）。市町村と都道府県を合わせて年間8兆円以上の財源不足は、一時的ではなく経常的に

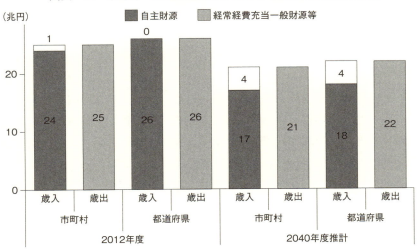

図表－50　市町村・都道府県における2040年度の自主財源不足額

（出所）「RDB C-Voice Paper（2012年度）」より筆者作成

毎年発生するものであることから、明確な償還財源の見通しがない地方債での穴埋めは適切とはいえず、何よりも自治体自身の自助努力による解決が求められる。

　もしも、自治体自身が自力で解決できないのであれば、最終的には国が、地方交付税、あるいは代わりの手段によって地方財政の収支を均衡させなければならない。財務省の2014年度予算によると、2014年4月の消費税率の3％引上げによって約4兆5,000億円の税収増が見込まれるが、たとえば、地方財政の年間の資金不足8兆円をすべて消費税でまかなうとすると、さらに5％ポイント以上の税率引上げが必要となる。いまの地方財政の枠組み、さらにはいまの地方自治体の規模と数を前提とするならば、地方自治制度を経済的に成り立たせるための莫大なコストがかかることを、まずは国民全体が認識すべきであろう。

(4)　地方財政の現実を客観的・定量的に直視すべき

　先ほどのシミュレーションでは、現時点の「よい自治体」といえども、ほとんどすべての自治体にて将来に向かって財務状況が悪化するという結果を得た。しかしそこにはいくつかの前提があり、そのうち最も重要なものが「自治体の今後の改善努力を数値に織り込んでいない」というものである。したがって、自治体の自助努力によって結果は改善する可能性がある。財務状況の改善努力を効果的に進めるために最初に必要となるのは、財務の現状を客観的・定量的に分析し、問題点を的確につかむことである。

　客観的・定量的な分析のよいところは、ほかの自治体との比較を通じて、それぞれの自治体の強み、弱みが誰の目からみても同じように理解できることである。自治体内部でしか理解できない数字や、中央官庁の内部の人にしか再現のできない指標ではなく、前章で示したスコアリングによる総合評価や、修正経常収支比率のように一定の再現可能性のある財務指標がそうだ

が、誰からみても理解できる尺度による現状の評価こそが、オープンな政策議論の前提となる「共通認識」をつくることができる。

　地方財政というと、財源の分配そのものに政治的な利害が含まれるために、改善、イコール緊縮に向けた議論がむずかしい部分があるのかもしれない。しかしながら、客観的・定量的な分析結果は、そこでの主張に強力な論理的根拠を与えることになる。たとえば前章で示した「若年人口１人当り教育費」の水準をほかの市町村と比較すれば、少なくとも教育費の水準が「高いのか、低いのか」の議論に１つの答えを出すことができる。そのうえで、「よいのか、わるいのか」の議論については、自治体それぞれの個別の事情を踏まえて答えを出せばよい。最初から議論にフタをしないためにも、客観的・定量的な分析結果による「共通認識」が重要なのである。

　少子化・高齢化が将来の財政に及ぼす影響とは、先般の「創成会議」のレポートを待つまでもなく、おそらく誰もが漠然と不安に思っていたことに違いない。しかしながら、将来に対する漠然とした不安とは、将来に対して目を閉ざしたときにより大きくなるものではないだろうか。事実に基づいて将来を直視すること、問題を正しく認識することは、少なからず市民の不安を和らげることにもつながろう。また、現実を直視すると、地方財政にとっては非常に不都合な事実も数多く出てくることがあるかもしれないが、不都合な事実から目をそらしていては、事態は決して改善しないのである。

　さて、筆者が地方財政を分析する１つのきっかけが、銀行界に対する地方自治体の信用リスク（倒産リスク）に関する情報提供であった。自治体ごとの分析レポートを用意するなかで、地域金融機関のなかには、「自治体の財務状態の危険度合いを示すレポートなど（自治体との良好な取引を維持するうえで）不要な資料」と切り捨てる担当者もみられた。銀行取引さえ続けば、地方財政がどうなろうが、銀行にとって関係がないということなのだろうか。自治体自身もさることながら、周囲の利害関係者も不都合な事実から目をそらすようなことがあってはなるまい。

(5) 財務分析からわかる人口8万人のカベ

さて、ここまで主として市町村全体を対象に、財務状況の客観的・定量的な分析を進めてきたが、そこからみえてきた改善に向けた処方箋について、最後に3点ほど言及しておきたい。

1つは、自治体の健全な財務運営のためには、一定以上の規模を確保することが何よりも重要だ、ということである。たとえば、人口2,000人の村と人口5万人の市が、同じように住民のための体育館を1つ保有する場合、かかる費用の総額はさほど変わらないことから、財政面の負担は、人口2,000人の村にとってより大きなものとなる。もう少し一般的な見方をすると、自治体の歳出のうち、人口に代表される自治体の規模に応じて変動する変動費部分と、規模によらず一定の固定費部分とに分けて考えたとき、ある一定の

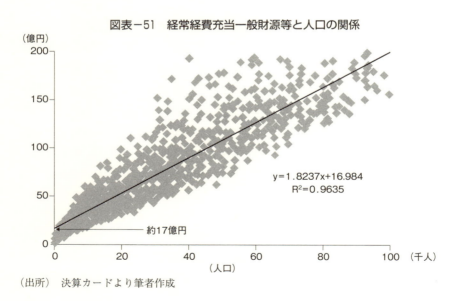

図表-51　経常経費充当一般財源等と人口の関係

$y=1.8237x+16.984$
$R^2=0.9635$

（出所）　決算カードより筆者作成

規模よりも小さい市町村の財政にとって、この固定費部分の負担がより大きいものとなる。先ほどの体育館の例は、この固定費負担に相当する。

では、自治体機能を維持するのに最低限必要な固定費の規模とは、いったいいくらなのか。

固定費を正確に計算するには、自治体の歳出費目のひとつひとつについて固定費か変動費かを検討し、積み上げて求める方法が考えられるが、回帰分析の手法による簡易的な試算も可能である。

ここでは、政令市を除く1,699市町村の2010年度決算データを対象に、次の式が成り立つと仮定して、平均的な固定費の水準を試算した。

経常経費充当一般財源等＝固定費＋総人口×1人当り変動費

このとき、回帰分析にて次の式を得ることができる。
y=1,698,436,339+182,374x

これは、全国の自治体の経常経費を平均すると、固定費が年間約17億円で、変動費が人口1人当り約18万円であることを意味している（図表－51参照）。ここで、人口1人当りの自主財源額の平均値204,374円をもとに、自主財源にて固定費をカバーできる人口を次の式で計算できる。ちょうど、事業会社の損益分岐点分析と同じやり方である。

1,698,436,339÷（204,374－182,374）＝77,198

つまり財務分析上は、人口7万7,000人以上という条件が自主財源によって固定費を負担できる自治体規模の1つの目安として浮かび上がる。2012年度の住民基本台帳を基準として、人口7万7,000人以上の市町村は全国1,719団体のうち353団体、全体の約2割にとどまる。そして、2040年の推計人口では、300団体を割り込む見通しである。現状は約8割の市町村でこの人口

規模に達していないが、これはひとえに、普通交付税をはじめとする国による再分配を通じて、自治体の財政収支が維持されているために、問題として表面化していないにすぎない。自立した自治体の財政運営のためには、相応の人口規模による分担が欠かせないことから、平成の大合併を上回るような、さらなる自治体の統合・再編が必要ではないだろうか。

(6) 雇用の創出は財政戦略の「王道」

　前項で、固定費負担を軽減するためには自治体の人口規模の拡大が不可欠と述べた。通常は、さらなる費用負担の軽減のために、行政費用の削減を中心とした、いわゆる「財政リストラ」を推進することが次なる論点として浮かび上がるのかもしれないが、筆者は、安易な合理化にはあまり賛同することができない。

　というのも、企業におけるコストと異なり、自治体におけるコストとは、住民の受ける行政サービスの質・量と表裏一体の関係にあり、削れば住民にとってプラスとは必ずしも言い切れないからである。もちろん、行政のムダは省くべきであり、たとえば議員の不祥事による辞職に対応した「選挙費用」などは、その最たるものであろう。とはいえ、「よい自治体」の例でもみたが、行政の費用については、住民にとって最低限必要な生活サービスを維持するために適正な水準があってしかるべきであろう。そのためには、単なる合理化やコストカットだけではなく、いかに収入を増やすかという、よりむずかしい課題に取り組まねばなるまい。そこで必要となるのが自主財源の充実である。そのためには、雇用の創出こそが、自治体の今後の戦略の王道となろう。

　ここで気をつけねばならないのが、雇用の創出も一過性のものでは財政改善に寄与しがたい、ということだ。典型的なのが公共工事であり、工期が終われば次の工事があるところに人が移ってしまうことから、持続的な人口の

維持、拡大にはなかなかつながりにくい。「よい自治体」の多くでみられたのは、製造業をはじめとする大規模で持続的な雇用源であり、雇用が住民をひきつけ、健全な財政運営をもたらすのである。一過性の事業ではなく、持続的な産業を誘致することで、長期的な人口増加プランを考えるべきであろう。製造業は1つの例であるが、今後は非製造業も雇用源として有力と考える。大企業のコールセンターや事務センターが地方に拠点を構える例も多いが、目下のITインフラの充実により、たとえば首都圏でなくても仕事ができる産業はますます増える傾向にある。

　雇用の創出という点で注目に値する例が、長野県川上村の取組みである。川上村は長野県の東の端にある、人口4,000人ほどの小さな村である。村全体が標高1,000m以上の高原地帯にあり、また新幹線や高速道路等の交通インフラとも無縁の、本書の「よい自治体」の条件からすると、かなり厳しい状況に置かれている自治体である。ところが、川上村の住民1人当り自主財源額29万1,000円という数字は、「よい自治体」の標準的な水準をも上回る。豊富な自主財源を支えるのが、村が一丸となって取り組んだ高原レタスの栽培と販売戦略である。農業による雇用拡大は人口動態にもあらわれており、川上村の高齢化率は23.0%だが、これは長野県の市町村の中央値30.2%や、全国の中央値27.5%を大きく下回っている。

　実は、川上村の財務状況の総合評価は、高い公債費や人件費負担などもあって必ずしも高いものではないが、自主財源が十分に確保できていることと、住民が比較的若いこととは、今後の財政の運営において、時間をかけてさまざまな選択肢をとりうることを意味している。

　同じような自治体の例としては、北海道猿払村があげられる。猿払村は北海道最北端の村であり、人口は川上村よりもさらに少ない3,000人弱であるが、ホタテの日本一の水揚げ地として知られ、住民1人当り自主財源額は29万円を超えている。高齢化率も21.7%と低く、漁業による雇用が人口動態にあらわれ、財源を支えている好例といえよう。

　巨大な土木工事や、大企業の誘致だけが雇用の創出ではない。川上村、猿

払村のいずれにも共通するのが、農業・漁業といった古くからある自らの「持ち味」を十分に活かして、雇用を創出する産業に育て上げる努力である。雇用を生み出す産業政策が、自治体の将来を決定づける最重要課題となりつつある。

(7) 「ふるさと納税」が拓く地方再生の可能性

　市町村合併を通じて規模のメリットを追求すること、雇用の創出により住民を集めること、これらはいずれも、地方財政の改善と地域振興の王道戦略ではあるが、そのためには行政と住民が一体となった多大な努力を必要とするほか、成果をあげるまでに長い時間を要する施策でもある。これに対して、財政改善の施策として、もう少し手近なところからスタートできる手段として注目に値するのが、「ふるさと納税」の制度を活用した自主財源の確保である。

　ふるさと納税とは、都道府県・市区町村に対する寄附金のうち2,000円を超える部分について、原則として所得税・個人住民税の全額（一定の上限あり）の控除を受けられる、寄附金控除の制度である。これによって納税者は、現在は自身が居住していない自治体に対して寄附金のかたちで資金を投じることができ、寄附金相当の金額は、現在自身が居住している自治体に納めている住民税等から控除を受けることで取り戻せる。つまり、ふるさと納税とは、個人が、自分の住む自治体から自分の選んだ自治体に、住民税（および所得税）の一部を移転する仕組みと考えることができる（図表－52参照）。

　総務省の想定例では、年収700万円の給与所得者（夫婦子なし）が３万円をふるさと納税（寄附）すると、2,000円を除く２万8,000円の税額控除を受けられる。この場合、2,000円の自己負担によって、その15倍の金額を好きな市町村に寄附できる計算になる。

　この仕組みのポイントは、「ふるさと」と冠するものの、実際には各個人

が好きな自治体を選べるところだ。したがって、生まれ故郷に限らず、自分が応援したいと思える自治体であれば、どこでも寄附の対象となるのである。これを自治体側からみると、住民やかつての住民でなくとも、自治体を応援してくれる外部の「ファン」をつくることができれば、そこからの税収が期待できることを意味している。

著名ポータルサイトのヤフーでは、クレジットカード決済が可能なふるさと納税の専門サイトを運営しており、利用者は役所に出向いたり、専用の振込用紙を使って金融機関で振込手続を行ったりすることなく、簡単な手続にてふるさと納税ができる（http://koukin.yahoo.co.jp/furusato-nouzei/）。登録されている自治体は200団体以上にのぼる。これらの団体の多くは、ふるさと納税に対する御礼として特産品のプレゼントのような特典を設け、寄附してくれる「ファン」を増やすことにしのぎを削っているのである。

ふるさと納税を含む自治体への寄附金の総額は、2012年の合計で130億1,127万円、寄附者数は10万6,000人であった。東日本大震災の反動から、前年比では約5分の1程度に金額が落ちたものの、それ以前の倍以上の水準を維持している。2012年の数字から単純に計算すると、寄附者1人当りの寄附

図表－52　ふるさと納税の仕組み

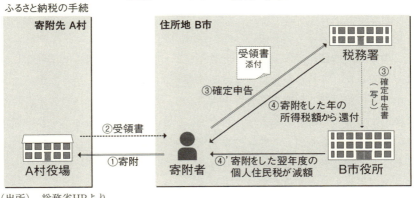

（出所）　総務省HPより

金額は12万円強となるが、ふるさと納税の多くは1万円以下の小口のものが大半とされ、その背景には、前述の特典を目的とした納税が多いことがあげられている。特典で引き寄せた小口の納税者を「ファン」と呼べるかどうかについては判断の分かれるところだが、塵も積もれば山となるほか、特産品を通じて「わが自治体」を少しでも多くの人に知ってもらう機会としては絶好のチャンスでもある。単なる「財源探し」にとどまらない、「町おこし」の要素を多分に含んだ施策として、ふるさと納税の誘致に積極的に取り組むことには、自治体にとって大きな意味があるのではないだろうか。

わずかな事務手続の整備によって体制を整えることのできる「ふるさと納税」への取組みであるが、前述のヤフーのサイトに登録している自治体は、全体の4分の1ほどにすぎない。特に、市や町に比べて財政規模が小さく、本来的には、財政面での努力がより多く必要なはずの村の登録がわずかな数にとどまるのは、非常に残念でならない。

図表-53には、2012年度決算における、住民1人当りの年間寄附金収入上位10市町村を示した。トップに立った山梨県道志村は住民1人当り7万円を超えており、歳入合計に占める寄附金の割合は6％にのぼる。道志村は、2010年度も2011年度も上位10団体に名を連ねる、日本一の寄附金財源の村である。寄附金をここまでの財源規模に育てるには、小口のふるさと納税の積み重ねだけではむずかしいのかもしれないが、図表-53に登場する団体の多くが人口1万人に満たない町や村で占められていることからもわかるように、小さな自治体にとってこそ、財源としての寄附金の存在感は見過ごせないものであり、これから伸ばせる可能性も大きいのではないだろうか。

かつての住民や、何度も訪れる旅行者など、少しでもゆかりのある自治体に納税してもよいと考える人は、潜在的にはかなりの数があっても不思議はない。そうした人々の心に積極的にアプローチすること、そして何より、ふるさと納税制度をまず広く知ってもらうことが、地域の振興と地方財政の充実を進めるうえで、地道な第一歩となるものと考える。

逆に、ふるさと納税制度を納税者の側からみてみよう。ふるさと納税にお

いては、納税者側がもともと負担している住民税と所得税の一定の範囲内で寄附をするのであれば、自己負担となるのは2,000円にすぎない。わずか2,000円の費用負担によって、その何倍ものお金を自分の好きな自治体に納める、より正確にいうと現在の住民税支払先の自治体（および国）から移すことができるのである。目下のふるさと納税制度においては、もっぱら特産品などの「特典」を目的に納税先の自治体を選択する方も多いようだが、必ずしもそれだけではない。総務省によると、東日本大震災が発生した2011年の自治体向けの寄附金控除の実績は、前年の10倍近くにのぼっており、これには少なからず、ふるさと納税の制度が寄与していたものと考えられる。各個人が損得勘定を抜きにして応援したい自治体に納税するための、純粋な社会貢献活動のプラットフォームとして、納税者にとってもふるさと納税制度には活用の余地が大きい。

　ふるさと納税は、過去の居住実績などとは関係なく、好きな自治体を選ん

図表－53　住民1人当りの年間寄附金収入上位10市町村

	都道府県名	市町村名	人口（人）	歳入合計（千円）	うち寄附金（千円）	
					住民1人当り（円）	歳入合計に占める割合（％）
1	山梨県	道志村	1,897	2,107,685	134,364	70,830	6.4
2	長野県	栄村	2,188	7,618,601	146,114	66,780	1.9
3	岩手県	陸前高田市	20,564	111,125,005	722,064	35,113	0.6
4	茨城県	大洗町	17,572	11,216,943	541,696	30,827	4.8
5	岐阜県	白川村	1,692	3,824,719	49,059	28,995	1.3
6	北海道	乙部町	4,247	3,983,213	103,125	24,282	2.6
7	愛知県	豊根村	1,289	2,921,976	29,930	23,220	1.0
8	岩手県	大槌町	12,873	89,151,981	293,794	22,822	0.3
9	高知県	仁淀川町	6,378	8,034,016	144,003	22,578	1.8
10	奈良県	黒滝村	846	1,564,073	18,292	21,622	1.2

（出所）　決算カードより筆者作成

で納税できる仕組みであるが、なかには、社会貢献には興味があっても、特定の「ふるさと」が思い当たらない方もあろう。かくいう筆者もそうした市民の1人である。ここでは、納税先を考えるうえでの1つの切り口として、自治体の財政状況を参考に、困っていそうな自治体を選び出してみることとしたい。

図表-54には、2012年度決算の目的別歳出における災害復旧費のうち、一般財源によって充当した部分について、住民1人当りの歳出金額が大きい上位10団体を示した。災害復旧費とは、地震や台風といった自然災害にて被害を受けた道路、港湾、漁港などの公共土木施設や農林水産施設等の復旧に要する経費である。大規模災害においては、災害復旧事業費としての国庫支出金や、「震災復興特別交付税」のような地方交付税など、国から特別に財源を得られることもあるが、ここで示したのは、特別交付税を除く一般財源による負担の順位、つまり、国からの特別な支援を差し引いたベースでの、自治体が単独で負担している住民1人当りの災害復旧費用の順位と解釈でき

図表-54　住民1人当り災害復旧費（充当一般財源）の上位10市町村

順位	都道府県	市町村	人口（人）	災害復旧費（1人当り円）	うち一般財源（除く特別交付税）	同比率（%）
1	熊本県	産山村	1,649	153,596	91,375	59.5
2	高知県	北川村	1,422	245,093	90,933	37.1
3	熊本県	五木村	1,262	243,091	84,681	34.8
4	鹿児島県	宇検村	1,894	220,557	73,359	33.3
5	鹿児島県	瀬戸内町	9,681	168,833	59,528	35.3
6	東京都	利島村	297	38,889	38,889	100.0
7	福岡県	東峰村	2,444	103,150	35,087	34.0
8	大分県	竹田市	24,227	66,986	34,134	51.0
9	熊本県	高森町	7,021	54,624	30,711	56.2
10	鹿児島県	伊仙町	7,050	32,121	29,674	92.4

（出所）　2012年度決算カードより筆者作成

る。

　実は、単に住民1人当りの災害復旧費用にて順位をみると、上位を2011年3月に発生した東日本大震災の被災地と、同年9月の台風12号の被害地域が占めるのだが、それら自治体の多くは国庫支出金や特別交付税によって、国による財源の手当がなされており、図表−54のランクには登場しない。

　2012年度決算における住民1人当りの、いわば「自腹」での災害復旧費用の負担が最も重かったのは、熊本県産山村（うぶやまむら）であった。上位の多くを九州の自治体が占めているが、これらの多くは2012年夏の豪雨による被害と考えられる。この豪雨は、「平成24年6月8日から7月23日までの間の豪雨及び暴風雨による災害」として、内閣府による激甚災害の指定を受けており、市町村に対しても一定の財源措置がとられているものの、ここでの順位をみる限り、復旧費用が想定よりもかさんだのか、あるいは時期的に国による財源措置が間に合わなかったのか、関係自治体の財政にとって、災害復旧費が大きな負担となったことが読み取れる。また、上位の自治体の大半が、人口1万人に満たない町や村で占められており、規模の小さい自治体にとって自然災害は、財政面にも「激甚な」負担を強いることを、あらためて理解できる。

　自然災害によって困っている自治体、それも国による支援が不十分な自治体を探し出して、ふるさと納税を通じてささやかながらも復旧に貢献する。これも、ふるさと納税によって個人が実現しうる立派な社会貢献の1つと考える。

(8)　予測可能だからこそできること

　自治体財政の定量分析は、自治体個別の事情をあまり考慮する余地がないことから、個別の自治体側からみると、ともすれば実態を無視した暴論に映ることもあるかもしれない。しかしながら、個別の事情を考慮せずに同一の

基準でみるからこそ、各自治体の強み・弱みを客観的に理解できることもまた事実である。特に、他の自治体との比較を通じて、財務指標値の「ほどよい水準」を見つけることができるのは、定量分析ならではの切り口であろう。そして、客観的な事実をもとになされる改革提案であればこそ、企画として高い説得力を持つのではないだろうか。

　2014年5月の日本創成会議による試算発表以降、人口減少・高齢化問題があらためて注目を集めるようになったが、人口動態の将来像は、どんなに短く見積もっても20年先までは確実にみえているものであり、それを根拠とした将来の財政の姿も、確実に予測できているといっても過言ではない。

　このような意味では、本書の後半に示した2040年の自治体の財務の姿は、「いまのまま何もしなければこうなる」という将来像そのものである。ただ、大変に厳しい見通しではあるが、企業の財務と比べればまだ恵まれた環境にあるともいえる。というのも、20年以上先の財務状態を予見できる企業経営者はほとんどいないはずであり、また企業の場合は「いまのまま何もしなければ」こうなるどころか、確実に破綻してしまうからである。痛々しい将来像とはいえ、いまから予見できるということは、それだけでも将来に対する備えをするうえで大変有意義な情報といえよう。

　また、自治体の財務情報については、近年、開示姿勢の進展が著しいことから、外部から客観的な分析を行う環境も充実しつつある。一般市民のひとりひとりが、それぞれの得意分野の観点からこうした財務情報に触れて、地方財政の改善・再建に知恵を絞ることができれば、人口減少・高齢化による地方財政の危機を救うまったく新しいアイデアが生まれる可能性も高まるものと期待している。

参　考　　将来財政シミュレーションの前提

・自主財源額
　自主財源額は生産年齢人口との相関が高いことから、ここでは、当該自治

体の2010年度における生産年齢人口1人当りの自主財源額をもとに、将来の生産年齢人口を用いて推計した。具体的には次の算式による。

$$I_{2040} = I_{2010} \times \frac{Y_{2040}}{Y_{2010}}$$

I_{2040} ：2040年度の自主財源額推計値
I_{2010} ：2010年度の自主財源額
Y_{2040} ：2040年度の生産年齢人口予測値
Y_{2010} ：2010年度の生産年齢人口

• 依存財源額（非自主財源額）

依存財源については、普通交付税のように、人口規模等の全国一律の基準によってある程度機械的に算定される部分と、国庫支出金や特別交付税のように、自治体ごとに異なるメカニズムで算定される部分とに分けられるものとみなし、ここでは、当該自治体の2010年度の実績値を基準として、2010年度と将来時点の総人口の変化に応じて、依存財源額を増減させる方式で推計した。具体的には次の算式による。

$$D_{2040} = D_{2010} + (P_{2040} - P_{2010}) \times b - f$$

D_{2040} ：2040年度の依存財源額推計値
D_{2010} ：2010年度の依存財源額
P_{2040} ：2040年度の総人口予測値
P_{2010} ：2010年度の総人口
b ：2010年度の全自治体における人口1人当り依存財源額
f ：合併算定替相当額

• 人件費、経常経費充当一般財源等、投資的経費

上記3つの費用項目については、当該自治体における人口1人当り費用と、全自治体における人口1人当り費用とを比較して、当該自治体の費用効率を考慮したうえで、2010年度と将来時点の総人口の変化に応じて、費用を増減させる方式で推計した。具体的には次の算式による。

$$C_{2040}=\begin{cases}C_{2010}+(P_{2040}-P_{2010})\times C', & \text{if } \dfrac{C_{2010}}{P_{2010}} \geqq C' \\ C_{2010}\times \dfrac{P_{2040}}{P_{2010}}, & \text{if } \dfrac{C_{2010}}{P_{2010}} < C' \end{cases}$$

C_{2040} ：2040年度の費用推計値
C_{2010} ：2010年度の費用
P_{2040} ：2040年度の総人口推計値
P_{2010} ：2010年度の総人口
C' ：2010年度の全自治体における人口1人当り費用

- その他の費用項目、債務残高など
 公債費や地方債に関する項目など、上記以外の費用項目やストックの項目については、2040年度まで一定とした。

巻末付録 1

地方自治体財務総合評価ランキング
(2012年度)

＜凡例＞
　順位：同一都道府県内の市区町村におけるスコアの順位
　　　　（都道府県の場合は、都道府県におけるスコアの順位）
　全順位：全国の市区町村におけるスコアの順位
　　　　（都道府県の場合は、都道府県におけるスコアの順位）
　スコア：2012年度決算によるマハラノビスの距離
　人口：2012年度末の住民基本台帳人口（単位：千人）
　標準財政規模：2012年度の標準財政規模（単位：億円）
　1人当り自主財源：2012年度の住民1人当り自主財源額（単位：円）
　自主財源比率：2012年度の自主財源比率（単位：％）
　修正経常収支：2012年度の修正経常収支比率（単位：％）

順位	全順位	団体名	スコア	人口	標準財政規模	1人当り自主財源	自主財源比率	修正経常収支
				都道府県				
1	1	東京都	1.07	12,757	29,474	407,727	83.5	60.4
2	2	栃木県	1.55	1,982	4,280	206,751	52.8	97.6
3	3	群馬県	1.57	1,983	4,202	197,325	52.1	104.6
4	4	茨城県	1.86	2,948	6,167	192,179	49.9	99.9
5	5	兵庫県	1.96	5,565	10,521	200,460	54.7	93.4
6	6	京都府	2.19	2,536	5,180	171,250	47.7	114.1
7	7	千葉県	2.20	6,136	10,011	152,245	57.9	101.8
8	8	香川県	2.23	1,003	2,570	196,091	45.4	123.6
9	9	山口県	2.24	1,434	3,718	195,548	42.6	124.5
10	10	愛知県	2.30	7,273	12,986	183,361	62.1	97.5
11	11	福岡県	2.32	5,053	9,285	148,135	45.9	118.2
12	12	愛媛県	2.37	1,431	3,502	173,036	41.0	127.1
13	13	新潟県	2.38	2,348	5,997	248,321	44.8	97.6
14	14	岡山県	2.44	1,926	4,216	164,793	45.5	123.7
15	15	大阪府	2.45	8,674	15,496	197,614	61.6	88.1
16	16	岐阜県	2.48	2,059	4,594	158,159	43.3	133.4
17	17	富山県	2.56	1,082	2,943	216,791	41.9	120.1
18	18	長野県	2.58	2,135	5,145	160,277	40.5	141.2
19	19	石川県	2.61	1,153	3,037	203,695	41.1	121.9
20	20	山形県	2.66	1,150	3,334	193,515	37.8	140.9
21	21	三重県	2.68	1,831	4,187	154,813	40.5	139.6
22	22	山梨県	2.70	850	2,635	232,676	40.8	124.3

順位	全順位	団体名	スコア	人口	標準財政規模	1人当り自主財源	自主財源比率	修正経常収支
23	23	熊本県	2.71	1,817	4,302	151,043	35.7	148.7
24	24	徳島県	2.73	780	2,597	249,976	40.6	125.5
25	25	滋賀県	2.78	1,395	3,180	155,689	45.1	136.5
26	26	和歌山県	2.78	1,011	2,898	203,927	35.4	129.2
27	27	秋田県	2.80	1,073	3,329	235,210	40.3	122.6
28	28	静岡県	2.80	3,736	7,177	152,769	50.6	119.1
29	29	北海道	2.84	5,444	14,251	170,570	37.6	146.5
30	30	宮崎県	2.84	1,138	3,252	176,680	35.7	150.5
31	31	神奈川県	2.87	8,924	13,418	139,207	64.4	101.3
32	32	福井県	2.87	799	2,592	215,914	37.9	139.5
33	33	大分県	2.90	1,190	3,254	168,615	35.2	155.1
34	34	佐賀県	2.90	849	2,564	183,463	35.1	149.6
35	35	青森県	2.96	1,368	3,945	186,656	34.8	147.8
36	36	岩手県	3.03	1,309	3,999	408,078	43.6	71.6
37	37	広島県	3.13	2,836	5,819	140,479	44.3	134.3
38	38	島根県	3.20	708	2,844	254,270	33.3	142.4
39	39	埼玉県	3.28	7,156	11,284	119,999	52.6	126.1
40	40	長崎県	3.30	1,420	3,834	156,812	32.1	166.1
41	41	鳥取県	3.66	585	2,157	169,636	28.4	195.4
42	42	福島県	3.69	1,971	4,816	414,656	45.6	57.3
43	43	宮城県	3.73	2,305	4,830	417,362	48.4	47.7
44	44	高知県	3.79	753	2,717	153,196	26.2	224.9
45	45	鹿児島県	3.87	1,695	4,729	128,784	27.5	209.0
46	46	奈良県	4.20	1,395	3,101	115,105	34.4	180.5
47	47	沖縄県	4.23	1,429	3,568	130,641	27.7	188.0
北海道								
1	179	千歳市	1.38	94	202	259,339	58.1	76.5
2	279	苫小牧市	1.69	173	386	212,620	49.6	95.0
3	302	札幌市	1.73	1,911	4,389	216,120	49.0	100.7
4	345	帯広市	1.85	168	400	218,003	46.0	100.9
5	468	北広島市	2.16	60	125	155,145	43.3	124.8
6	474	石狩市	2.17	60	165	246,905	46.6	100.3
7	490	室蘭市	2.21	92	237	214,774	45.6	110.6
8	543	旭川市	2.34	349	833	165,933	37.8	130.8
9	544	江別市	2.35	120	243	137,025	41.6	140.2
10	613	恵庭市	2.51	69	143	135,023	39.1	145.3
11	634	函館市	2.56	275	720	165,497	35.9	143.6
12	645	釧路市	2.59	180	489	174,396	34.3	152.5
13	677	北見市	2.69	123	349	192,850	36.5	133.2
14	686	釧路町	2.71	20	54	152,406	38.6	145.7
15	698	倶知安町	2.76	15	48	220,633	40.8	116.4
16	700	滝川市	2.77	42	119	188,078	36.9	146.4
17	705	登別市	2.77	51	115	144,512	35.8	158.2

順位	全順位	団体名	スコア	人口	標準財政規模	1人当り自主財源	自主財源比率	修正経常収支
18	768	東神楽町	2.94	10	31	230,267	39.8	118.4
19	783	小樽市	2.97	128	331	161,177	34.2	158.1
20	796	七飯町	3.02	29	67	136,379	39.1	144.7
21	846	美幌町	3.15	21	68	165,007	34.9	152.3
22	855	稚内市	3.18	37	128	241,976	36.3	136.1
23	857	芽室町	3.18	19	74	226,373	38.2	135.5
24	859	白老町	3.19	19	65	178,067	34.6	202.1
25	860	余市町	3.19	21	58	143,185	34.7	192.6
26	865	音更町	3.20	45	117	140,845	35.5	157.8
27	938	当別町	3.41	18	62	146,937	31.4	219.9
28	939	網走市	3.42	38	127	209,203	31.4	152.2
29	956	留萌市	3.47	24	83	187,169	31.7	163.3
30	957	砂川市	3.47	18	67	213,004	32.9	159.8
31	959	伊達市	3.48	36	109	155,667	30.1	166.4
32	964	中標津町	3.50	24	85	180,368	32.7	178.1
33	973	美唄市	3.52	25	93	188,449	29.0	194.0
34	1005	幕別町	3.63	28	97	148,352	29.0	193.8
35	1006	北斗市	3.63	48	123	150,340	33.4	147.1
36	1016	厚真町	3.65	5	39	569,620	42.3	120.1
37	1018	斜里町	3.66	12	57	233,960	33.0	176.5
38	1035	岩見沢市	3.72	88	250	156,135	28.5	172.8
39	1047	新ひだか町	3.75	25	101	186,677	27.3	187.0
40	1049	紋別市	3.75	24	97	183,823	27.6	202.4
41	1070	名寄市	3.79	30	123	187,528	27.8	186.7
42	1072	岩内町	3.79	14	43	149,463	29.4	182.9
43	1080	栗山町	3.82	13	49	155,835	25.7	206.4
44	1093	根室市	3.85	29	96	154,712	25.3	199.5
45	1110	芦別市	3.89	16	66	174,289	26.2	204.0
46	1137	寿都町	3.98	3	20	355,560	32.1	155.6
47	1144	浦河町	3.99	14	55	173,771	26.9	198.2
48	1150	厚岸町	4.02	10	53	249,649	28.4	178.8
49	1151	東川町	4.02	8	32	288,937	29.0	114.6
50	1157	富良野市	4.04	24	81	138,657	26.2	227.5
51	1163	深川市	4.05	23	99	178,181	23.0	202.7
52	1164	鷹栖町	4.05	7	31	177,912	26.2	202.3
53	1172	ニセコ町	4.07	5	27	303,941	31.4	166.9
54	1178	江差町	4.09	9	35	170,244	26.8	211.0
55	1183	森町	4.11	17	70	143,341	26.5	257.5
56	1184	上富良野町	4.11	12	43	157,146	27.0	209.0
57	1186	清水町	4.12	10	51	212,787	27.1	201.2
58	1204	長万部町	4.15	6	33	224,331	27.9	208.8
59	1212	中富良野町	4.19	5	30	213,654	25.2	207.1
60	1214	八雲町	4.19	18	82	185,700	25.9	200.9

順位	全順位	団体名	スコア	人口	標準財政規模	1人当り自主財源	自主財源比率	修正経常収支
61	1223	白糠町	4.21	9	46	203,849	27.0	206.6
62	1235	羅臼町	4.23	6	27	187,518	28.3	208.9
63	1240	洞爺湖町	4.25	10	50	194,043	26.4	238.0
64	1256	安平町	4.29	9	46	234,862	27.4	194.8
65	1265	比布町	4.32	4	22	249,037	26.6	168.5
66	1267	長沼町	4.33	12	52	147,791	22.5	255.8
67	1268	士別市	4.33	21	103	196,652	24.0	224.1
68	1276	赤平市	4.35	12	47	166,653	22.7	219.7
69	1289	新篠津村	4.42	3	20	273,867	28.6	180.4
70	1309	池田町	4.50	7	39	211,736	23.1	195.5
71	1313	増毛町	4.51	5	32	249,978	25.2	216.9
72	1318	本別町	4.53	8	44	232,252	26.2	197.9
73	1323	知内町	4.54	5	29	210,940	27.0	219.4
74	1328	南幌町	4.55	8	35	137,018	23.5	256.7
75	1333	奈井江町	4.56	6	32	197,323	24.4	253.2
76	1336	浦幌町	4.57	5	44	412,821	29.3	148.9
77	1337	三笠市	4.57	10	50	237,774	23.9	193.6
78	1338	弟子屈町	4.57	8	48	216,506	21.9	240.3
79	1345	広尾町	4.61	8	52	232,947	23.9	245.2
80	1361	訓子府町	4.65	5	30	183,255	23.6	228.7
81	1376	由仁町	4.70	6	33	177,622	20.1	259.3
82	1381	中札内村	4.72	4	28	290,115	25.1	157.8
83	1396	美瑛町	4.77	11	62	213,549	22.0	222.2
84	1401	留寿都村	4.79	2	18	362,664	28.0	183.6
85	1404	遠軽町	4.81	22	106	141,107	20.1	275.0
86	1408	上砂川町	4.83	4	17	182,112	23.5	231.2
87	1414	標茶町	4.84	8	64	356,891	26.7	171.3
88	1416	大樹町	4.85	6	47	244,924	22.3	243.7
89	1425	別海町	4.87	16	101	235,753	23.9	222.7
90	1432	日高町	4.90	13	74	192,898	21.7	255.3
91	1435	新冠町	4.91	6	38	225,166	21.5	242.2
92	1436	当麻町	4.91	7	32	132,117	18.9	264.1
93	1439	蘭越町	4.92	5	36	235,760	20.9	213.8
94	1441	羽幌町	4.93	8	41	163,141	20.7	262.3
95	1442	木古内町	4.93	5	27	220,208	23.8	223.3
96	1444	妹背牛町	4.94	3	22	155,121	18.3	361.7
97	1446	様似町	4.95	5	29	168,447	19.4	263.2
98	1454	佐呂間町	4.96	6	35	197,895	22.1	248.9
99	1456	鹿追町	4.97	6	40	332,923	28.0	157.7
100	1463	興部町	5.00	4	31	236,404	22.0	230.4
101	1470	厚沢部町	5.01	4	30	266,117	23.2	171.7
102	1474	浜中町	5.03	6	46	359,859	26.0	158.9
103	1480	士幌町	5.04	6	48	300,596	27.0	204.5

順位	全順位	団体名	スコア	人口	標準財政規模	1人当り自主財源	自主財源比率	修正経常収支
104	1485	上士幌町	5.05	5	41	344,466	25.3	170.7
105	1491	湧別町	5.07	10	60	199,319	21.4	244.2
106	1494	新得町	5.08	7	48	262,623	22.6	192.8
107	1501	福島町	5.12	5	24	143,231	20.1	308.9
108	1503	歌志内市	5.13	4	24	228,515	19.6	231.2
109	1505	積丹町	5.15	2	19	221,882	19.4	301.5
110	1511	喜茂別町	5.17	2	18	271,662	19.8	234.5
111	1513	乙部町	5.19	4	24	181,134	19.3	227.6
112	1514	沼田町	5.19	4	28	421,911	26.3	142.4
113	1515	利尻町	5.19	2	21	254,711	17.7	261.2
114	1523	津別町	5.22	5	38	195,818	20.6	258.5
115	1524	今金町	5.22	6	37	183,094	18.9	255.2
116	1527	泊村	5.23	2	27	2,061,032	64.7	27.7
117	1529	雄武町	5.23	5	39	249,702	20.7	217.6
118	1530	大空町	5.24	8	57	204,554	19.5	291.3
119	1532	豊富町	5.24	4	39	365,387	22.5	181.9
120	1534	鹿部町	5.25	4	18	136,696	21.8	277.2
121	1535	上ノ国町	5.25	6	32	145,979	18.5	261.8
122	1541	上川町	5.27	4	37	265,367	18.9	267.0
123	1542	奥尻町	5.28	3	24	218,630	18.2	316.4
124	1545	月形町	5.29	4	24	159,061	17.2	315.1
125	1546	神恵内村	5.29	1	11	516,340	26.1	159.8
126	1552	共和町	5.32	6	36	185,953	21.6	237.6
127	1555	壮瞥町	5.33	3	23	280,112	21.3	271.5
128	1556	むかわ町	5.34	9	62	180,220	18.3	307.9
129	1557	古平町	5.34	4	21	152,841	15.7	312.8
130	1559	標津町	5.35	6	41	228,018	20.0	218.9
131	1560	雨竜町	5.35	3	21	262,418	18.8	223.7
132	1562	清里町	5.35	4	34	226,722	19.3	258.9
133	1567	新十津川町	5.38	7	41	139,786	16.5	307.3
134	1574	豊浦町	5.40	4	29	188,925	16.6	237.8
135	1576	更別村	5.41	3	31	313,904	23.3	205.1
136	1578	小清水町	5.42	5	36	203,403	15.5	242.9
137	1582	京極町	5.44	3	24	241,182	20.1	241.7
138	1584	えりも町	5.45	5	32	161,301	17.3	333.6
139	1587	黒松内町	5.46	3	26	279,750	18.1	231.1
140	1591	松前町	5.49	9	35	111,450	17.2	319.5
141	1593	美深町	5.49	5	37	172,670	16.2	278.5
142	1596	北竜町	5.51	2	19	252,537	18.0	285.6
143	1597	小平町	5.51	4	31	206,420	16.7	314.1
144	1598	下川町	5.52	4	34	330,776	19.8	222.1
145	1599	礼文町	5.52	3	23	253,221	17.4	228.8
146	1601	浜頓別町	5.52	4	35	250,376	19.6	282.4

順位	全順位	団体名	スコア	人口	標準財政規模	1人当り自主財源	自主財源比率	修正経常収支
147	1606	陸別町	5.57	3	30	408,049	23.3	199.5
148	1609	足寄町	5.58	7	58	218,845	17.1	267.9
149	1610	剣淵町	5.59	4	27	192,371	17.7	323.1
150	1612	豊頃町	5.59	3	34	302,798	20.2	235.7
151	1614	せたな町	5.61	9	68	161,026	15.8	395.6
152	1618	真狩村	5.66	2	18	246,030	19.6	300.8
153	1619	鶴居村	5.67	3	29	359,212	21.0	223.9
154	1622	置戸町	5.70	3	32	207,297	16.3	325.1
155	1627	南富良野町	5.72	3	31	225,322	15.6	380.1
156	1628	枝幸町	5.72	9	77	203,197	16.0	321.2
157	1632	平取町	5.76	6	38	185,624	16.3	293.5
158	1633	仁木町	5.76	4	22	127,493	13.7	394.9
159	1635	利尻富士町	5.77	3	25	227,610	14.6	325.1
160	1637	愛別町	5.81	3	25	174,426	16.0	369.3
161	1641	浦臼町	5.84	2	19	228,057	16.3	315.7
162	1650	天塩町	5.89	3	33	218,768	16.7	355.4
163	1651	遠別町	5.90	3	29	182,404	13.1	387.9
164	1654	秩父別町	5.92	3	19	153,297	14.0	407.0
165	1660	中川町	5.98	2	24	387,041	17.5	255.1
166	1665	赤井川村	6.07	1	17	416,007	21.7	250.4
167	1666	島牧村	6.07	2	19	194,352	13.4	385.4
168	1667	滝上町	6.07	3	31	204,474	13.4	344.4
169	1669	和寒町	6.09	4	28	152,366	12.6	313.8
170	1672	占冠村	6.10	1	19	560,744	24.8	223.2
171	1674	幌延町	6.11	3	31	409,829	21.9	223.4
172	1678	苫前町	6.17	4	30	161,354	12.7	391.5
173	1680	猿払村	6.20	3	32	290,565	18.9	316.3
174	1693	中頓別町	6.32	2	28	258,088	13.0	347.2
175	1716	初山別村	6.65	1	19	271,101	14.7	360.6
176	1722	夕張市	6.97	10	50	269,194	25.1	149.1
177	1723	西興部村	7.01	1	18	317,265	13.2	379.7
178	1731	幌加内町	7.28	2	28	370,678	11.1	319.7
179	1740	音威子府村	8.48	1	17	230,989	8.3	786.8
青森県								
1	567	八戸市	2.40	238	501	183,508	41.8	105.9
2	659	青森市	2.64	298	702	163,977	39.6	133.6
3	715	東通村	2.81	7	40	556,142	54.4	82.4
4	744	弘前市	2.88	180	432	147,679	34.8	158.4
5	815	六ヶ所村	3.08	11	78	757,206	57.0	74.1
6	909	田舎館村	3.32	8	26	156,242	32.3	174.3
7	937	むつ市	3.41	63	178	145,213	26.1	193.0
8	944	黒石市	3.44	36	93	124,513	26.9	206.1
9	949	鶴田町	3.45	14	40	121,605	26.9	223.5

順位	全順位	団体名	スコア	人口	標準財政規模	1人当り自主財源	自主財源比率	修正経常収支
10	965	野辺地町	3.50	15	37	122,394	28.3	196.2
11	1015	十和田市	3.65	64	186	138,791	28.9	182.9
12	1076	おいらせ町	3.80	25	65	130,093	29.6	169.5
13	1129	階上町	3.95	14	37	126,702	29.4	193.5
14	1134	五所川原市	3.97	59	174	124,390	22.0	232.7
15	1148	東北町	4.00	19	71	174,562	27.0	183.5
16	1182	板柳町	4.11	15	39	106,037	25.8	210.5
17	1196	六戸町	4.14	11	35	127,419	27.3	221.4
18	1226	鰺ヶ沢町	4.21	11	48	98,813	16.8	413.7
19	1227	三沢市	4.21	42	105	148,144	26.3	182.4
20	1250	七戸町	4.27	17	69	136,875	26.2	256.3
21	1305	三戸町	4.47	11	39	123,152	21.7	243.4
22	1357	平内町	4.64	12	42	105,479	20.6	236.2
23	1374	蓬田村	4.68	3	17	190,656	23.4	224.7
24	1384	大間町	4.73	6	23	280,930	24.9	123.0
25	1397	五戸町	4.78	19	64	109,906	21.9	258.3
26	1407	横浜町	4.83	5	23	138,622	19.1	292.7
27	1430	大鰐町	4.89	11	38	93,367	19.1	327.0
28	1457	南部町	4.98	20	75	113,239	21.4	279.4
29	1461	つがる市	4.99	36	139	114,509	17.5	292.4
30	1467	外ヶ浜町	5.01	7	40	168,457	19.8	314.7
31	1492	今別町	5.07	3	17	183,434	20.8	282.0
32	1493	藤崎町	5.08	16	50	101,452	20.7	267.5
33	1507	平川市	5.15	33	113	105,222	21.0	278.6
34	1510	中泊町	5.17	13	48	118,617	17.9	287.7
35	1520	田子町	5.20	6	30	124,141	17.2	340.8
36	1525	風間浦村	5.23	2	14	224,769	19.0	243.8
37	1554	佐井村	5.33	2	16	188,185	18.1	303.4
38	1590	新郷村	5.48	3	20	147,996	15.2	373.1
39	1663	深浦町	6.05	10	52	111,457	13.5	427.2
40	1688	西目屋村	6.25	1	15	235,395	16.5	340.6
		岩手県						
1	317	北上市	1.78	93	217	185,415	48.7	109.1
2	364	盛岡市	1.89	293	647	169,347	44.8	124.0
3	568	金ケ崎町	2.40	16	54	269,753	47.5	98.0
4	598	滝沢村	2.47	55	96	120,828	40.5	127.1
5	643	矢巾町	2.59	27	63	196,493	45.3	102.3
6	675	紫波町	2.69	34	82	147,684	35.3	146.2
7	753	花巻市	2.90	101	296	156,803	34.4	157.9
8	834	雫石町	3.13	18	63	175,168	34.9	172.2
9	984	奥州市	3.56	124	363	145,339	26.1	185.1
10	1025	一関市	3.68	126	416	172,293	27.7	169.1
11	1026	一戸町	3.69	14	50	193,924	31.3	160.5

順位	全順位	団体名	スコア	人口	標準財政規模	1人当り自主財源	自主財源比率	修正経常収支
12	1046	二戸市	3.75	29	102	165,376	28.0	189.0
13	1095	久慈市	3.85	37	118	229,441	27.2	119.2
14	1127	平泉町	3.94	8	29	156,870	27.3	202.7
15	1128	遠野市	3.95	30	111	204,207	26.2	150.2
16	1180	岩手町	4.10	15	55	149,760	25.9	212.1
17	1298	普代村	4.44	3	17	635,819	33.5	81.8
18	1315	八幡平市	4.52	28	123	163,734	23.6	229.0
19	1322	洋野町	4.54	19	69	171,470	21.9	194.7
20	1356	軽米町	4.64	10	40	131,384	20.9	248.8
21	1445	住田町	4.94	6	32	188,675	22.2	212.9
22	1528	葛巻町	5.23	7	40	189,612	19.6	245.6
23	1538	九戸村	5.27	6	29	129,838	19.4	265.3
24	1564	岩泉町	5.36	11	57	223,598	16.2	180.4
25	1586	宮古市	5.46	57	190	247,837	13.5	118.4
26	1602	西和賀町	5.52	7	48	177,422	16.2	331.0
27	1683	野田村	6.22	5	20	393,294	10.5	96.9
28	1697	釜石市	6.38	37	103	400,219	12.6	64.0
29	1706	大船渡市	6.53	39	111	549,786	20.9	45.2
30	1710	田野畑村	6.56	4	24	446,976	8.6	119.2
31	1715	山田町	6.64	17	48	270,974	5.6	88.7
32	1730	陸前高田市	7.22	21	68	725,201	13.4	44.5
33	1738	大槌町	7.97	13	41	577,010	8.3	43.3
		宮城県						
1	282	富谷町	1.69	50	80	158,297	55.8	85.6
2	328	大和町	1.81	27	65	203,271	51.6	97.8
3	453	大河原町	2.12	24	49	153,255	46.9	125.0
4	599	柴田町	2.47	38	77	156,638	40.8	122.5
5	648	利府町	2.59	36	64	158,158	39.8	104.9
6	651	仙台市	2.60	1,030	2,289	258,848	42.7	85.4
7	652	大衡村	2.60	6	23	357,663	49.8	106.2
8	681	蔵王町	2.70	13	41	217,661	43.4	128.4
9	755	角田市	2.90	31	79	162,272	37.6	150.7
10	809	白石市	3.06	37	96	185,117	37.3	119.9
11	884	大崎市	3.24	135	364	158,275	31.9	148.9
12	934	村田町	3.39	12	38	173,461	31.3	161.5
13	967	美里町	3.51	25	71	154,306	29.6	166.7
14	1039	涌谷町	3.72	17	47	142,798	26.7	170.1
15	1082	大郷町	3.82	9	30	195,738	29.8	153.0
16	1112	登米市	3.89	84	289	160,365	25.3	186.1
17	1121	丸森町	3.92	15	53	189,306	27.3	157.6
18	1138	多賀城市	3.98	62	115	171,984	25.3	112.5
19	1203	栗原市	4.15	74	292	184,694	26.4	182.5
20	1205	加美町	4.15	25	101	141,338	26.6	239.8

順位	全順位	団体名	スコア	人口	標準財政規模	1人当り自主財源	自主財源比率	修正経常収支
21	1219	名取市	4.20	73	143	272,711	32.2	68.9
22	1229	川崎町	4.21	10	36	165,576	29.2	185.5
23	1230	色麻町	4.22	7	30	168,245	23.4	207.5
24	1413	塩竈市	4.84	56	121	239,549	23.6	86.9
25	1437	松島町	4.91	15	39	202,294	17.8	109.6
26	1483	七ヶ宿町	5.05	2	18	543,777	31.6	148.3
27	1668	七ヶ浜町	6.08	20	41	334,418	18.8	56.4
28	1679	岩沼市	6.20	43	90	410,102	23.7	43.9
29	1687	石巻市	6.24	151	403	396,268	16.2	61.2
30	1699	気仙沼市	6.39	69	182	304,295	9.7	83.4
31	1724	亘理町	7.02	34	69	493,802	21.9	35.2
32	1733	南三陸町	7.31	15	54	495,730	7.4	64.9
33	1737	東松島市	7.85	40	100	815,222	25.0	27.4
34	1741	山元町	9.77	14	41	1,151,600	18.1	23.2
35	1742	女川町	11.48	8	38	2,373,340	22.1	14.8
		秋田県						
1	383	秋田市	1.93	319	735	191,536	46.7	114.2
2	823	大館市	3.10	78	224	158,272	34.2	163.5
3	992	能代市	3.59	58	159	136,140	31.1	178.3
4	1023	にかほ市	3.68	27	92	164,906	29.5	174.9
5	1041	横手市	3.74	98	324	155,015	27.3	187.9
6	1066	由利本荘市	3.78	84	312	173,431	27.0	195.3
7	1087	大仙市	3.83	88	311	138,378	25.6	231.2
8	1108	男鹿市	3.88	31	109	166,049	28.3	199.0
9	1198	鹿角市	4.14	34	104	151,604	26.3	181.0
10	1206	五城目町	4.16	11	37	133,726	26.4	235.6
11	1218	八郎潟町	4.20	6	20	131,646	27.3	197.6
12	1242	北秋田市	4.25	36	151	162,051	24.5	211.3
13	1266	湯沢市	4.33	50	173	128,979	23.4	235.4
14	1277	潟上市	4.35	34	96	113,177	25.8	222.3
15	1284	仙北市	4.40	29	128	145,661	22.6	275.8
16	1299	三種町	4.45	19	72	129,158	22.8	254.0
17	1312	小坂町	4.50	6	26	215,489	24.1	185.0
18	1365	八峰町	4.65	8	43	188,015	22.8	233.8
19	1368	羽後町	4.66	17	53	110,200	23.0	251.5
20	1377	井川町	4.70	5	21	157,547	22.8	203.4
21	1487	藤里町	5.05	4	23	211,751	20.6	236.8
22	1488	美郷町	5.06	21	82	119,898	20.8	268.9
23	1526	東成瀬村	5.23	3	19	228,482	19.5	259.9
24	1592	大潟村	5.49	3	24	518,713	23.6	115.8
25	1642	上小阿仁村	5.84	3	19	169,406	17.0	335.0
		山形県						
1	186	山形市	1.39	249	511	190,140	54.3	96.8

順位	全順位	団体名	スコア	人口	標準財政規模	1人当り自主財源	自主財源比率	修正経常収支
2	464	天童市	2.15	62	127	165,433	44.7	110.4
3	475	東根市	2.17	47	112	173,167	45.6	122.8
4	496	寒河江市	2.22	42	100	159,499	41.9	136.0
5	541	米沢市	2.34	85	208	176,880	42.5	133.7
6	585	新庄市	2.43	38	96	170,453	39.7	136.8
7	628	上山市	2.54	33	78	169,962	40.5	133.6
8	630	中山町	2.55	12	30	186,737	43.6	116.0
9	653	南陽市	2.61	33	82	152,386	38.1	144.6
10	680	鶴岡市	2.70	135	393	192,446	37.6	134.0
11	731	河北町	2.83	20	48	160,912	40.0	142.2
12	749	酒田市	2.89	110	302	171,721	37.0	149.7
13	785	長井市	2.98	29	79	162,651	35.0	156.5
14	805	三川町	3.05	8	27	175,091	35.1	176.8
15	853	高畠町	3.18	25	66	141,785	32.5	179.1
16	880	山辺町	3.23	15	36	133,664	35.8	165.8
17	887	村山市	3.25	26	74	149,917	31.9	175.2
18	979	遊佐町	3.56	15	48	144,137	30.6	169.1
19	1042	尾花沢市	3.74	18	69	167,995	27.2	197.1
20	1136	大江町	3.98	9	33	164,126	28.1	186.8
21	1159	白鷹町	4.04	15	49	144,517	25.9	208.6
22	1171	大石田町	4.06	8	30	165,856	26.4	201.3
23	1197	庄内町	4.14	23	71	133,704	25.8	214.6
24	1258	最上町	4.30	10	36	150,030	23.9	218.7
25	1316	川西町	4.52	17	62	120,050	20.2	281.9
26	1334	舟形町	4.56	6	26	171,178	23.3	223.9
27	1340	金山町	4.58	6	25	161,199	21.8	206.0
28	1341	小国町	4.58	9	42	204,665	20.9	198.7
29	1392	飯豊町	4.76	8	39	166,136	21.7	253.6
30	1398	朝日町	4.78	8	31	148,100	20.6	236.6
31	1431	西川町	4.90	8	34	178,292	21.9	256.2
32	1469	鮭川村	5.01	5	23	141,670	18.0	283.7
33	1533	戸沢村	5.24	5	27	146,097	16.1	261.4
34	1568	大蔵村	5.38	4	23	211,239	19.3	261.4
35	1603	真室川町	5.53	9	39	111,603	17.6	317.9
		福島県						
1	446	郡山市	2.09	323	665	211,360	49.0	86.1
2	561	福島市	2.39	283	569	183,714	41.1	95.3
3	638	西郷村	2.57	20	52	266,120	45.0	82.4
4	673	本宮市	2.68	31	80	212,806	38.8	108.1
5	733	石川町	2.84	17	46	169,716	39.8	131.1
6	758	会津若松市	2.91	124	287	157,001	34.1	135.8
7	779	須賀川市	2.97	78	185	183,029	34.5	111.8
8	781	矢吹町	2.97	18	45	177,168	32.2	121.9

順位	全順位	団体名	スコア	人口	標準財政規模	1人当り自主財源	自主財源比率	修正経常収支
9	866	三春町	3.20	18	46	168,125	32.8	124.9
10	868	玉川村	3.20	7	24	215,309	36.6	132.0
11	882	棚倉町	3.23	15	39	207,386	33.1	96.7
12	889	浅川町	3.26	7	22	194,821	36.3	137.2
13	916	猪苗代町	3.35	16	51	187,194	32.3	158.1
14	920	白河市	3.36	63	175	205,107	31.9	117.5
15	925	鏡石町	3.37	13	32	192,915	32.1	109.7
16	971	小野町	3.52	11	32	172,400	34.5	137.0
17	990	二本松市	3.58	58	171	181,129	27.6	142.9
18	1022	いわき市	3.68	335	724	232,023	34.3	82.6
19	1031	喜多方市	3.70	52	163	149,080	25.8	182.2
20	1056	会津坂下町	3.76	17	47	142,731	23.7	173.6
21	1065	国見町	3.78	10	33	197,193	28.6	139.9
22	1073	桑折町	3.79	13	34	167,974	26.6	136.5
23	1078	伊達市	3.81	65	179	151,817	24.3	154.5
24	1099	富岡町	3.86	14	41	257,607	42.7	63.3
25	1105	塙町	3.87	10	35	183,708	27.8	169.8
26	1109	泉崎村	3.88	7	25	278,928	33.8	93.0
27	1119	平田村	3.92	7	26	173,627	28.9	184.4
28	1147	大玉村	4.00	8	27	248,159	29.2	107.5
29	1155	田村市	4.03	40	143	159,423	24.9	187.3
30	1176	矢祭町	4.08	6	25	256,598	33.3	113.9
31	1190	下郷町	4.13	6	32	225,296	30.6	169.7
32	1233	天栄村	4.22	6	27	201,460	25.1	173.3
33	1255	磐梯町	4.29	4	21	362,221	30.2	139.3
34	1272	中島村	4.34	5	18	169,054	25.8	165.9
35	1300	大熊町	4.45	11	42	372,211	45.7	56.8
36	1307	会津美里町	4.49	23	79	130,051	21.9	218.0
37	1310	古殿町	4.50	6	26	215,404	27.5	168.3
38	1326	湯川村	4.54	3	15	227,365	25.1	167.0
39	1358	南相馬市	4.64	65	181	304,863	28.6	72.6
40	1366	双葉町	4.65	6	25	454,163	50.3	58.4
41	1400	川俣町	4.79	15	41	153,262	14.2	151.4
42	1405	北塩原村	4.81	3	21	274,088	24.9	204.3
43	1418	楢葉町	4.85	8	28	499,598	37.8	55.0
44	1419	飯舘村	4.86	6	28	230,551	18.9	140.1
45	1420	西会津町	4.86	7	36	189,236	19.9	219.3
46	1478	只見町	5.04	5	36	426,173	27.5	123.5
47	1490	浪江町	5.06	20	51	100,922	21.0	192.1
48	1502	南会津町	5.12	18	92	153,502	18.2	281.0
49	1506	鮫川村	5.15	4	21	215,021	19.3	208.6
50	1531	相馬市	5.24	36	92	420,588	27.0	60.1
51	1544	桧枝岐村	5.28	1	13	1,610,997	39.1	79.0

順位	全順位	団体名	スコア	人口	標準財政規模	1人当り自主財源	自主財源比率	修正経常収支
52	1611	三島町	5.59	2	13	263,615	20.4	231.2
53	1623	葛尾村	5.70	2	11	223,153	17.1	235.9
54	1624	柳津町	5.71	4	26	193,782	16.3	252.4
55	1696	川内村	6.37	3	19	548,322	13.9	99.8
56	1698	金山町	6.39	2	20	381,648	16.0	167.4
57	1708	昭和村	6.54	1	15	233,621	15.8	325.4
58	1721	広野町	6.92	5	21	697,560	20.0	50.3
59	1726	新地町	7.06	8	29	797,941	22.7	36.6
		茨城県						
1	21	牛久市	0.74	82	144	214,023	63.9	76.9
2	32	つくば市	0.79	209	443	240,760	70.6	80.3
3	84	守谷市	1.02	63	116	225,157	62.7	74.5
4	110	鹿嶋市	1.13	67	135	261,148	62.5	71.9
5	118	水戸市	1.16	269	545	207,792	55.8	86.2
6	126	東海村	1.19	38	112	408,223	71.3	61.5
7	127	土浦市	1.19	142	284	213,074	58.6	85.2
8	145	阿見町	1.28	46	91	212,497	60.0	87.0
9	181	ひたちなか市	1.38	158	280	202,139	57.0	78.3
10	212	取手市	1.50	109	221	176,028	51.2	105.3
11	233	日立市	1.55	191	387	209,638	57.5	85.4
12	255	龍ヶ崎市	1.62	78	152	160,573	53.2	113.7
13	299	美浦村	1.73	17	40	204,196	56.2	108.1
14	308	那珂市	1.75	56	120	185,574	50.4	107.6
15	324	結城市	1.80	51	104	173,980	50.7	110.9
16	327	古河市	1.80	144	285	161,119	47.1	113.6
17	347	境町	1.85	25	56	159,476	48.8	129.2
18	397	神栖市	1.96	92	260	327,593	58.6	65.7
19	405	つくばみらい市	1.97	47	108	198,132	47.6	98.7
20	437	常総市	2.07	62	151	191,677	46.3	111.1
21	444	下妻市	2.09	44	102	180,431	46.0	116.8
22	447	筑西市	2.11	108	255	184,637	46.5	115.1
23	488	かすみがうら市	2.20	43	107	186,330	44.7	113.9
24	491	坂東市	2.21	56	132	171,181	44.7	127.2
25	503	八千代町	2.23	23	52	155,368	46.2	129.6
26	564	茨城町	2.39	34	73	160,973	45.2	110.3
27	566	石岡市	2.40	78	179	177,190	44.3	117.8
28	589	五霞町	2.44	9	30	309,099	57.3	94.2
29	621	高萩市	2.52	31	73	255,767	44.7	93.0
30	635	小美玉市	2.56	52	128	173,937	39.5	117.0
31	690	大洗町	2.73	18	42	293,165	45.9	79.3
32	695	桜川市	2.73	46	119	152,789	38.0	151.7
33	743	笠間市	2.87	79	181	151,980	38.8	131.1
34	840	北茨城市	3.14	47	100	182,944	36.7	109.1

順位	全順位	団体名	スコア	人口	標準財政規模	1人当り自主財源	自主財源比率	修正経常収支
35	845	稲敷市	3.15	45	133	198,865	37.3	126.6
36	892	利根町	3.26	17	37	127,577	40.0	158.0
37	910	大子町	3.32	20	60	170,566	35.0	152.2
38	932	河内町	3.38	10	30	158,465	35.3	185.8
39	953	常陸大宮市	3.46	45	150	176,123	32.1	164.3
40	966	鉾田市	3.51	50	133	146,083	33.7	151.1
41	986	行方市	3.57	37	111	164,871	30.9	158.6
42	1029	常陸太田市	3.70	57	164	148,658	32.5	169.4
43	1040	城里町	3.73	21	69	153,406	32.6	187.5
44	1319	潮来市	4.53	30	75	235,430	23.9	95.7
		栃木県						
1	25	宇都宮市	0.75	510	1,015	237,820	64.5	79.0
2	51	小山市	0.89	160	306	222,565	61.2	72.5
3	113	上三川町	1.14	31	68	230,949	68.1	82.9
4	135	芳賀町	1.24	16	46	380,730	72.2	68.3
5	163	高根沢町	1.31	30	62	209,526	60.1	79.8
6	191	鹿沼市	1.42	101	227	214,311	54.7	95.9
7	192	野木町	1.43	26	51	171,426	61.8	97.4
8	200	那須塩原市	1.45	117	273	216,991	56.8	97.5
9	203	さくら市	1.46	44	102	232,722	56.4	86.1
10	220	那須町	1.52	27	74	261,545	59.1	97.7
11	239	真岡市	1.57	79	176	255,346	59.2	74.7
12	271	佐野市	1.66	121	272	205,941	51.4	96.0
13	277	足利市	1.68	151	292	182,987	56.2	97.2
14	286	栃木市	1.70	145	321	199,456	51.0	103.4
15	349	市貝町	1.85	12	33	309,006	58.3	79.4
16	365	下野市	1.89	60	138	199,490	52.2	98.9
17	421	矢板市	2.02	34	77	189,314	48.7	109.7
18	427	壬生町	2.04	39	78	162,510	51.3	112.1
19	465	岩舟町	2.15	18	42	162,712	47.5	130.7
20	512	大田原市	2.27	73	193	216,440	45.7	115.4
21	602	日光市	2.48	89	253	216,818	43.2	124.1
22	721	益子町	2.82	24	50	144,024	36.9	120.2
23	811	茂木町	3.07	15	44	204,589	38.7	137.8
24	816	塩谷町	3.08	13	36	156,671	39.5	141.9
25	993	那珂川町	3.59	18	61	175,890	36.2	168.9
26	1007	那須烏山市	3.63	29	82	152,135	31.1	167.9
		群馬県						
1	30	太田市	0.78	213	433	204,074	59.6	94.9
2	31	大泉町	0.78	35	73	247,000	74.3	86.3
3	68	館林市	0.96	77	157	217,194	62.2	91.1
4	122	高崎市	1.17	371	811	259,928	62.8	78.4
5	148	千代田町	1.29	12	30	262,960	63.2	92.0

順位	全順位	団体名	スコア	人口	標準財政規模	1人当り自主財源	自主財源比率	修正経常収支
6	154	前橋市	1.30	337	769	220,513	54.8	95.3
7	231	伊勢崎市	1.55	201	417	190,623	52.3	103.3
8	264	邑楽町	1.64	27	55	184,114	56.5	96.6
9	372	安中市	1.90	62	146	218,206	53.9	103.2
10	435	玉村町	2.07	37	69	164,868	52.1	104.5
11	439	明和町	2.07	11	29	225,347	57.1	104.0
12	442	板倉町	2.08	16	39	200,510	52.1	110.2
13	457	草津町	2.14	7	22	352,418	58.6	99.8
14	477	桐生市	2.17	119	267	171,048	45.3	119.1
15	506	吉岡町	2.24	20	40	160,172	50.4	109.5
16	526	富岡市	2.30	51	121	174,288	46.4	121.6
17	534	渋川市	2.33	83	216	185,648	43.6	129.7
18	576	藤岡市	2.42	68	152	170,457	44.3	130.3
19	625	甘楽町	2.53	14	36	181,196	44.3	123.2
20	664	みどり市	2.65	52	118	156,876	44.4	134.4
21	858	榛東村	3.19	15	31	143,002	41.6	136.6
22	861	沼田市	3.19	51	147	149,713	36.1	187.2
23	869	東吾妻町	3.21	16	57	203,349	37.2	150.6
24	913	長野原町	3.34	6	27	537,023	47.4	72.8
25	926	嬬恋村	3.37	10	45	259,488	37.4	135.6
26	962	中之条町	3.49	18	65	217,381	38.9	147.5
27	1034	昭和村	3.71	7	30	204,617	35.8	164.7
28	1060	みなかみ町	3.77	21	98	248,403	36.1	165.7
29	1125	上野村	3.94	1	21	2,513,873	76.4	40.9
30	1295	川場村	4.44	4	18	234,468	26.4	154.7
31	1359	高山村	4.64	4	18	182,906	30.1	219.9
32	1380	下仁田町	4.71	9	35	132,498	21.7	262.1
33	1455	片品村	4.97	5	28	180,661	23.2	268.7
34	1717	南牧村	6.66	2	15	130,371	14.3	436.7
35	1719	神流町	6.79	2	19	233,844	17.4	331.9
		埼玉県						
1	23	さいたま市	0.75	1,229	2,491	222,697	62.2	86.8
2	24	川口市	0.75	559	974	211,385	62.6	79.1
3	34	三郷市	0.80	132	237	199,924	61.0	84.0
4	37	和光市	0.82	77	139	218,879	71.2	75.5
5	40	川越市	0.84	342	605	191,769	65.0	87.5
6	41	八潮市	0.84	82	158	242,246	65.7	73.0
7	48	越谷市	0.87	326	547	176,203	62.5	84.3
8	56	三芳町	0.92	38	78	249,758	74.3	82.1
9	60	吉川市	0.93	67	116	190,248	58.2	83.0
10	66	所沢市	0.96	339	566	176,043	65.9	91.2
11	67	入間市	0.96	149	249	169,430	62.8	91.4
12	69	朝霞市	0.97	129	221	189,401	67.5	86.9

順位	全順位	団体名	スコア	人口	標準財政規模	1人当り自主財源	自主財源比率	修正経常収支
13	74	滑川町	0.98	17	39	217,766	60.3	92.5
14	82	蕨市	1.00	69	136	221,437	63.1	79.4
15	89	新座市	1.04	160	280	178,583	58.4	90.7
16	102	草加市	1.10	240	412	202,864	66.0	77.6
17	109	東松山市	1.13	88	162	197,336	59.8	85.9
18	123	嵐山町	1.17	18	42	213,723	57.9	95.4
19	130	熊谷市	1.23	200	393	201,965	61.8	86.0
20	131	羽生市	1.23	55	109	198,739	59.0	86.8
21	134	美里町	1.24	12	33	252,924	60.7	84.9
22	136	日高市	1.25	57	107	174,979	58.6	98.2
23	146	狭山市	1.28	153	268	193,759	60.3	87.0
24	147	鶴ヶ島市	1.28	69	122	167,082	59.0	97.1
25	152	志木市	1.29	71	130	176,867	60.3	91.2
26	166	戸田市	1.33	124	258	287,256	70.1	64.0
27	177	富士見市	1.37	106	191	158,732	55.6	102.3
28	188	久喜市	1.40	154	302	163,364	54.8	112.2
29	190	上尾市	1.42	225	357	155,768	58.3	97.8
30	193	伊奈町	1.43	43	73	149,764	61.1	104.3
31	196	坂戸市	1.44	99	174	161,036	55.9	98.0
32	198	白岡市	1.45	51	89	152,854	60.2	100.2
33	237	加須市	1.56	115	248	186,856	53.5	98.9
34	238	幸手市	1.57	53	97	167,786	53.1	97.5
35	243	蓮田市	1.59	63	116	156,135	56.7	102.2
36	258	飯能市	1.63	81	167	192,668	53.6	100.8
37	260	ふじみ野市	1.64	107	203	188,989	58.8	90.9
38	266	上里町	1.65	31	59	159,118	53.7	98.6
39	273	深谷市	1.67	144	299	178,727	51.8	96.3
40	281	寄居町	1.69	35	70	166,126	55.2	104.7
41	294	本庄市	1.72	78	167	179,877	51.1	103.8
42	303	吉見町	1.73	21	46	159,930	50.9	119.1
43	306	川島町	1.74	21	50	190,364	59.4	104.6
44	321	杉戸町	1.79	46	84	149,084	58.5	110.5
45	322	毛呂山町	1.79	35	65	153,722	49.7	104.5
46	326	行田市	1.80	84	168	159,322	52.1	115.0
47	406	春日部市	1.98	236	401	145,379	49.9	107.6
48	407	宮代町	1.98	33	62	141,718	49.6	126.9
49	422	北本市	2.03	69	120	151,180	49.5	103.1
50	428	桶川市	2.04	75	131	151,124	54.8	108.4
51	429	鴻巣市	2.05	119	228	152,113	45.3	112.8
52	432	松伏町	2.05	31	56	133,023	50.3	120.4
53	479	小川町	2.18	33	62	136,081	49.0	127.7
54	494	越生町	2.22	12	29	157,810	48.1	134.4
55	501	横瀬町	2.23	9	23	187,168	47.5	122.8

順位	全順位	団体名	スコア	人口	標準財政規模	1人当り自主財源	自主財源比率	修正経常収支
56	536	神川町	2.33	14	40	187,234	46.4	113.2
57	617	鳩山町	2.52	15	34	145,085	44.1	148.1
58	637	秩父市	2.57	67	175	181,422	42.1	118.7
59	732	長瀞町	2.83	8	22	170,266	38.1	155.2
60	835	ときがわ町	3.13	12	36	170,673	35.2	157.9
61	890	皆野町	3.26	11	29	142,719	36.2	152.9
62	922	小鹿野町	3.37	13	44	169,938	33.3	158.1
63	1293	東秩父村	4.43	3	13	172,618	28.1	214.7
		千葉県						
1	5	白井市	0.53	62	111	209,522	65.5	80.1
2	10	袖ヶ浦市	0.62	61	136	270,747	72.4	77.8
3	13	市原市	0.65	277	512	214,585	68.6	78.0
4	16	君津市	0.70	88	182	235,378	71.4	88.6
5	19	習志野市	0.73	161	302	201,695	63.5	84.7
6	26	市川市	0.76	457	775	203,693	67.4	80.5
7	36	船橋市	0.81	605	1,056	183,406	62.2	88.6
8	45	柏市	0.86	397	725	201,025	65.0	83.4
9	46	印西市	0.87	91	196	247,923	69.3	77.8
10	87	木更津市	1.03	130	237	181,674	57.3	93.4
11	98	八千代市	1.08	189	312	173,455	56.5	92.8
12	107	野田市	1.11	155	292	183,123	56.6	98.1
13	114	松戸市	1.15	475	820	166,266	58.3	93.7
14	121	流山市	1.16	166	276	168,090	60.3	85.1
15	129	成田市	1.20	127	352	334,969	66.0	68.5
16	155	芝山町	1.30	8	29	526,996	73.1	70.0
17	171	富津市	1.34	48	110	223,595	59.2	95.7
18	216	浦安市	1.51	159	416	329,587	69.5	63.4
19	221	鎌ヶ谷市	1.52	108	185	155,332	53.7	100.7
20	225	我孫子市	1.54	133	229	164,557	58.5	96.4
21	265	富里市	1.65	49	89	161,996	51.9	105.6
22	329	四街道市	1.81	89	149	160,469	57.8	98.3
23	338	酒々井町	1.83	21	41	162,220	51.8	108.9
24	363	銚子市	1.89	67	153	182,631	47.6	120.1
25	373	佐倉市	1.90	176	292	159,458	64.2	95.5
26	449	栄町	2.11	22	46	157,086	49.4	129.1
27	467	千葉市	2.16	938	2,023	255,589	64.5	83.7
28	487	東金市	2.20	59	121	143,976	45.3	130.5
29	513	長生村	2.27	15	34	157,608	47.6	122.8
30	523	多古町	2.29	16	42	203,334	50.9	113.9
31	551	八街市	2.36	73	128	124,119	45.1	134.0
32	586	神崎町	2.43	6	19	233,734	47.3	106.2
33	591	館山市	2.45	49	107	171,379	46.4	118.9
34	614	大網白里市	2.51	50	92	132,166	48.8	128.5

順位	全順位	団体名	スコア	人口	標準財政規模	1人当り自主財源	自主財源比率	修正経常収支
35	642	勝浦市	2.59	20	50	175,176	42.7	138.8
36	647	東庄町	2.59	15	36	153,048	43.5	126.1
37	696	旭市	2.74	68	175	178,320	38.2	124.8
38	697	長南町	2.75	9	30	230,711	44.9	115.1
39	704	白子町	2.77	12	30	153,653	41.7	137.4
40	716	一宮町	2.81	12	29	155,714	46.1	131.6
41	724	長柄町	2.82	8	25	225,020	51.1	128.5
42	771	鴨川市	2.94	35	95	171,541	38.1	139.3
43	774	茂原市	2.95	92	178	175,799	39.8	103.1
44	778	香取市	2.97	82	196	173,035	36.0	114.3
45	813	御宿町	3.07	8	23	220,077	44.7	115.9
46	831	大多喜町	3.12	10	33	184,069	37.4	151.3
47	837	睦沢町	3.13	7	22	163,984	38.4	167.8
48	848	九十九里町	3.16	18	39	128,386	37.0	155.7
49	885	横芝光町	3.24	25	64	153,132	34.5	150.2
50	928	匝瑳市	3.37	39	96	128,667	34.2	167.3
51	930	いすみ市	3.38	41	110	150,593	34.1	159.2
52	1027	山武市	3.69	56	145	145,409	34.5	159.7
53	1094	鋸南町	3.85	9	29	145,840	30.0	197.7
54	1224	南房総市	4.21	42	156	160,565	28.8	189.3
東京都 (※特別区は市町村よりも財源が限定されているため参考値扱い)								
1	4	小金井市	0.50	114	207	217,010	65.5	82.7
2	42	調布市	0.85	220	423	233,663	65.8	79.8
3	49	三鷹市	0.87	177	352	234,041	60.4	80.0
4	61	国立市	0.94	73	151	228,104	61.9	89.2
5	76	国分寺市	0.99	117	227	249,703	65.2	73.5
6	99	日野市	1.08	176	324	209,609	61.5	80.3
7	101	府中市	1.09	248	486	241,469	64.3	73.5
8	105	多摩市	1.10	144	285	229,297	66.0	80.8
9	106	立川市	1.10	175	376	247,796	60.6	84.0
10	115	町田市	1.15	421	745	195,020	58.9	81.4
11	125	狛江市	1.18	76	142	184,185	54.9	95.5
12	138	武蔵野市	1.26	137	375	323,044	75.5	74.8
13	160	小平市	1.31	182	330	195,721	57.4	88.1
14	173	西東京市	1.34	194	389	182,174	54.0	101.1
15	206	八王子市	1.47	554	1,033	181,457	53.5	88.8
16	208	昭島市	1.49	111	207	196,823	56.5	91.6
17	218	羽村市	1.51	56	112	219,577	59.8	90.9
18	224	青梅市	1.54	137	260	193,853	52.6	94.4
19	274	渋谷区※	1.67	204	517	261,339	68.6	83.9
20	304	稲城市	1.74	85	166	206,876	50.9	80.5
21	311	瑞穂町	1.76	33	68	242,236	60.1	84.8
22	316	東大和市	1.78	84	158	173,567	49.7	100.0

順位	全順位	団体名	スコア	人口	標準財政規模	1人当り自主財源	自主財源比率	修正経常収支
23	356	東久留米市	1.87	114	214	158,399	49.3	113.8
24	367	武蔵村山市	1.90	71	135	179,804	46.1	106.6
25	375	東村山市	1.91	150	274	165,502	49.0	100.4
26	419	目黒区※	2.02	259	593	195,617	57.8	103.7
27	425	世田谷区※	2.04	848	1,656	148,866	53.1	112.9
28	473	あきる野市	2.17	81	161	155,299	40.5	121.8
29	489	文京区※	2.21	195	477	223,633	57.2	94.2
30	530	清瀬市	2.32	73	146	158,484	42.0	118.1
31	563	日の出町	2.39	17	41	249,596	47.2	104.6
32	579	港区※	2.42	214	740	361,028	72.2	73.0
33	593	福生市	2.45	57	116	176,952	43.4	115.5
34	655	品川区※	2.62	356	857	171,358	46.1	109.2
35	740	江東区※	2.86	461	991	150,431	41.7	122.0
36	765	新宿区※	2.93	288	757	216,837	47.3	107.7
37	808	大田区※	3.06	680	1,469	133,256	39.4	137.9
38	819	豊島区※	3.09	251	619	166,801	40.0	123.3
39	827	北区※	3.11	319	765	153,937	37.3	137.9
40	839	江戸川区※	3.14	652	1,397	138,467	37.4	129.6
41	842	中野区※	3.15	302	674	147,310	38.8	139.1
42	847	杉並区※	3.16	531	1,056	158,495	50.2	103.7
43	963	足立区※	3.50	647	1,441	118,081	30.7	163.1
44	982	墨田区※	3.56	244	609	141,727	32.4	164.7
45	1020	板橋区※	3.67	522	1,121	111,049	31.9	172.0
46	1032	千代田区※	3.70	50	299	477,225	50.9	102.7
47	1043	中央区※	3.74	125	412	328,595	52.1	88.2
48	1045	練馬区※	3.75	697	1,496	109,934	33.6	173.2
49	1081	八丈町	3.82	8	35	463,288	38.4	72.8
50	1107	台東区※	3.88	173	498	191,424	35.0	132.2
51	1120	荒川区※	3.92	192	521	128,917	29.1	186.1
52	1156	葛飾区※	4.03	433	1,044	125,065	30.1	160.7
53	1286	大島町	4.41	8	31	202,480	20.4	161.7
54	1471	三宅村	5.01	3	15	345,449	24.3	145.7
55	1486	奥多摩町	5.05	6	25	224,685	21.0	154.1
56	1489	新島村	5.06	3	16	298,671	22.3	161.5
57	1550	神津島村	5.31	2	10	263,007	19.6	158.0
58	1645	小笠原村	5.85	3	18	580,739	31.6	116.1
59	1658	桧原村	5.97	2	14	179,765	12.5	234.1
60	1690	御蔵島村	6.31	0	4	1,096,914	27.3	100.0
61	1729	利島村	7.11	0	3	577,822	16.5	177.3
62	1736	青ヶ島村	7.80	0	3	2,349,846	29.3	65.1
		神奈川県						
1	3	藤沢市	0.48	415	764	229,739	71.6	74.5
2	11	海老名市	0.63	127	222	201,091	66.1	81.6

順位	全順位	団体名	スコア	人口	標準財政規模	1人当り自主財源	自主財源比率	修正経常収支
3	17	厚木市	0.72	219	433	233,538	68.7	85.6
4	33	寒川町	0.79	47	88	219,280	74.7	84.9
5	43	愛川町	0.85	40	81	221,791	72.0	86.0
6	47	大和市	0.87	226	393	185,034	64.5	87.7
7	59	平塚市	0.93	256	475	211,751	61.5	81.7
8	63	伊勢原市	0.95	98	183	182,596	61.6	95.5
9	75	小田原市	0.99	195	365	212,739	64.0	80.8
10	83	茅ヶ崎市	1.01	238	390	180,021	65.1	88.1
11	90	開成町	1.05	16	34	201,225	60.2	84.5
12	91	秦野市	1.05	162	286	173,403	61.9	90.8
13	95	相模原市	1.06	701	1,342	203,698	55.5	91.6
14	120	綾瀬市	1.16	82	156	188,716	57.7	100.4
15	132	川崎市	1.23	1,396	2,992	267,474	65.4	81.1
16	143	大磯町	1.27	33	66	197,849	65.2	88.2
17	150	鎌倉市	1.29	177	341	240,175	76.0	79.3
18	153	大井町	1.29	17	38	194,881	68.0	93.0
19	158	横浜市	1.31	3,633	8,027	255,528	64.8	83.4
20	159	逗子市	1.31	60	118	192,756	57.1	102.4
21	207	中井町	1.47	10	29	360,627	81.7	79.9
22	209	横須賀市	1.49	418	830	185,535	55.3	106.4
23	228	南足柄市	1.54	44	87	209,754	66.2	92.6
24	232	箱根町	1.55	13	60	604,247	83.6	84.7
25	262	座間市	1.64	128	227	165,569	58.2	99.1
26	269	二宮町	1.66	30	55	164,659	61.6	101.4
27	334	葉山町	1.82	34	67	208,523	73.2	94.0
28	378	松田町	1.92	12	29	166,243	47.6	134.3
29	381	清川村	1.92	3	17	588,758	82.5	70.9
30	404	湯河原町	1.97	27	55	181,180	51.5	114.2
31	417	山北町	2.01	12	33	232,112	51.4	105.1
32	601	三浦市	2.48	47	98	153,691	46.6	145.5
33	713	真鶴町	2.80	8	21	204,097	49.4	112.8
		新潟県						
1	189	聖籠町	1.41	14	48	423,385	77.3	78.2
2	253	湯沢町	1.62	8	42	601,316	78.5	73.4
3	293	新潟市	1.72	801	1,883	215,524	48.3	102.2
4	351	長岡市	1.86	279	713	260,799	51.0	91.0
5	415	柏崎市	2.00	89	252	356,583	58.4	78.8
6	451	三条市	2.11	103	240	241,699	45.4	91.8
7	482	加茂市	2.19	30	70	169,685	41.4	137.2
8	499	新発田市	2.23	101	260	193,366	43.7	118.7
9	520	燕市	2.28	83	186	212,771	42.9	95.6
10	569	弥彦村	2.40	9	25	187,432	41.7	129.9
11	592	見附市	2.45	42	94	163,305	42.1	126.5

順位	全順位	団体名	スコア	人口	標準財政規模	1人当り自主財源	自主財源比率	修正経常収支
12	618	小千谷市	2.52	38	100	214,722	45.2	110.3
13	683	上越市	2.70	201	592	254,468	39.9	108.2
14	736	胎内市	2.84	31	94	188,640	37.4	149.5
15	747	五泉市	2.89	54	133	144,195	36.4	146.0
16	756	田上町	2.90	13	31	137,839	38.7	156.3
17	802	妙高市	3.04	35	125	258,694	39.8	113.7
18	854	南魚沼市	3.18	60	193	207,577	34.2	144.0
19	879	糸魚川市	3.23	46	163	266,344	38.2	118.4
20	935	村上市	3.40	66	223	160,456	32.0	183.7
21	1044	十日町市	3.74	58	206	234,677	31.3	140.8
22	1058	阿賀野市	3.76	45	133	140,379	28.3	181.9
23	1210	魚沼市	4.17	40	174	200,084	27.6	194.1
24	1260	関川村	4.30	6	33	182,117	26.9	234.7
25	1261	津南町	4.30	11	44	171,535	24.8	192.2
26	1346	佐渡市	4.62	61	296	188,908	22.6	213.3
27	1385	出雲崎町	4.73	5	22	174,104	24.5	219.8
28	1477	粟島浦村	5.03	0	4	1,170,033	32.3	87.7
29	1537	阿賀町	5.26	13	96	235,153	19.3	271.9
30	1566	刈羽村	5.37	5	28	1,989,954	85.6	18.6
富山県								
1	275	富山市	1.67	415	1,008	199,887	52.4	109.8
2	292	魚津市	1.71	44	104	203,483	51.4	110.1
3	390	高岡市	1.95	175	377	197,091	47.6	103.0
4	413	滑川市	1.99	34	76	210,191	49.7	94.2
5	450	黒部市	2.11	42	122	250,892	47.4	100.6
6	458	砺波市	2.14	49	135	201,483	44.6	115.3
7	516	射水市	2.27	93	238	194,624	44.0	120.0
8	540	小矢部市	2.34	32	80	211,653	44.9	107.6
9	577	立山町	2.42	27	71	198,572	41.4	115.8
10	609	入善町	2.50	26	69	199,521	47.0	106.2
11	702	上市町	2.77	22	62	173,908	38.2	143.9
12	759	氷見市	2.91	51	129	171,326	36.3	126.5
13	878	朝日町	3.22	13	46	262,565	42.0	104.4
14	917	舟橋村	3.35	3	11	183,893	35.2	150.7
15	1132	南砺市	3.96	54	236	215,510	30.4	162.4
石川県								
1	229	金沢市	1.54	446	1,020	201,650	54.3	103.3
2	392	野々市市	1.95	49	99	163,848	51.5	112.2
3	399	川北町	1.96	6	22	340,292	58.3	88.3
4	502	小松市	2.23	108	247	169,751	42.0	125.4
5	708	能美市	2.78	49	135	195,657	43.0	135.6
6	709	白山市	2.78	112	308	186,902	37.4	137.8
7	717	内灘町	2.81	27	53	119,690	40.2	149.8

順位	全順位	団体名	スコア	人口	標準財政規模	1人当り自主財源	自主財源比率	修正経常収支
8	739	加賀市	2.85	71	179	160,617	37.8	144.6
9	748	志賀町	2.89	23	95	322,565	53.2	115.2
10	754	津幡町	2.90	37	84	132,308	36.2	153.7
11	797	羽咋市	3.03	23	66	158,238	36.1	175.1
12	893	七尾市	3.27	57	196	224,328	36.5	146.0
13	1002	かほく市	3.61	35	101	146,911	29.6	169.2
14	1069	宝達志水町	3.79	14	54	163,694	30.1	227.7
15	1367	穴水町	4.65	9	40	147,416	22.7	256.9
16	1389	輪島市	4.75	30	127	162,835	21.5	249.5
17	1453	珠洲市	4.96	16	70	156,094	23.3	248.9
18	1481	中能登町	5.04	19	68	134,781	17.5	218.8
19	1608	能登町	5.58	20	97	131,121	16.5	329.4
福井県								
1	79	敦賀市	1.00	68	154	304,383	68.5	71.5
2	202	福井市	1.46	264	579	202,678	51.4	102.3
3	408	越前市	1.99	82	197	202,602	50.0	103.3
4	416	鯖江市	2.01	68	142	176,781	48.0	106.8
5	466	坂井市	2.16	93	219	174,280	44.8	123.0
6	607	あわら市	2.50	30	84	207,449	43.9	120.9
7	710	高浜町	2.79	11	39	389,036	51.9	86.1
8	775	美浜町	2.96	10	39	396,059	48.2	87.4
9	788	勝山市	3.01	25	68	182,228	36.7	148.8
10	803	小浜市	3.04	31	90	175,749	34.7	162.1
11	947	大野市	3.45	36	106	169,619	33.3	163.3
12	997	若狭町	3.60	16	63	218,786	31.1	165.8
13	998	永平寺町	3.60	19	62	151,604	31.7	172.0
14	1012	おおい町	3.64	9	54	586,875	43.8	86.1
15	1038	越前町	3.72	23	88	182,329	30.8	174.1
16	1294	南越前町	4.43	12	56	219,253	27.1	203.1
17	1508	池田町	5.16	3	20	257,812	23.0	191.6
山梨県								
1	142	昭和町	1.27	18	46	323,930	77.0	69.9
2	242	忍野村	1.57	9	41	528,067	82.7	54.3
3	331	富士吉田市	1.82	51	107	208,604	54.0	90.7
4	339	甲府市	1.83	190	410	192,819	47.8	102.8
5	350	山中湖村	1.85	6	44	844,986	86.1	43.1
6	382	甲斐市	1.93	73	154	169,339	48.3	100.9
7	456	韮崎市	2.13	31	85	217,145	49.9	105.1
8	459	富士河口湖町	2.14	26	74	210,937	48.2	102.3
9	542	鳴沢村	2.34	3	14	360,228	58.5	79.1
10	553	中央市	2.37	30	82	187,793	46.8	124.3
11	610	都留市	2.50	31	79	182,623	43.6	118.5
12	629	大月市	2.54	27	81	226,676	48.2	120.6

順位	全順位	団体名	スコア	人口	標準財政規模	1人当り自主財源	自主財源比率	修正経常収支
13	764	山梨市	2.93	37	106	170,100	35.4	144.1
14	814	上野原市	3.08	26	77	164,110	36.8	160.5
15	822	甲州市	3.10	34	102	180,031	34.6	143.5
16	867	笛吹市	3.20	71	201	166,307	35.5	149.3
17	873	南アルプス市	3.21	72	198	144,869	36.8	155.6
18	907	市川三郷町	3.32	17	60	180,636	33.3	152.7
19	951	富士川町	3.45	16	48	153,214	31.7	155.1
20	1011	北杜市	3.64	48	207	226,355	34.0	148.1
21	1079	西桂町	3.81	5	15	134,036	31.5	204.6
22	1149	南部町	4.01	9	43	249,521	33.5	153.7
23	1246	道志村	4.26	2	12	317,246	28.6	153.7
24	1259	身延町	4.30	14	67	216,086	30.1	156.9
25	1572	丹波山村	5.39	1	10	979,230	35.0	102.0
26	1581	小菅村	5.44	1	8	575,803	28.6	140.6
27	1695	早川町	6.34	1	18	413,408	18.2	232.6
長野県								
1	144	諏訪市	1.28	50	113	225,791	56.9	87.4
2	184	茅野市	1.39	56	144	239,501	56.2	102.0
3	250	塩尻市	1.61	67	166	204,554	51.9	106.9
4	296	岡谷市	1.72	52	118	225,162	55.0	93.3
5	305	松本市	1.74	239	577	195,584	51.0	105.3
6	312	南箕輪村	1.76	15	38	203,784	52.8	100.7
7	320	長野市	1.79	383	889	207,256	52.5	101.2
8	358	箕輪町	1.88	25	62	184,555	49.6	117.9
9	389	上田市	1.94	158	394	228,341	51.9	96.3
10	393	軽井沢町	1.95	20	82	668,654	81.5	38.5
11	420	須坂市	2.02	52	121	202,116	48.4	105.5
12	460	駒ヶ根市	2.14	33	92	217,302	45.7	114.0
13	508	宮田村	2.25	9	26	196,915	45.1	112.6
14	518	富士見町	2.28	15	50	252,171	50.2	105.2
15	582	小布施町	2.43	11	30	181,816	44.8	129.9
16	595	坂城町	2.46	16	41	217,616	54.8	102.2
17	616	飯田市	2.52	104	272	181,503	42.8	128.0
18	654	山形村	2.61	9	25	192,694	42.7	120.3
19	657	安曇野市	2.63	98	253	166,098	42.9	131.6
20	660	御代田町	2.64	15	39	182,703	43.6	108.8
21	661	下諏訪町	2.64	21	49	199,742	48.5	87.3
22	692	小諸市	2.73	43	100	172,359	44.2	119.4
23	706	佐久市	2.77	99	272	210,851	41.5	106.4
24	711	山ノ内町	2.79	14	43	191,923	42.1	136.5
25	722	白馬村	2.82	9	34	220,409	41.2	137.6
26	723	東御市	2.82	31	91	203,560	38.8	124.3
27	728	千曲市	2.83	62	159	167,547	40.3	137.8

順位	全順位	団体名	スコア	人口	標準財政規模	1人当り自主財源	自主財源比率	修正経常収支
28	751	辰野町	2.90	21	57	173,129	41.5	131.8
29	760	立科町	2.91	8	29	303,838	46.8	104.6
30	762	南相木村	2.92	1	12	1,184,681	74.7	68.8
31	769	伊那市	2.94	69	205	182,074	38.2	146.3
32	770	原村	2.94	8	27	244,445	44.2	107.6
33	782	中野市	2.97	46	121	164,139	39.1	139.8
34	784	松川村	2.98	10	27	156,851	39.6	133.2
35	828	飯島町	3.11	10	32	171,979	36.6	152.1
36	862	大町市	3.19	29	110	220,403	37.9	151.9
37	895	高森町	3.28	13	38	226,163	35.8	109.9
38	903	松川町	3.31	14	41	188,957	38.7	122.1
39	954	飯山市	3.46	23	81	209,521	34.8	156.7
40	1003	信濃町	3.62	9	36	207,075	35.3	165.3
41	1008	豊丘村	3.63	7	25	216,088	32.1	124.1
42	1028	池田町	3.69	10	31	143,511	30.5	158.6
43	1064	青木村	3.78	5	19	223,921	32.9	147.0
44	1088	喬木村	3.83	7	24	176,155	30.9	152.0
45	1100	木祖村	3.86	3	19	323,361	37.8	152.4
46	1135	飯綱町	3.97	12	47	157,404	28.5	207.0
47	1168	朝日村	4.06	5	22	180,197	29.8	183.4
48	1185	高山村	4.11	7	27	158,035	28.6	178.2
49	1241	上松町	4.25	5	25	195,291	27.5	219.4
50	1251	南木曽町	4.27	5	26	214,132	27.9	214.5
51	1280	中川村	4.37	5	24	171,663	24.3	208.9
52	1281	阿智村	4.37	7	42	276,747	31.1	166.0
53	1282	木島平村	4.39	5	24	198,525	26.9	189.7
54	1301	小海町	4.46	5	24	213,926	27.6	183.8
55	1324	野沢温泉村	4.54	4	18	196,033	24.8	185.8
56	1354	木曽町	4.64	12	74	214,168	25.1	227.2
57	1369	長和町	4.66	7	38	211,350	24.8	216.0
58	1382	大桑村	4.72	4	25	205,112	23.9	242.8
59	1391	泰阜村	4.76	2	13	372,523	26.0	152.0
60	1406	筑北村	4.83	5	31	211,317	23.3	223.4
61	1421	佐久穂町	4.86	12	56	172,988	22.6	207.9
62	1422	王滝村	4.86	1	15	872,907	32.7	127.5
63	1427	阿南町	4.87	5	28	208,057	25.3	197.7
64	1433	下條村	4.90	4	17	160,887	26.8	175.6
65	1464	麻績村	5.00	3	17	194,148	21.9	228.9
66	1466	川上村	5.01	4	30	291,262	27.9	170.6
67	1504	小谷村	5.14	3	25	308,805	24.9	225.9
68	1517	南牧村	5.19	3	26	331,867	27.3	165.2
69	1553	小川村	5.32	3	19	245,954	24.6	225.8
70	1638	北相木村	5.82	1	10	405,059	21.6	219.0

順位	全順位	団体名	スコア	人口	標準財政規模	1人当り自主財源	自主財源比率	修正経常収支
71	1655	売木村	5.92	1	8	397,939	22.1	229.5
72	1657	栄村	5.93	2	21	776,547	22.3	87.3
73	1675	根羽村	6.13	1	11	329,882	17.3	202.4
74	1676	生坂村	6.14	2	13	137,489	13.5	409.7
75	1684	平谷村	6.22	0	9	552,595	21.1	194.1
76	1692	天龍村	6.32	2	15	314,806	19.5	229.6
77	1712	大鹿村	6.60	1	16	350,021	17.3	236.8
岐阜県								
1	88	大垣市	1.04	159	340	228,140	61.7	83.0
2	119	岐南町	1.16	24	48	209,802	68.9	78.3
3	139	岐阜市	1.27	408	856	230,273	61.0	79.4
4	164	美濃加茂市	1.31	51	111	219,906	60.1	92.1
5	195	各務原市	1.44	146	267	193,478	60.7	83.5
6	201	安八町	1.45	15	40	228,850	56.6	97.8
7	214	可児市	1.50	96	184	189,696	62.0	88.0
8	230	垂井町	1.55	28	60	195,289	59.2	89.7
9	284	瑞穂市	1.70	51	104	183,701	56.6	91.7
10	295	羽島市	1.72	68	128	164,140	53.3	106.7
11	333	多治見市	1.82	114	212	178,619	55.0	87.9
12	335	笠松町	1.82	22	45	174,018	55.4	101.5
13	355	神戸町	1.86	20	42	190,999	56.1	86.0
14	360	御嵩町	1.88	19	44	189,537	51.1	116.3
15	384	養老町	1.93	31	65	165,671	49.2	108.2
16	424	輪之内町	2.03	10	27	194,725	49.2	96.3
17	470	瑞浪市	2.16	39	88	184,534	47.9	111.4
18	472	関市	2.16	91	236	213,042	49.1	107.6
19	484	池田町	2.19	25	53	154,518	46.9	108.1
20	485	坂祝町	2.19	8	21	229,152	53.9	101.6
21	527	土岐市	2.31	60	123	160,061	49.1	116.7
22	528	北方町	2.31	18	39	157,847	47.7	117.3
23	573	大野町	2.41	24	47	145,649	46.6	102.7
24	631	本巣市	2.55	35	110	201,933	44.1	114.7
25	639	海津市	2.58	37	105	196,717	42.9	128.2
26	650	美濃市	2.60	22	58	185,599	43.5	135.8
27	670	川辺町	2.68	11	29	172,848	43.0	135.5
28	678	関ヶ原町	2.70	8	28	290,698	49.8	101.8
29	699	富加町	2.76	6	19	212,059	42.7	136.5
30	766	中津川市	2.93	82	257	182,672	38.1	147.8
31	799	高山市	3.03	92	326	231,428	41.8	114.0
32	843	八百津町	3.15	12	38	196,310	39.4	138.7
33	914	恵那市	3.34	53	182	190,646	35.2	150.1
34	995	下呂市	3.59	35	147	221,756	34.6	161.0
35	1071	山県市	3.79	29	90	152,906	33.3	191.3

順位	全順位	団体名	スコア	人口	標準財政規模	1人当り自主財源	自主財源比率	修正経常収支
36	1126	郡上市	3.94	45	202	200,195	28.8	187.9
37	1153	七宗町	4.03	4	20	232,745	33.9	190.2
38	1193	揖斐川町	4.13	23	110	212,570	28.5	158.1
39	1215	東白川村	4.19	3	16	388,660	34.0	126.5
40	1232	白川村	4.22	2	20	974,207	43.1	75.9
41	1234	飛騨市	4.23	26	119	218,507	28.4	168.9
42	1275	白川町	4.35	10	38	186,743	26.0	169.3
		静岡県						
1	9	湖西市	0.61	59	136	260,073	69.8	77.2
2	20	清水町	0.73	32	61	208,549	66.9	76.1
3	44	長泉町	0.86	42	92	287,183	77.9	55.1
4	55	富士宮市	0.90	134	257	198,736	63.7	83.0
5	80	富士市	1.00	255	490	227,729	68.4	69.3
6	140	裾野市	1.27	53	109	258,096	69.8	76.2
7	141	掛川市	1.27	115	264	242,807	61.7	79.9
8	151	磐田市	1.29	165	385	213,643	59.2	92.1
9	172	三島市	1.34	111	204	182,059	60.8	83.7
10	178	浜松市	1.37	791	1,750	199,921	56.5	99.5
11	185	袋井市	1.39	84	193	207,561	56.0	98.2
12	197	御殿場市	1.44	88	175	296,248	70.7	58.2
13	211	御前崎市	1.49	34	108	357,578	69.7	69.3
14	223	吉田町	1.53	29	63	229,352	65.2	82.3
15	247	菊川市	1.60	45	114	203,840	51.9	105.1
16	249	静岡市	1.60	711	1,634	218,147	54.0	97.6
17	268	小山町	1.65	20	52	288,685	63.8	75.1
18	278	藤枝市	1.68	145	274	194,012	62.6	83.3
19	290	沼津市	1.71	202	405	218,241	60.1	76.7
20	297	牧之原市	1.72	48	122	214,569	54.3	99.0
21	301	函南町	1.73	38	75	176,523	55.9	93.4
22	318	島田市	1.78	101	218	200,406	52.9	98.2
23	344	焼津市	1.84	141	277	193,191	60.1	82.8
24	362	伊豆の国市	1.89	50	117	186,911	49.2	110.1
25	510	森町	2.26	19	49	201,335	49.0	105.2
26	515	伊東市	2.27	72	150	207,846	56.6	85.4
27	552	熱海市	2.37	39	101	310,352	63.5	78.6
28	554	東伊豆町	2.37	14	35	183,734	47.9	121.8
29	685	下田市	2.71	24	61	183,399	45.0	124.0
30	745	伊豆市	2.88	34	109	205,933	41.2	127.9
31	901	河津町	3.30	8	26	174,810	36.5	156.2
32	1024	南伊豆町	3.68	9	31	169,054	33.8	171.5
33	1131	松崎町	3.96	8	25	168,261	34.3	163.3
34	1169	西伊豆町	4.06	9	35	180,621	32.9	174.7
35	1213	川根本町	4.19	8	44	300,644	36.3	153.2

順位	全順位	団体名	スコア	人口	標準財政規模	1人当り自主財源	自主財源比率	修正経常収支
愛知県								
1	1	岡崎市	0.44	369	691	230,388	69.7	70.9
2	6	知立市	0.58	66	121	215,620	67.0	81.3
3	7	東海市	0.59	110	268	310,025	76.2	65.3
4	8	武豊町	0.60	42	87	231,281	75.0	74.9
5	12	安城市	0.63	177	359	256,066	74.9	63.3
6	14	小牧市	0.67	146	301	271,197	76.3	65.9
7	15	西尾市	0.69	164	354	217,591	64.9	86.7
8	18	豊橋市	0.73	365	727	212,353	65.2	83.2
9	22	東浦町	0.75	49	91	206,154	71.7	81.2
10	28	大府市	0.76	86	166	217,854	73.7	76.6
11	35	知多市	0.81	84	164	223,017	72.2	82.0
12	38	幸田町	0.82	38	83	280,824	76.9	71.4
13	50	豊田市	0.88	409	950	287,423	69.8	71.5
14	52	清須市	0.89	65	150	214,504	63.4	91.4
15	53	日進市	0.90	84	150	194,169	71.2	79.1
16	57	刈谷市	0.92	143	297	294,013	81.4	62.3
17	58	みよし市	0.93	58	123	342,313	83.9	59.3
18	64	弥富市	0.95	43	97	218,939	62.3	88.0
19	65	犬山市	0.95	74	138	214,674	61.9	83.1
20	70	春日井市	0.97	303	537	197,483	66.0	86.2
21	72	豊明市	0.97	66	125	190,823	65.4	82.0
22	78	北名古屋市	0.99	82	155	191,419	62.9	91.3
23	81	大口町	1.00	22	50	265,948	79.8	72.1
24	85	豊川市	1.02	180	373	212,104	61.7	84.1
25	94	東郷町	1.06	41	75	176,256	66.1	94.7
26	96	尾張旭市	1.07	81	140	177,817	66.8	89.3
27	100	蒲郡市	1.09	80	166	226,859	62.3	82.3
28	103	半田市	1.10	117	236	224,423	71.5	77.2
29	108	碧南市	1.12	69	155	313,931	76.5	73.3
30	112	稲沢市	1.14	136	276	203,852	60.4	91.2
31	137	飛島村	1.25	5	41	996,730	86.3	63.8
32	149	高浜市	1.29	44	88	227,991	71.4	79.5
33	170	岩倉市	1.34	46	86	180,113	59.4	90.9
34	176	扶桑町	1.36	34	60	165,345	64.0	93.0
35	182	瀬戸市	1.38	129	228	161,006	60.5	91.5
36	204	名古屋市	1.46	2,184	5,423	311,588	67.1	81.3
37	213	江南市	1.50	100	170	155,454	57.7	93.2
38	215	一宮市	1.50	382	669	154,660	52.6	99.7
39	219	長久手市	1.52	51	95	229,992	68.6	67.0
40	226	田原市	1.54	64	184	287,949	64.3	91.8
41	235	阿久比町	1.56	27	52	186,384	59.7	86.4
42	236	美浜町	1.56	23	50	180,786	55.5	103.9

順位	全順位	団体名	スコア	人口	標準財政規模	1人当り自主財源	自主財源比率	修正経常収支
43	259	津島市	1.63	65	130	166,176	51.6	102.3
44	287	常滑市	1.70	56	120	247,683	68.2	82.2
45	289	蟹江町	1.71	37	67	175,620	67.3	87.6
46	314	豊山町	1.77	15	35	298,583	78.9	75.5
47	330	大治町	1.81	30	52	153,210	61.3	95.8
48	368	あま市	1.90	87	169	162,761	52.2	102.9
49	632	南知多町	2.56	20	50	170,270	47.5	133.2
50	682	新城市	2.70	49	149	211,592	42.1	129.4
51	807	愛西市	3.06	65	150	138,385	43.0	142.3
52	1330	設楽町	4.55	6	34	389,410	34.1	123.9
53	1458	東栄町	4.98	4	21	277,999	27.4	162.1
54	1495	豊根村	5.08	1	18	725,279	32.0	138.4
三重県								
1	71	朝日町	0.97	10	27	279,072	67.0	81.5
2	86	鈴鹿市	1.02	194	366	183,877	59.0	96.2
3	104	亀山市	1.10	48	131	291,488	65.2	83.1
4	168	桑名市	1.33	140	294	195,057	57.2	107.0
5	194	四日市市	1.43	306	695	241,324	71.0	80.9
6	240	東員町	1.57	25	54	179,161	57.0	98.2
7	254	名張市	1.62	81	155	162,964	48.4	116.0
8	267	菰野町	1.65	41	80	169,333	59.4	99.5
9	285	川越町	1.70	14	45	379,380	85.7	65.4
10	387	津市	1.94	279	665	183,270	50.0	121.8
11	514	明和町	2.27	23	51	160,290	44.9	113.8
12	545	松阪市	2.35	166	399	154,560	44.1	134.8
13	557	いなべ市	2.38	45	137	249,865	49.7	105.1
14	570	玉城町	2.40	15	38	157,577	46.1	120.0
15	571	多気町	2.40	15	53	255,780	48.3	112.1
16	624	伊賀市	2.53	93	282	209,222	44.0	134.9
17	636	伊勢市	2.57	131	294	153,528	43.6	127.4
18	693	鳥羽市	2.73	21	62	223,645	40.3	119.8
19	800	木曽岬町	3.04	6	20	202,987	45.7	133.0
20	881	尾鷲市	3.23	20	59	198,707	37.4	143.7
21	972	志摩市	3.52	55	164	152,848	31.7	174.1
22	985	度会町	3.57	9	25	150,684	33.7	153.5
23	1123	御浜町	3.93	9	32	178,718	28.3	167.5
24	1154	紀宝町	4.03	12	40	178,199	27.6	172.4
25	1325	熊野市	4.54	19	70	156,919	21.2	197.3
26	1344	紀北町	4.60	18	61	141,802	23.9	193.4
27	1449	大台町	4.95	10	47	173,257	19.7	227.7
28	1539	大紀町	5.27	10	50	142,442	18.9	306.2
29	1558	南伊勢町	5.34	15	60	123,419	21.5	298.4

順位	全順位	団体名	スコア	人口	標準財政規模	1人当り自主財源	自主財源比率	修正経常収支
				滋賀県				
1	97	草津市	1.08	124	242	203,684	62.1	87.6
2	128	彦根市	1.20	111	237	198,589	55.3	95.5
3	133	守山市	1.24	79	155	188,212	59.7	94.8
4	162	大津市	1.31	337	673	169,062	54.7	108.0
5	234	栗東市	1.55	65	134	227,962	67.1	86.4
6	256	野洲市	1.62	50	123	205,197	52.4	109.7
7	280	湖南市	1.69	53	117	181,000	56.2	115.9
8	310	竜王町	1.76	13	36	330,750	67.8	77.4
9	377	日野町	1.92	22	56	195,532	50.2	114.2
10	430	甲賀市	2.05	91	243	201,787	49.0	114.6
11	452	近江八幡市	2.12	81	175	171,143	48.7	107.2
12	533	愛荘町	2.33	20	57	204,358	46.8	120.3
13	539	東近江市	2.34	114	303	190,787	45.4	115.5
14	584	多賀町	2.43	8	30	325,151	52.3	98.5
15	720	米原市	2.82	40	131	214,983	42.3	126.1
16	825	長浜市	3.11	120	364	185,600	38.5	137.3
17	836	高島市	3.13	52	181	198,742	35.9	156.7
18	870	豊郷町	3.21	7	23	220,136	40.5	130.4
19	906	甲良町	3.32	8	24	175,015	34.7	165.4
				京都府				
1	27	久御山町	0.76	16	45	327,920	77.8	83.5
2	73	大山崎町	0.98	15	36	213,540	61.7	109.2
3	124	長岡京市	1.17	80	153	181,655	57.5	100.6
4	245	宇治市	1.59	190	339	160,036	50.7	104.8
5	348	京田辺市	1.85	65	135	181,275	52.0	109.3
6	359	舞鶴市	1.88	87	200	220,485	51.8	100.8
7	366	向日市	1.89	54	105	152,926	47.6	125.1
8	371	京都市	1.90	1,381	3,487	307,140	56.6	83.7
9	391	精華町	1.95	37	77	177,210	56.0	111.2
10	480	八幡市	2.18	73	141	156,340	45.4	120.7
11	556	亀岡市	2.38	92	183	154,391	40.4	127.4
12	575	城陽市	2.41	79	148	134,743	41.2	135.5
13	633	宇治田原町	2.56	10	28	190,795	48.6	134.1
14	676	福知山市	2.69	80	239	225,090	39.0	120.7
15	714	木津川市	2.80	72	159	152,686	40.7	139.0
16	752	宮津市	2.90	20	63	220,653	38.4	137.5
17	898	綾部市	3.29	36	95	172,232	34.9	146.4
18	1048	井手町	3.75	8	25	183,410	35.8	146.1
19	1083	南丹市	3.82	34	146	205,638	30.0	192.5
20	1118	京丹波町	3.90	16	74	239,182	30.6	160.4
21	1254	京丹後市	4.29	59	207	133,343	23.6	240.7
22	1264	与謝野町	4.32	24	76	119,821	24.5	236.5

順位	全順位	団体名	スコア	人口	標準財政規模	1人当り自主財源	自主財源比率	修正経常収支
23	1339	南山城村	4.58	3	17	185,292	24.3	259.9
24	1375	和束町	4.69	5	21	152,719	21.9	273.4
25	1498	笠置町	5.11	2	8	197,257	22.6	284.9
26	1589	伊根町	5.48	2	16	215,707	19.5	269.2
大阪府								
1	2	吹田市	0.47	352	658	229,509	69.6	79.1
2	29	摂津市	0.77	83	182	260,087	67.1	86.3
3	62	茨木市	0.94	274	491	182,993	61.5	85.0
4	117	箕面市	1.16	131	247	210,906	65.6	85.7
5	167	豊中市	1.33	393	787	203,369	55.7	95.4
6	180	池田市	1.38	102	204	232,033	62.9	86.2
7	272	枚方市	1.66	405	731	156,309	52.7	104.7
8	288	島本町	1.71	31	62	174,925	56.3	116.4
9	313	泉南市	1.77	64	126	162,476	46.0	115.1
10	332	堺市	1.82	838	1,845	189,805	45.7	111.9
11	336	高槻市	1.83	354	659	160,786	54.5	103.7
12	343	八尾市	1.83	263	536	167,401	46.2	118.1
13	346	泉大津市	1.85	76	164	172,029	46.9	126.7
14	369	東大阪市	1.90	485	1,058	179,314	46.8	118.7
15	388	田尻町	1.94	8	35	525,262	88.6	63.9
16	403	泉佐野市	1.97	101	213	235,567	56.3	97.3
17	410	大阪市	1.99	2,547	7,555	420,248	62.9	74.9
18	418	貝塚市	2.01	90	177	147,259	45.8	136.1
19	426	和泉市	2.04	185	332	139,419	44.7	125.8
20	438	大阪狭山市	2.07	57	114	161,478	48.0	124.7
21	455	柏原市	2.13	72	145	145,834	47.1	130.1
22	461	富田林市	2.15	117	224	149,405	46.7	121.7
23	478	四條畷市	2.18	57	113	143,483	44.1	135.4
24	495	大東市	2.22	123	230	183,566	56.0	95.9
25	498	高石市	2.23	59	133	219,098	55.8	101.2
26	521	羽曳野市	2.28	116	226	143,366	42.8	135.4
27	525	守口市	2.30	143	299	179,816	45.3	116.8
28	560	松原市	2.39	123	235	128,001	39.4	153.5
29	572	岸和田市	2.41	200	420	145,606	39.3	143.8
30	581	寝屋川市	2.43	239	436	133,700	40.2	126.4
31	590	門真市	2.44	125	266	165,086	37.9	130.8
32	663	岬町	2.65	17	43	170,835	44.4	146.1
33	667	藤井寺市	2.67	66	132	132,958	41.1	152.0
34	674	河内長野市	2.69	112	212	129,891	44.6	145.3
35	684	忠岡町	2.71	17	41	177,709	38.8	140.8
36	741	交野市	2.86	78	140	146,250	49.5	115.9
37	817	熊取町	3.08	44	80	117,069	45.5	141.1
38	824	阪南市	3.10	57	104	114,825	40.8	158.8

順位	全順位	団体名	スコア	人口	標準財政規模	1人当り自主財源	自主財源比率	修正経常収支
39	856	太子町	3.18	14	31	128,028	38.9	154.5
40	864	能勢町	3.20	12	33	184,680	43.3	142.6
41	894	豊能町	3.27	22	45	132,338	46.8	145.6
42	1181	河南町	4.11	16	38	111,689	34.5	197.0
43	1209	千早赤阪村	4.17	6	19	134,899	26.2	218.7
兵庫県								
1	39	西宮市	0.83	474	961	208,604	61.4	93.7
2	77	高砂市	0.99	94	198	226,524	64.6	85.0
3	111	姫路市	1.13	534	1,185	240,279	60.8	78.2
4	161	明石市	1.31	294	545	168,912	51.8	104.9
5	169	川西市	1.33	160	289	188,657	55.8	94.9
6	175	宝塚市	1.35	231	422	176,709	57.6	102.9
7	205	尼崎市	1.46	457	991	216,260	53.5	95.9
8	210	加古川市	1.49	269	483	172,940	60.2	93.2
9	241	福崎町	1.57	19	50	211,528	56.0	108.4
10	246	伊丹市	1.59	198	378	175,419	53.2	109.2
11	276	神戸市	1.67	1,513	3,793	285,885	56.4	82.6
12	298	三田市	1.72	114	227	201,822	64.2	95.6
13	309	赤穂市	1.75	50	124	202,846	50.5	104.1
14	380	播磨町	1.92	34	65	195,623	65.7	87.8
15	394	加西市	1.95	46	118	213,857	51.6	108.8
16	401	稲美町	1.97	32	65	177,711	59.4	98.6
17	441	小野市	2.08	50	109	192,214	48.6	103.4
18	443	太子町	2.09	34	68	148,461	49.9	114.0
19	483	芦屋市	2.19	95	231	279,898	71.2	91.7
20	504	上郡町	2.24	17	49	209,703	47.1	138.2
21	538	三木市	2.34	80	186	160,185	43.2	131.6
22	546	加東市	2.35	39	118	219,663	47.8	114.0
23	547	相生市	2.35	31	82	200,733	47.7	128.3
24	562	猪名川町	2.39	32	67	153,554	49.7	122.1
25	596	たつの市	2.46	80	212	179,735	42.7	130.0
26	773	洲本市	2.95	47	138	188,864	37.5	142.1
27	789	西脇市	3.01	43	117	184,483	39.0	134.9
28	872	市川町	3.21	13	38	135,956	33.6	181.2
29	883	篠山市	3.23	44	151	201,353	38.1	166.3
30	896	南あわじ市	3.28	50	167	186,764	34.2	151.3
31	927	丹波市	3.37	68	224	181,432	34.7	151.2
32	952	豊岡市	3.45	87	292	186,973	30.9	159.9
33	983	宍粟市	3.56	42	153	174,767	30.8	194.9
34	1019	朝来市	3.66	33	130	227,159	32.3	153.2
35	1057	神河町	3.76	12	54	244,682	32.7	163.0
36	1133	淡路市	3.96	47	180	167,517	25.0	204.8
37	1152	多可町	4.02	23	78	167,495	28.5	187.4

順位	全順位	団体名	スコア	人口	標準財政規模	1人当り自主財源	自主財源比率	修正経常収支
38	1253	新温泉町	4.28	16	67	147,443	22.8	250.4
39	1269	養父市	4.34	26	134	211,003	25.4	206.1
40	1288	佐用町	4.42	19	90	189,908	25.7	199.9
41	1388	香美町	4.74	20	87	138,318	20.0	272.4
		奈良県						
1	217	橿原市	1.51	124	231	161,273	51.6	112.3
2	252	三郷町	1.62	23	47	229,151	57.0	78.7
3	263	生駒市	1.64	120	222	171,682	57.2	97.3
4	300	大和郡山市	1.73	89	188	162,125	49.4	121.2
5	396	奈良市	1.96	362	745	162,905	42.0	124.9
6	414	香芝市	2.00	77	145	145,034	41.8	118.2
7	469	天理市	2.16	67	141	171,101	43.2	127.1
8	507	広陵町	2.24	34	72	157,625	51.1	126.2
9	583	桜井市	2.43	59	123	135,975	38.2	152.9
10	588	田原本町	2.44	33	69	149,462	45.5	127.7
11	597	斑鳩町	2.47	28	56	142,008	45.4	133.4
12	620	河合町	2.52	19	44	141,305	41.8	164.4
13	626	上牧町	2.53	24	50	136,333	41.6	140.8
14	691	葛城市	2.73	37	87	160,835	38.8	129.6
15	703	大和高田市	2.77	69	142	123,309	35.1	158.9
16	729	平群町	2.83	20	43	135,692	30.1	155.6
17	735	安堵町	2.84	8	22	185,070	40.8	142.4
18	850	高取町	3.17	7	22	139,193	32.7	198.2
19	891	御所市	3.26	29	79	148,242	32.0	180.2
20	919	大淀町	3.36	19	47	144,226	35.8	150.1
21	933	川西町	3.39	9	26	175,468	35.3	145.7
22	968	五條市	3.51	34	113	166,735	29.8	182.1
23	1067	王寺町	3.78	23	50	166,899	53.2	122.4
24	1084	吉野町	3.83	9	33	201,892	31.6	184.6
25	1187	下市町	4.12	6	26	191,650	30.7	206.3
26	1194	三宅町	4.13	7	22	124,779	26.8	222.5
27	1228	宇陀市	4.21	34	121	135,446	24.0	255.2
28	1342	山添村	4.60	4	20	207,937	28.5	226.8
29	1383	明日香村	4.72	6	20	177,427	27.1	191.0
30	1468	天川村	5.01	2	15	563,748	29.6	135.2
31	1497	東吉野村	5.11	2	15	355,304	28.8	173.5
32	1521	十津川村	5.21	4	34	632,786	29.4	116.8
33	1615	川上村	5.62	2	18	724,734	35.0	118.6
34	1643	曽爾村	5.85	2	13	244,869	17.4	281.6
35	1661	下北山村	6.01	1	12	407,098	22.6	232.7
36	1670	御杖村	6.10	2	15	226,892	16.4	290.0
37	1694	黒滝村	6.32	1	9	331,324	17.9	287.7
38	1711	上北山村	6.59	1	13	533,215	17.0	263.2

順位	全順位	団体名	スコア	人口	標準財政規模	1人当り自主財源	自主財源比率	修正経常収支
39	1734	野迫川村	7.32	0	12	587,623	12.8	288.6
				和歌山県				
1	244	和歌山市	1.59	376	771	177,308	51.5	114.1
2	492	岩出市	2.21	53	91	142,714	49.5	104.0
3	559	有田市	2.38	31	75	168,966	44.1	136.6
4	612	橋本市	2.51	66	154	189,129	38.6	121.5
5	658	御坊市	2.63	25	68	225,382	41.9	119.6
6	687	海南市	2.71	55	140	161,837	38.4	147.4
7	786	白浜町	2.99	23	71	207,947	37.9	140.8
8	790	上富田町	3.01	15	36	139,016	34.0	150.9
9	821	紀の川市	3.10	67	182	184,646	36.8	138.5
10	852	田辺市	3.18	80	244	200,792	33.7	137.5
11	871	美浜町	3.21	8	23	186,631	38.0	148.5
12	899	かつらぎ町	3.30	18	59	225,634	35.3	133.3
13	923	由良町	3.37	7	24	210,036	35.0	151.4
14	942	日高町	3.42	8	25	165,493	34.2	175.7
15	943	湯浅町	3.43	13	34	122,122	29.5	202.0
16	1086	広川町	3.83	8	25	193,250	31.7	153.1
17	1091	那智勝浦町	3.84	17	47	139,556	28.4	170.2
18	1096	太地町	3.85	3	12	206,624	33.4	152.1
19	1174	新宮市	4.07	31	93	165,978	22.5	174.2
20	1199	みなべ町	4.14	14	56	221,862	27.6	153.9
21	1247	印南町	4.26	9	32	185,079	28.0	156.1
22	1273	紀美野町	4.34	10	48	197,323	25.4	222.8
23	1306	有田川町	4.47	28	102	148,953	22.9	216.6
24	1308	串本町	4.49	18	59	133,785	23.4	224.9
25	1347	九度山町	4.62	5	22	165,441	24.4	254.4
26	1349	高野町	4.62	4	21	307,475	30.4	179.0
27	1373	すさみ町	4.68	5	24	221,552	25.8	202.1
28	1411	古座川町	4.84	3	21	444,997	32.3	117.2
29	1579	日高川町	5.43	11	63	185,513	17.0	265.8
30	1662	北山村	6.03	0	7	523,520	21.5	187.2
				鳥取県				
1	361	米子市	1.88	149	310	184,848	47.5	108.4
2	486	日吉津村	2.20	3	13	369,280	58.8	90.4
3	529	鳥取市	2.31	193	518	207,687	42.3	110.3
4	627	境港市	2.54	36	80	175,358	42.1	123.5
5	818	倉吉市	3.09	50	143	184,300	33.9	146.3
6	1090	北栄町	3.84	16	53	140,154	27.6	206.8
7	1160	伯耆町	4.04	11	50	217,146	30.0	171.3
8	1173	南部町	4.07	12	44	158,083	25.5	204.9
9	1188	湯梨浜町	4.12	17	64	139,085	25.4	237.1
10	1192	琴浦町	4.13	19	63	142,663	24.9	211.3

順位	全順位	団体名	スコア	人口	標準財政規模	1人当り自主財源	自主財源比率	修正経常収支
11	1220	江府町	4.20	3	22	353,367	33.6	163.8
12	1231	岩美町	4.22	12	39	136,956	25.9	211.7
13	1296	智頭町	4.44	8	36	164,446	22.4	218.0
14	1297	三朝町	4.44	7	30	180,846	24.2	204.2
15	1302	大山町	4.46	18	74	145,499	23.6	247.3
16	1429	八頭町	4.88	19	71	112,429	19.4	286.7
17	1548	日野町	5.31	4	23	186,446	19.5	305.2
18	1594	若桜町	5.50	4	21	157,135	17.9	311.3
19	1629	日南町	5.73	5	37	243,934	19.8	247.3
		島根県						
1	550	松江市	2.36	205	563	190,002	40.2	132.9
2	665	出雲市	2.66	173	470	172,660	36.3	148.6
3	877	益田市	3.22	50	151	155,807	30.7	185.2
4	924	浜田市	3.37	58	202	210,518	32.3	149.7
5	1004	江津市	3.62	25	86	164,044	28.7	202.9
6	1097	安来市	3.86	41	145	167,694	28.0	193.6
7	1278	大田市	4.36	38	140	148,955	23.3	232.7
8	1360	奥出雲町	4.64	14	82	263,612	23.3	186.7
9	1370	雲南市	4.67	42	194	145,375	20.5	285.2
10	1426	隠岐の島町	4.87	15	90	193,096	19.0	271.4
11	1540	吉賀町	5.27	7	41	177,214	17.6	270.1
12	1570	邑南町	5.38	12	79	193,317	18.1	332.4
13	1573	津和野町	5.40	8	51	170,227	16.8	325.5
14	1600	川本町	5.52	4	22	165,929	17.3	354.6
15	1607	西ノ島町	5.58	3	22	236,269	13.8	243.8
16	1644	美郷町	5.85	5	40	198,370	14.5	324.0
17	1673	飯南町	6.11	5	44	170,619	12.6	414.9
18	1681	海士町	6.20	2	22	219,099	11.8	414.9
19	1720	知夫村	6.82	1	8	257,695	11.7	483.6
		岡山県						
1	93	倉敷市	1.06	477	1,030	207,954	56.9	94.5
2	261	岡山市	1.64	693	1,635	186,651	49.3	113.1
3	434	玉野市	2.06	64	145	168,900	45.6	132.0
4	522	早島町	2.29	12	30	188,599	48.2	127.0
5	535	総社市	2.33	67	158	172,931	43.2	123.9
6	578	勝央町	2.42	11	38	224,736	46.8	122.6
7	600	笠岡市	2.47	53	137	180,359	43.0	133.1
8	608	里庄町	2.50	11	26	180,116	48.2	117.2
9	672	津山市	2.68	105	274	169,019	38.1	144.4
10	806	瀬戸内市	3.06	39	108	152,947	37.2	156.5
11	888	浅口市	3.25	36	96	159,563	38.4	146.6
12	976	奈義町	3.55	6	24	217,001	33.2	121.8
13	988	備前市	3.58	37	124	171,222	33.5	176.9

順位	全順位	団体名	スコア	人口	標準財政規模	1人当り自主財源	自主財源比率	修正経常収支
14	1014	井原市	3.65	43	132	172,546	36.0	162.0
15	1055	赤磐市	3.76	45	128	143,847	30.1	183.8
16	1089	矢掛町	3.84	15	45	176,081	35.8	147.8
17	1158	鏡野町	4.04	14	75	277,914	32.1	150.8
18	1167	和気町	4.06	15	57	157,104	29.1	225.8
19	1221	吉備中央町	4.20	13	60	199,579	26.0	204.3
20	1274	高梁市	4.34	33	152	172,495	24.2	229.5
21	1283	真庭市	4.40	49	214	158,597	25.0	232.1
22	1329	美作市	4.55	30	151	176,837	23.5	258.3
23	1363	美咲町	4.65	16	78	178,855	23.0	230.0
24	1402	新見市	4.79	33	173	161,866	20.9	272.4
25	1434	西粟倉村	4.91	2	11	416,250	27.3	162.1
26	1512	新庄村	5.18	1	11	489,801	27.2	167.6
27	1571	久米南町	5.39	5	25	129,951	17.2	339.6
広島県								
1	165	福山市	1.33	466	995	204,421	55.7	94.4
2	270	府中町	1.66	51	88	156,297	55.8	109.6
3	340	海田町	1.83	28	60	173,362	55.0	111.6
4	342	広島市	1.83	1,165	2,751	247,647	49.8	94.8
5	412	大竹市	1.99	28	75	266,011	50.8	96.6
6	431	東広島市	2.05	178	432	197,263	48.7	109.5
7	463	廿日市市	2.15	117	275	172,498	46.8	131.9
8	493	坂町	2.21	13	34	223,967	55.4	100.4
9	497	呉市	2.22	237	585	190,488	45.3	125.8
10	555	尾道市	2.37	144	357	174,136	43.5	135.2
11	623	竹原市	2.53	28	70	196,138	46.2	124.5
12	662	三原市	2.65	99	271	197,402	40.5	128.7
13	734	府中市	2.84	42	117	178,990	37.0	149.5
14	746	熊野町	2.89	25	48	133,195	42.3	136.4
15	1179	北広島町	4.10	20	103	215,753	26.2	214.3
16	1200	江田島市	4.14	25	100	176,918	29.7	206.7
17	1270	三次市	4.34	56	242	180,215	25.6	227.5
18	1372	大崎上島町	4.67	8	48	268,566	28.8	191.2
19	1387	世羅町	4.73	18	82	150,361	22.8	260.6
20	1415	安芸高田市	4.85	31	144	165,945	19.4	253.7
21	1518	庄原市	5.20	39	203	153,609	17.6	322.0
22	1551	安芸太田町	5.31	7	53	229,114	20.6	274.3
23	1605	神石高原町	5.56	10	73	204,905	18.4	275.9
山口県								
1	187	下松市	1.40	56	113	212,315	62.8	83.3
2	319	周南市	1.78	149	371	229,358	51.3	100.1
3	323	宇部市	1.79	171	365	187,910	49.6	110.2
4	354	光市	1.86	53	128	230,986	52.9	104.5

順位	全順位	団体名	スコア	人口	標準財政規模	1人当り自主財源	自主財源比率	修正経常収支
5	385	防府市	1.93	117	223	176,485	47.9	102.7
6	433	山陽小野田市	2.05	65	159	195,690	49.2	120.3
7	531	和木町	2.32	6	22	414,450	53.8	76.1
8	574	下関市	2.41	275	684	186,073	42.1	129.3
9	604	山口市	2.48	193	452	158,875	39.9	128.9
10	671	岩国市	2.68	143	375	171,767	39.1	145.3
11	726	柳井市	2.82	34	100	201,591	41.1	134.5
12	738	田布施町	2.84	16	39	138,563	39.5	164.7
13	804	平生町	3.05	13	35	143,239	36.3	176.7
14	1098	美祢市	3.86	27	107	196,692	26.7	178.8
15	1141	長門市	3.98	37	135	152,661	26.6	204.9
16	1195	萩市	4.14	53	204	184,246	27.7	182.5
17	1424	阿武町	4.86	4	20	213,015	24.6	182.7
18	1563	周防大島町	5.36	19	98	159,433	19.2	303.9
19	1636	上関町	5.79	3	19	256,163	19.7	221.7
		徳島県						
1	183	徳島市	1.39	256	536	189,982	52.2	104.1
2	199	松茂町	1.45	15	36	250,747	69.1	70.4
3	257	北島町	1.62	22	43	176,412	57.9	89.3
4	341	藍住町	1.83	34	63	159,758	52.4	100.4
5	445	鳴門市	2.09	61	133	168,828	45.0	123.2
6	548	阿南市	2.35	77	204	249,687	51.8	90.7
7	666	板野町	2.66	14	35	205,463	45.7	114.9
8	787	小松島市	3.00	41	90	127,024	34.6	166.1
9	838	石井町	3.14	27	57	134,301	41.6	142.7
10	849	上板町	3.16	13	32	136,256	38.2	159.9
11	945	阿波市	3.44	40	125	165,210	31.5	155.0
12	1170	勝浦町	4.06	6	22	248,116	30.4	122.6
13	1175	牟岐町	4.07	5	20	310,519	32.3	117.5
14	1208	吉野川市	4.16	44	128	126,554	26.7	204.5
15	1238	東みよし町	4.24	15	53	153,288	25.7	204.7
16	1271	美馬市	4.34	32	121	138,952	22.6	238.9
17	1320	海陽町	4.53	10	55	239,354	27.8	157.2
18	1496	美波町	5.09	8	37	141,214	20.1	286.8
19	1519	三好市	5.20	30	167	170,534	18.3	290.1
20	1575	つるぎ町	5.40	11	55	145,021	18.0	330.1
21	1583	那賀町	5.45	10	76	262,776	20.6	223.1
22	1613	神山町	5.60	6	30	162,604	23.0	227.8
23	1649	佐那河内村	5.88	3	17	147,507	17.0	319.6
24	1704	上勝町	6.49	2	17	270,804	17.3	278.5
		香川県						
1	116	宇多津町	1.15	18	40	237,982	59.0	76.1
2	157	高松市	1.31	424	936	192,031	53.0	100.2

順位	全順位	団体名	スコア	人口	標準財政規模	1人当り自主財源	自主財源比率	修正経常収支
3	222	坂出市	1.52	56	137	254,339	58.4	88.6
4	398	多度津町	1.96	24	55	178,333	51.7	114.8
5	440	丸亀市	2.07	112	238	167,086	45.3	109.4
6	500	三木町	2.23	29	56	159,791	47.4	99.2
7	606	観音寺市	2.50	63	157	175,483	44.3	131.1
8	707	善通寺市	2.77	33	79	166,621	39.6	133.2
9	727	綾川町	2.83	25	65	171,600	43.9	115.1
10	780	琴平町	2.97	10	27	192,280	43.6	125.1
11	830	三豊市	3.12	69	205	167,669	38.7	152.0
12	929	東かがわ市	3.38	34	98	206,566	37.3	121.2
13	936	さぬき市	3.41	52	165	189,644	35.2	140.7
14	1021	直島町	3.68	3	16	593,084	50.0	67.9
15	1037	小豆島町	3.72	16	55	204,235	33.9	139.2
16	1061	土庄町	3.77	15	45	141,675	30.4	178.6
17	1092	まんのう町	3.85	20	66	165,992	26.7	157.6
愛媛県								
1	248	松前町	1.60	31	63	172,539	53.3	106.1
2	370	新居浜市	1.90	124	270	208,291	53.5	85.2
3	374	松山市	1.91	514	1,056	169,402	47.4	109.2
4	379	西条市	1.92	113	270	201,840	48.6	102.0
5	400	四国中央市	1.97	92	233	214,122	47.9	101.6
6	712	今治市	2.80	167	463	196,582	40.7	129.8
7	750	東温市	2.89	34	88	159,524	38.5	144.1
8	761	砥部町	2.92	22	53	165,322	39.2	122.5
9	931	伊予市	3.38	39	109	149,361	32.0	165.6
10	940	大洲市	3.42	47	159	176,768	31.0	166.6
11	989	宇和島市	3.58	83	260	145,706	29.3	182.0
12	1068	八幡浜市	3.79	38	113	163,273	29.0	173.2
13	1139	伊方町	3.98	11	61	484,731	41.0	96.2
14	1364	上島町	4.65	7	42	213,241	23.4	232.9
15	1393	内子町	4.76	18	73	139,692	22.5	246.3
16	1417	西予市	4.85	42	166	124,359	20.7	276.5
17	1452	愛南町	4.96	24	106	146,486	21.2	262.7
18	1473	鬼北町	5.02	11	50	134,302	21.0	281.5
19	1577	久万高原町	5.42	10	71	201,639	19.5	298.3
20	1631	松野町	5.75	4	20	116,889	14.9	334.4
高知県								
1	558	高知市	2.38	337	840	162,294	38.3	144.9
2	701	南国市	2.77	48	111	159,767	37.8	138.1
3	918	須崎市	3.35	24	74	158,425	28.8	198.2
4	1010	土佐市	3.64	28	73	152,012	30.4	147.9
5	1050	四万十市	3.75	36	121	153,281	26.2	200.2
6	1106	日高村	3.87	6	20	193,060	30.2	161.3

順位	全順位	団体名	スコア	人口	標準財政規模	1人当り自主財源	自主財源比率	修正経常収支
7	1162	香南市	4.05	34	114	149,222	27.5	196.9
8	1217	宿毛市	4.20	22	68	127,228	24.9	217.7
9	1249	土佐清水市	4.27	16	55	179,429	22.6	182.7
10	1263	いの町	4.31	25	86	145,521	28.3	199.4
11	1285	室戸市	4.40	16	55	148,372	21.5	234.7
12	1327	香美市	4.54	27	102	140,534	24.5	233.7
13	1355	安芸市	4.64	19	67	144,095	20.6	212.9
14	1394	芸西村	4.77	4	17	202,826	24.9	178.7
15	1399	土佐町	4.78	4	24	227,295	25.4	215.3
16	1409	佐川町	4.83	14	41	118,267	26.1	226.8
17	1428	大月町	4.88	6	28	133,143	19.3	303.3
18	1440	田野町	4.93	3	13	199,463	23.3	211.0
19	1465	四万十町	5.00	19	90	155,937	19.1	257.8
20	1475	本山町	5.03	4	22	199,068	21.7	264.5
21	1509	奈半利町	5.16	4	17	164,646	22.5	260.4
22	1547	北川村	5.30	1	14	482,055	24.8	122.6
23	1561	黒潮町	5.35	12	50	125,582	18.0	285.3
24	1565	安田町	5.37	3	16	168,815	19.6	272.3
25	1620	仁淀川町	5.68	6	46	263,881	20.9	207.9
26	1625	大豊町	5.71	5	29	250,655	24.2	235.6
27	1648	越知町	5.87	6	27	116,823	15.2	329.8
28	1653	中土佐町	5.91	8	38	122,282	15.9	345.2
29	1677	馬路村	6.14	1	12	395,667	18.1	242.2
30	1685	東洋町	6.23	3	16	132,875	10.7	378.1
31	1701	大川村	6.48	0	9	496,998	14.7	253.7
32	1702	梼原町	6.48	4	33	245,826	16.8	279.3
33	1705	三原村	6.52	2	13	147,245	11.6	409.8
34	1707	津野町	6.53	6	38	114,866	12.0	340.5
福岡県								
1	54	苅田町	0.90	35	80	294,457	74.1	79.2
2	156	久山町	1.30	8	27	372,691	64.5	77.4
3	251	粕屋町	1.61	44	80	181,208	61.5	92.0
4	353	那珂川町	1.86	50	89	181,772	55.6	89.8
5	357	春日市	1.87	111	182	145,140	52.9	99.8
6	386	福岡市	1.93	1,435	3,485	329,269	61.3	70.5
7	395	北九州市	1.96	972	2,495	280,157	51.3	90.7
8	402	筑紫野市	1.97	102	185	159,843	50.7	101.8
9	411	古賀市	1.99	58	114	156,089	49.7	114.4
10	436	志免町	2.07	45	78	157,953	51.4	97.2
11	448	太宰府市	2.11	70	124	154,741	48.1	104.7
12	454	久留米市	2.12	302	672	178,968	43.2	117.7
13	471	大野城市	2.16	98	177	186,881	54.7	89.8
14	505	小郡市	2.24	59	114	144,848	47.2	125.9

順位	全順位	団体名	スコア	人口	標準財政規模	1人当り自主財源	自主財源比率	修正経常収支
15	511	筑後市	2.26	49	101	160,461	44.4	124.1
16	537	宇美町	2.33	38	69	128,137	46.0	137.2
17	565	篠栗町	2.40	32	63	155,277	46.2	118.0
18	603	大川市	2.48	37	79	151,388	41.0	130.7
19	605	広川町	2.50	20	45	162,496	45.2	122.2
20	615	遠賀町	2.52	20	39	172,337	49.1	105.9
21	641	大牟田市	2.59	123	283	172,472	38.8	133.4
22	644	直方市	2.59	58	129	162,926	39.1	132.5
23	646	新宮町	2.59	27	54	184,395	60.6	92.7
24	679	大木町	2.70	15	31	151,715	42.0	121.9
25	688	須恵町	2.71	27	52	130,822	43.4	129.0
26	694	大刀洗町	2.73	15	38	171,878	40.9	114.1
27	757	行橋市	2.91	72	135	138,140	37.3	119.3
28	763	福津市	2.92	57	119	147,799	41.3	127.0
29	767	水巻町	2.93	29	56	174,591	50.4	98.5
30	777	豊前市	2.97	27	69	163,929	36.9	147.5
31	792	吉富町	3.01	7	20	186,705	40.2	124.2
32	795	糸島市	3.02	100	210	124,135	37.4	152.4
33	810	芦屋町	3.06	15	36	172,774	39.7	140.9
34	820	朝倉市	3.09	57	151	178,040	36.5	136.6
35	841	鞍手町	3.15	17	44	185,739	41.3	121.2
36	844	宗像市	3.15	96	194	143,785	40.5	122.3
37	863	岡垣町	3.19	32	61	127,980	44.2	133.2
38	897	柳川市	3.29	71	168	148,204	32.9	144.7
39	900	川崎町	3.30	19	47	172,318	33.0	144.6
40	915	桂川町	3.34	14	33	134,818	34.1	163.2
41	948	うきは市	3.45	32	91	172,096	34.2	143.1
42	950	飯塚市	3.45	130	327	143,723	29.6	160.2
43	960	香春町	3.49	12	31	159,016	34.2	144.5
44	961	筑前町	3.49	29	77	147,714	37.4	165.3
45	969	宮若市	3.51	30	92	222,085	34.6	126.8
46	975	中間市	3.55	44	97	119,603	31.4	172.0
47	978	田川市	3.55	50	129	171,112	31.7	143.4
48	1030	築上町	3.70	20	60	185,731	31.0	150.7
49	1033	みやこ町	3.71	21	69	226,963	35.1	116.2
50	1085	みやま市	3.83	41	108	138,601	30.4	165.2
51	1102	糸田町	3.87	10	26	172,939	33.8	148.9
52	1130	福智町	3.96	24	76	202,958	30.9	146.4
53	1166	小竹町	4.06	8	27	174,208	27.6	179.3
54	1189	大任町	4.13	6	22	253,715	27.0	150.4
55	1216	八女市	4.19	68	217	144,576	27.1	184.7
56	1244	上毛町	4.25	8	36	227,024	32.3	168.4
57	1292	添田町	4.43	11	38	177,487	26.6	189.6

順位	全順位	団体名	スコア	人口	標準財政規模	1人当り自主財源	自主財源比率	修正経常収支
58	1410	東峰村	4.84	2	16	324,215	27.3	164.1
59	1423	嘉麻市	4.86	42	135	126,928	20.4	241.4
60	1500	赤村	5.11	3	14	186,911	22.9	185.9
佐賀県								
1	92	鳥栖市	1.05	70	142	214,590	63.1	87.9
2	307	上峰町	1.75	10	25	201,762	49.8	122.0
3	509	基山町	2.25	18	39	171,576	54.1	124.2
4	517	伊万里市	2.28	57	135	161,544	41.0	140.2
5	587	佐賀市	2.44	235	536	157,517	41.7	131.9
6	776	吉野ヶ里町	2.96	16	46	202,390	41.8	125.9
7	801	みやき町	3.04	26	70	149,559	35.9	155.6
8	812	武雄市	3.07	51	133	178,441	36.0	129.8
9	826	鹿島市	3.11	31	72	153,043	35.8	143.5
10	911	有田町	3.33	21	58	146,457	34.0	158.4
11	974	唐津市	3.53	129	363	140,124	28.2	179.8
12	980	神埼市	3.56	33	90	136,668	30.1	177.0
13	999	嬉野市	3.60	28	76	157,027	30.2	154.8
14	1124	白石町	3.94	25	82	151,683	29.3	179.4
15	1140	大町町	3.98	7	23	151,692	28.6	193.6
16	1146	玄海町	4.00	6	31	865,376	68.6	48.1
17	1236	小城市	4.24	46	119	133,231	29.0	179.1
18	1237	江北町	4.24	10	30	164,124	34.9	161.9
19	1252	多久市	4.28	21	58	163,651	24.8	161.2
20	1569	太良町	5.38	10	34	115,550	20.6	251.3
長崎県								
1	423	大村市	2.03	93	183	186,552	44.0	100.4
2	476	時津町	2.17	30	61	159,133	49.8	116.7
3	532	佐世保市	2.33	261	612	205,532	42.6	102.2
4	549	佐々町	2.35	14	35	224,594	49.0	85.5
5	580	長崎市	2.43	437	1,017	187,373	38.7	119.4
6	622	長与町	2.52	42	72	141,103	44.8	111.2
7	719	諫早市	2.81	141	363	194,527	39.9	117.2
8	970	川棚町	3.52	15	37	122,339	32.9	170.6
9	1000	松浦市	3.61	25	100	230,176	33.5	159.6
10	1077	島原市	3.81	48	118	133,999	28.4	172.0
11	1122	東彼杵町	3.93	9	31	157,966	28.9	183.8
12	1142	西海市	3.98	31	136	217,171	29.3	168.9
13	1239	波佐見町	4.24	15	34	110,108	28.5	178.8
14	1343	壱岐市	4.60	29	136	151,981	20.6	248.6
15	1447	雲仙市	4.95	47	181	128,996	20.9	245.2
16	1462	新上五島町	5.00	22	117	156,832	18.9	318.8
17	1472	平戸市	5.01	35	133	130,793	18.2	264.3
18	1476	五島市	5.03	40	179	133,069	18.1	302.8

順位	全順位	団体名	スコア	人口	標準財政規模	1人当り自主財源	自主財源比率	修正経常収支
19	1588	小値賀町	5.47	3	18	227,603	18.3	237.6
20	1616	対馬市	5.64	34	201	129,319	14.0	390.0
21	1646	南島原市	5.86	51	194	105,352	17.6	311.4
熊本県								
1	227	菊陽町	1.54	39	81	225,357	55.8	75.6
2	291	大津町	1.71	33	70	189,915	51.4	91.3
3	315	熊本市	1.77	728	1,581	169,760	43.9	116.2
4	352	嘉島町	1.86	9	24	268,002	52.9	79.4
5	409	長洲町	1.99	16	43	189,280	47.0	130.6
6	519	益城町	2.28	34	68	151,447	46.1	112.9
7	524	合志市	2.30	57	112	144,407	43.8	118.0
8	656	宇土市	2.63	38	82	151,349	39.4	131.3
9	668	苓北町	2.67	8	34	301,046	47.8	126.6
10	725	人吉市	2.82	35	90	156,668	35.0	165.9
11	832	八代市	3.12	132	338	147,437	33.7	158.8
12	876	御船町	3.22	18	42	133,824	33.9	165.8
13	886	荒尾市	3.24	55	114	120,289	35.1	161.9
14	904	西原村	3.31	7	24	197,967	38.2	146.0
15	991	錦町	3.59	11	32	120,825	29.0	201.5
16	1051	阿蘇市	3.76	28	97	195,928	27.4	158.6
17	1052	玉名市	3.76	69	179	132,402	31.0	178.2
18	1054	菊池市	3.76	51	150	142,184	27.9	189.6
19	1059	水俣市	3.77	27	79	149,864	27.3	194.7
20	1063	玉東町	3.78	6	20	172,296	31.0	200.9
21	1115	甲佐町	3.89	11	34	161,252	25.8	160.7
22	1165	小国町	4.06	8	32	170,051	26.1	219.6
23	1201	南関町	4.15	11	32	135,765	29.5	201.5
24	1222	南阿蘇村	4.20	12	52	170,389	25.2	214.2
25	1225	宇城市	4.21	62	179	114,587	25.7	218.2
26	1243	芦北町	4.25	19	67	146,945	26.3	210.0
27	1245	天草市	4.26	89	338	151,395	24.4	226.8
28	1262	氷川町	4.31	13	41	140,154	26.5	212.5
29	1303	山鹿市	4.46	56	176	127,838	22.5	221.6
30	1348	山江村	4.62	4	19	194,911	22.2	210.0
31	1371	上天草市	4.67	31	111	129,515	21.5	255.6
32	1395	あさぎり町	4.77	17	74	132,299	19.7	272.3
33	1403	多良木町	4.81	10	40	126,196	19.9	262.6
34	1412	相良村	4.84	5	23	135,000	19.7	304.5
35	1438	湯前町	4.92	4	18	139,806	21.6	280.8
36	1450	南小国町	4.95	4	24	186,105	23.0	259.6
37	1460	和水町	4.99	11	45	138,793	20.4	233.2
38	1479	津奈木町	5.04	5	20	140,258	22.3	236.3
39	1482	高森町	5.04	7	29	130,276	21.2	265.4

順位	全順位	団体名	スコア	人口	標準財政規模	1人当り自主財源	自主財源比率	修正経常収支
40	1484	山都町	5.05	17	84	165,519	19.7	244.9
41	1516	美里町	5.19	11	45	124,289	20.5	283.0
42	1549	水上村	5.31	2	19	265,439	22.2	216.7
43	1630	産山村	5.73	2	13	209,618	16.0	280.9
44	1659	球磨村	5.98	4	23	112,976	14.0	357.5
45	1714	五木村	6.62	1	17	391,769	13.8	255.4
大分県								
1	174	大分市	1.35	474	961	192,885	52.6	96.4
2	649	別府市	2.60	118	243	152,867	40.5	131.1
3	791	日出町	3.01	29	59	125,136	38.1	152.7
4	833	中津市	3.13	85	241	175,369	34.6	149.7
5	994	津久見市	3.59	20	56	153,695	32.4	176.8
6	1001	由布市	3.61	36	105	145,646	30.5	185.7
7	1053	日田市	3.76	70	225	176,005	30.0	167.4
8	1062	玖珠町	3.77	17	50	165,424	31.1	161.7
9	1104	九重町	3.87	10	41	257,968	34.0	133.5
10	1111	臼杵市	3.89	42	119	143,248	29.6	182.8
11	1116	宇佐市	3.90	59	167	140,566	29.3	173.8
12	1143	杵築市	3.99	31	109	181,815	27.8	168.7
13	1317	豊後高田市	4.52	24	92	151,604	23.1	224.5
14	1332	竹田市	4.56	24	113	203,755	25.1	209.4
15	1352	佐伯市	4.63	77	280	127,134	22.7	259.7
16	1390	国東市	4.75	31	133	141,941	23.1	274.7
17	1543	豊後大野市	5.28	39	172	138,021	18.4	271.5
18	1617	姫島村	5.65	2	13	160,511	17.7	323.4
宮崎県								
1	283	木城町	1.70	5	31	711,990	85.1	56.4
2	481	宮崎市	2.19	403	906	165,032	42.5	127.9
3	611	国富町	2.50	21	53	169,457	43.3	132.6
4	669	高鍋町	2.67	21	47	143,683	40.4	133.3
5	772	都城市	2.95	169	420	149,739	36.2	147.2
6	798	延岡市	3.03	131	328	153,896	35.2	150.4
7	829	日向市	3.12	63	155	153,200	34.4	147.7
8	874	門川町	3.22	19	42	134,275	36.4	146.2
9	921	三股町	3.37	26	53	116,607	33.4	152.2
10	941	日南市	3.42	57	162	147,191	30.4	190.0
11	946	西都市	3.44	33	87	157,519	33.3	158.2
12	958	小林市	3.47	48	149	158,828	30.4	174.8
13	977	綾町	3.55	8	26	177,694	30.5	186.6
14	1009	川南町	3.63	17	45	136,941	31.9	165.8
15	1013	新富町	3.65	18	40	130,625	30.3	149.7
16	1211	えびの市	4.18	21	64	150,914	28.6	184.1
17	1257	串間市	4.29	20	69	139,195	24.0	226.6

順位	全順位	団体名	スコア	人口	標準財政規模	1人当り自主財源	自主財源比率	修正経常収支
18	1287	高原町	4.41	10	36	142,158	25.1	230.8
19	1353	都農町	4.64	11	34	117,158	22.4	219.3
20	1443	高千穂町	4.93	13	47	125,164	20.2	241.8
21	1585	西米良村	5.45	1	16	652,404	26.2	138.3
22	1621	椎葉村	5.69	3	31	318,182	18.5	240.4
23	1647	諸塚村	5.86	2	22	420,791	21.6	223.6
24	1671	美郷町	6.10	6	55	198,594	14.3	363.9
25	1686	五ヶ瀬町	6.24	4	24	118,761	13.6	375.7
26	1718	日之影町	6.75	5	32	119,462	10.9	504.3
		鹿児島県						
1	337	鹿児島市	1.83	605	1,273	179,770	46.2	104.7
2	718	霧島市	2.81	127	340	175,662	38.4	133.0
3	793	姶良市	3.01	75	168	133,933	35.8	152.1
4	851	薩摩川内市	3.17	99	308	192,039	35.0	153.4
5	902	枕崎市	3.31	23	63	139,160	31.2	192.0
6	908	鹿屋市	3.32	104	255	136,460	31.9	167.6
7	987	いちき串木野市	3.57	30	90	161,982	29.5	172.1
8	996	東串良町	3.60	7	26	201,844	33.5	167.3
9	1036	阿久根市	3.72	23	64	169,801	33.2	153.5
10	1074	出水市	3.79	55	162	142,812	30.0	178.4
11	1075	志布志市	3.80	33	116	154,452	26.9	199.6
12	1114	指宿市	3.89	44	126	133,274	27.3	196.7
13	1117	伊佐市	3.90	29	98	165,631	29.8	178.1
14	1161	日置市	4.04	51	150	133,326	26.7	202.0
15	1191	西之表市	4.13	17	57	141,259	23.3	231.4
16	1202	徳之島町	4.15	12	47	159,320	25.3	234.2
17	1207	大崎町	4.16	14	43	134,725	26.2	198.6
18	1248	さつま町	4.26	24	91	172,800	26.2	200.1
19	1279	屋久島町	4.36	13	63	166,604	22.1	261.4
20	1304	垂水市	4.47	17	55	130,133	23.3	233.6
21	1311	南九州市	4.50	39	135	133,119	23.9	232.3
22	1321	南種子町	4.53	6	31	210,019	27.3	233.1
23	1331	湧水町	4.55	11	44	165,246	23.2	220.1
24	1335	与論町	4.57	5	27	173,247	21.8	260.5
25	1350	奄美市	4.63	45	170	144,586	19.7	247.1
26	1351	肝付町	4.63	17	65	148,392	25.2	229.4
27	1362	南さつま市	4.65	38	140	128,713	20.8	263.8
28	1379	和泊町	4.71	7	38	211,943	22.2	245.9
29	1386	瀬戸内町	4.73	10	52	219,155	20.7	212.0
30	1448	知名町	4.95	6	33	162,322	19.1	293.4
31	1451	長島町	4.96	11	56	181,876	18.7	241.2
32	1459	曽於市	4.98	40	131	117,778	20.7	249.3
33	1522	中種子町	5.21	9	38	130,682	19.3	307.6

順位	全順位	団体名	スコア	人口	標準財政規模	1人当り自主財源	自主財源比率	修正経常収支
34	1580	伊仙町	5.43	7	35	115,765	14.3	383.4
35	1639	天城町	5.82	7	34	120,132	13.5	411.7
36	1640	喜界町	5.83	8	37	119,663	16.2	357.1
37	1652	龍郷町	5.90	6	31	124,105	13.4	376.2
38	1664	南大隅町	6.06	9	47	131,213	15.0	343.8
39	1682	大和村	6.21	2	17	273,183	15.1	339.7
40	1689	宇検村	6.26	2	18	234,478	14.4	369.4
41	1713	錦江町	6.61	9	47	106,972	14.1	434.0
42	1727	十島村	7.07	1	17	879,437	13.1	219.5
43	1739	三島村	8.00	0	11	832,613	12.2	300.3
		沖縄県						
1	325	北谷町	1.80	28	65	288,240	56.6	77.8
2	376	那覇市	1.91	319	609	176,904	43.4	101.0
3	462	浦添市	2.15	113	208	171,191	43.9	103.0
4	594	宜野湾市	2.46	94	166	141,476	38.0	116.2
5	619	読谷村	2.52	40	68	141,695	41.5	107.5
6	640	恩納村	2.58	10	30	401,137	52.4	82.3
7	689	西原町	2.72	35	62	142,630	38.4	114.1
8	730	豊見城市	2.83	60	101	122,057	37.5	126.1
9	737	北中城村	2.84	16	37	139,577	38.0	158.0
10	742	南風原町	2.87	36	62	126,809	35.5	124.5
11	794	沖縄市	3.02	137	264	133,986	33.3	133.1
12	875	八重瀬町	3.22	28	61	126,982	31.0	155.6
13	905	名護市	3.32	61	152	191,971	34.6	130.8
14	912	中城村	3.34	18	36	132,031	34.7	132.9
15	955	嘉手納町	3.46	14	39	255,694	40.9	113.4
16	981	南城市	3.56	41	105	139,172	29.1	148.6
17	1017	宜野座村	3.66	6	20	634,215	47.2	73.4
18	1101	金武町	3.86	11	34	328,641	36.4	110.5
19	1103	糸満市	3.87	59	116	103,656	28.8	181.7
20	1113	うるま市	3.89	120	252	111,356	27.1	167.9
21	1145	与那原町	3.99	18	34	123,853	29.0	135.6
22	1177	石垣市	4.09	48	129	125,360	26.1	188.1
23	1290	今帰仁村	4.43	10	30	132,024	22.8	200.4
24	1291	大宜味村	4.43	3	17	364,316	29.7	135.1
25	1314	宮古島市	4.51	54	190	153,673	22.0	208.7
26	1378	本部町	4.70	14	37	114,321	19.8	210.0
27	1499	伊江村	5.11	5	22	335,693	22.7	120.8
28	1536	国頭村	5.25	5	31	215,868	19.1	239.7
29	1595	久米島町	5.50	8	44	153,843	17.1	304.3
30	1604	東村	5.54	2	15	305,176	21.6	225.4
31	1626	粟国村	5.71	1	6	555,009	23.2	153.1
32	1634	与那国町	5.76	2	13	443,877	24.5	171.6

順位	全順位	団体名	スコア	人口	標準財政規模	1人当り自主財源	自主財源比率	修正経常収支
33	1656	多良間村	5.92	1	12	401,154	19.8	190.4
34	1691	竹富町	6.31	4	31	255,605	15.4	228.8
35	1700	伊是名村	6.47	2	11	275,124	14.5	285.9
36	1703	座間味村	6.49	1	8	336,911	16.8	260.8
37	1709	伊平屋村	6.55	1	12	268,260	14.1	295.1
38	1725	南大東村	7.02	1	12	390,913	11.2	192.4
39	1728	渡嘉敷村	7.10	1	7	415,847	16.9	249.9
40	1732	渡名喜村	7.29	0	4	316,080	11.0	366.3
41	1735	北大東村	7.70	1	7	851,584	12.8	154.8

巻末付録2

地方自治体財務総合評価ランキング
(2040年度予測)

＜凡例＞
　順位：同一都道府県内の市区町村におけるスコアの順位
　　　（都道府県の場合は、都道府県におけるスコアの順位）
　全順位：全国の市区町村におけるスコアの順位
　　　（都道府県の場合は、都道府県におけるスコアの順位）
　スコア：2040年度決算によるマハラノビスの距離
　人口：2040年度の予測人口（単位：人）
　1人当り自主財源：2040年度の住民1人当りの自主財源額（単位：円）
　自主財源比率：2040年度の自主財源比率（単位：％）
　修正経常収支：2040年度の修正経常収支比率（単位：％）

順位	全順位	団体名	スコア	人口	標準財政規模	1人当り自主財源	自主財源比率	修正経常収支
都道府県									
1	1	東京都	2.25	12,308	−	338,173	82.4	71.4
2	2	栃木県	2.91	1,643	−	168,241	45.4	118.2
3	3	群馬県	2.91	1,630	−	177,801	46.8	112.7
4	4	兵庫県	3.41	4,674	−	191,723	52.2	95.1
5	5	滋賀県	3.58	1,309	−	142,891	40.7	147.4
6	6	佐賀県	3.59	680	−	170,452	29.6	165.0
7	7	岡山県	3.62	1,611	−	149,526	40.9	133.7
8	8	福井県	3.62	633	−	220,224	34.2	147.0
9	9	山口県	3.64	1,070	−	172,957	34.3	139.5
10	10	宮城県	3.66	1,973	−	148,163	43.4	126.4
11	11	愛媛県	3.73	1,075	−	149,142	33.4	151.1
12	12	茨城県	3.75	2,423	−	143,910	42.8	132.0
13	13	香川県	3.78	773	−	167,769	38.1	147.8
14	14	愛知県	3.80	6,856	−	153,048	57.4	113.0
15	15	大分県	3.81	955	−	156,295	30.6	176.1
16	16	福島県	3.82	1,485	−	144,569	34.2	164.3
17	17	宮崎県	3.82	901	−	163,943	22.6	163.5
18	18	大阪府	3.84	7,454	−	247,051	67.7	67.0
19	19	京都府	3.86	2,224	−	143,162	45.0	130.5
20	20	富山県	3.90	841	−	187,118	35.0	143.0
21	21	長野県	3.93	1,668	−	143,327	35.2	156.1
22	22	和歌山県	3.96	719	−	170,046	28.7	167.6
23	23	福岡県	3.96	4,379	−	125,667	42.5	137.0
24	24	熊本県	4.02	1,467	−	129,264	27.2	173.7

順位	全順位	団体名	スコア	人口	標準財政規模	1人当り自主財源	自主財源比率	修正経常収支
25	25	三重県	4.04	1,508	−	134,533	36.5	158.7
26	26	山形県	4.04	836	−	162,112	30.3	177.6
27	27	山梨県	4.06	666	−	187,634	31.5	162.3
28	28	岐阜県	4.09	1,660	−	137,655	38.5	152.6
29	29	島根県	4.18	521	−	229,830	25.8	181.3
30	30	徳島県	4.21	571	−	204,024	30.3	171.0
31	31	石川県	4.29	974	−	152,902	33.0	167.1
32	32	千葉県	4.36	5,358	−	123,355	54.4	123.5
33	33	岩手県	4.39	938	−	164,191	27.5	189.4
34	34	青森県	4.45	932	−	155,396	26.4	193.1
35	35	長崎県	4.46	1,049	−	139,220	26.0	194.5
36	36	広島県	4.59	2,391	−	124,150	38.6	153.2
37	37	鳥取県	4.60	441	−	150,871	21.5	244.4
38	38	秋田県	4.70	700	−	195,183	29.2	161.1
39	39	北海道	4.76	4,190	−	143,510	30.7	183.2
40	40	沖縄県	4.76	1,369	−	106,956	23.7	223.5
41	41	新潟県	4.86	1,791	−	154,855	32.7	160.7
42	42	静岡県	5.13	3,035	−	123,010	44.3	145.0
43	43	高知県	5.13	537	−	128,655	18.9	311.8
44	44	鹿児島県	5.18	1,314	−	110,574	21.4	252.4
45	45	神奈川県	5.34	8,343	−	106,042	59.0	131.9
46	46	埼玉県	5.57	6,305	−	98,632	48.6	150.2
47	47	奈良県	6.20	1,096	−	96,047	28.2	212.8
北海道								
1	43	千歳市	2.10	89	−	223,214	51.4	88.7
2	127	苫小牧市	2.59	144	−	167,492	45.8	121.7
3	236	室蘭市	2.96	64	−	197,182	37.5	119.5
4	330	石狩市	3.24	47	−	204,301	42.5	123.4
5	374	札幌市	3.32	1,712	−	172,372	43.6	128.4
6	409	帯広市	3.42	131	−	168,346	35.6	126.0
7	438	東神楽町	3.51	9	−	226,633	37.3	124.3
8	507	芽室町	3.68	18	−	178,717	33.6	179.9
9	512	恵庭市	3.69	63	−	117,718	36.3	158.2
10	524	倶知安町	3.73	12	−	157,566	29.7	164.3
11	569	釧路市	3.85	117	−	167,626	26.6	167.4
12	604	北見市	3.95	90	−	187,432	35.2	141.1
13	619	滝川市	3.99	28	−	154,868	28.3	187.1
14	668	旭川市	4.11	249	−	137,097	30.5	155.8
15	672	登別市	4.13	36	−	124,651	31.7	174.6
16	694	名寄市	4.19	23	−	162,533	22.7	225.1
17	711	函館市	4.23	175	−	131,521	26.9	181.9
18	714	音更町	4.24	44	−	116,366	31.9	181.7
19	748	中標津町	4.33	21	−	138,879	25.6	238.7

順位	全順位	団体名	スコア	人口	標準財政規模	1人当り自主財源	自主財源比率	修正経常収支
20	757	網走市	4.35	31	−	156,852	28.4	202.1
21	775	小樽市	4.40	74	−	128,067	25.0	196.6
22	801	泊村	4.50	1	−	1,761,795	50.9	45.2
23	812	砂川市	4.54	12	−	172,168	22.7	214.1
24	836	江別市	4.58	97	−	112,461	33.8	158.4
25	850	稚内市	4.61	26	−	153,755	21.2	221.5
26	914	斜里町	4.82	9	−	176,873	22.4	256.4
27	921	北斗市	4.84	38	−	119,123	28.0	183.2
28	929	伊達市	4.88	26	−	129,373	23.9	215.9
29	934	北広島市	4.89	47	−	109,463	32.4	173.6
30	945	中札内村	4.91	3	−	269,904	27.0	209.5
31	950	清水町	4.93	7	−	186,664	21.4	279.8
32	951	富良野市	4.93	18	−	115,582	20.4	291.4
33	953	鷹栖町	4.93	6	−	145,462	19.0	273.2
34	954	東川町	4.93	7	−	160,435	18.8	218.5
35	958	新ひだか町	4.94	16	−	144,316	20.4	284.7
36	969	根室市	4.96	18	−	126,016	16.8	278.2
37	976	厚真町	4.98	3	−	539,097	30.4	164.5
38	988	長万部町	5.01	4	−	167,863	16.6	337.4
39	993	ニセコ町	5.02	4	−	190,101	18.7	263.4
40	998	美幌町	5.03	14	−	136,354	22.0	205.6
41	999	幕別町	5.03	22	−	120,511	22.3	262.5
42	1001	留寿都村	5.04	2	−	311,106	23.9	234.9
43	1002	別海町	5.05	12	−	216,330	19.2	268.5
44	1004	占冠村	5.06	1	−	797,057	31.0	170.0
45	1007	釧路町	5.07	14	−	107,213	26.9	210.8
46	1012	白老町	5.09	11	−	142,632	16.3	280.3
47	1018	安平町	5.12	6	−	199,802	24.0	279.3
48	1021	浦河町	5.12	9	−	147,158	17.6	273.2
49	1028	羅臼町	5.14	3	−	149,131	17.0	335.5
50	1030	美唄市	5.15	13	−	143,776	16.3	315.4
51	1044	上富良野町	5.17	8	−	130,953	18.2	278.8
52	1047	岩見沢市	5.19	61	−	122,492	23.0	221.9
53	1048	紋別市	5.19	14	−	146,974	17.5	304.7
54	1053	鹿部町	5.21	4	−	151,117	22.8	259.9
55	1064	岩内町	5.23	8	−	141,940	19.7	251.6
56	1076	八雲町	5.29	12	−	135,982	17.1	337.7
57	1077	留萌市	5.29	14	−	134,372	18.8	284.6
58	1081	興部町	5.30	3	−	326,419	20.7	213.4
59	1090	余市町	5.33	13	−	97,690	21.3	301.3
60	1102	七飯町	5.38	22	−	107,321	28.0	188.9
61	1125	訓子府町	5.45	3	−	223,870	19.5	246.9
62	1127	鹿追町	5.46	4	−	264,927	18.8	223.6

順位	全順位	団体名	スコア	人口	標準財政規模	1人当り自主財源	自主財源比率	修正経常収支
63	1130	比布町	5.47	2	−	251,095	19.1	241.4
64	1147	士別市	5.52	13	−	165,567	15.8	347.5
65	1148	栗山町	5.53	8	−	129,998	16.4	312.5
66	1157	長沼町	5.55	8	−	127,437	15.9	356.0
67	1165	寿都町	5.57	2	−	421,705	18.3	181.0
68	1173	中富良野町	5.60	4	−	146,889	13.2	357.0
69	1181	厚岸町	5.62	6	−	195,219	13.2	300.3
70	1185	更別村	5.63	3	−	267,581	19.6	280.3
71	1203	広尾町	5.70	5	−	247,500	15.9	309.4
72	1206	深川市	5.71	13	−	128,289	12.9	343.2
73	1219	増毛町	5.74	3	−	195,489	13.3	432.7
74	1222	森町	5.77	11	−	123,699	19.1	361.5
75	1226	遠軽町	5.79	14	−	122,288	17.3	371.1
76	1240	日高町	5.82	8	−	152,710	14.8	405.8
77	1247	標茶町	5.84	5	−	347,606	17.6	245.4
78	1248	芦別市	5.84	7	−	137,139	12.7	401.6
79	1250	上士幌町	5.86	3	−	304,597	18.6	255.7
80	1256	知内町	5.88	3	−	164,410	15.2	365.1
81	1261	赤平市	5.89	5	−	138,814	10.8	334.9
82	1278	池田町	5.95	4	−	188,680	15.3	320.3
83	1279	えりも町	5.95	4	−	151,512	12.4	452.9
84	1282	白糠町	5.96	5	−	141,051	13.4	461.0
85	1285	大樹町	5.97	4	−	202,535	15.1	438.2
86	1290	佐呂間町	5.99	4	−	179,773	15.0	351.0
87	1293	美瑛町	6.00	7	−	206,475	13.6	299.2
88	1298	標津町	6.01	4	−	191,182	12.8	331.6
89	1299	浜中町	6.01	4	−	175,198	12.6	470.6
90	1306	雄武町	6.03	3	−	282,570	15.2	274.3
91	1312	新冠町	6.05	4	−	173,817	12.0	401.9
92	1318	当別町	6.07	11	−	104,842	19.1	341.6
93	1321	江差町	6.08	5	−	113,429	13.5	443.5
94	1327	本別町	6.11	5	−	187,307	13.0	330.5
95	1338	仁木町	6.14	2	−	124,723	10.6	559.9
96	1339	神恵内村	6.15	1	−	668,645	22.6	171.8
97	1340	新篠津村	6.16	2	−	173,907	12.2	389.0
98	1343	新得町	6.18	4	−	209,330	15.0	325.2
99	1346	洞爺湖町	6.19	5	−	149,756	15.4	460.0
100	1348	士幌町	6.20	4	−	230,517	16.6	360.6
101	1364	厚沢部町	6.27	2	−	291,793	15.5	238.3
102	1366	共和町	6.28	4	−	155,254	15.0	334.4
103	1367	今金町	6.28	4	−	131,277	11.1	415.5
104	1372	由仁町	6.30	3	−	130,440	10.9	508.1
105	1376	足寄町	6.32	5	−	259,742	13.8	316.9

順位	全順位	団体名	スコア	人口	標準財政規模	1人当り自主財源	自主財源比率	修正経常収支
106	1379	浜頓別町	6.33	3	−	214,591	12.6	445.8
107	1386	大空町	6.35	5	−	176,987	12.4	438.6
108	1388	赤井川村	6.35	1	−	351,814	17.7	341.1
109	1391	弟子屈町	6.36	5	−	163,645	9.6	429.0
110	1392	三笠市	6.37	4	−	192,017	10.9	449.6
111	1408	豊富町	6.44	3	−	204,185	10.2	473.5
112	1418	置戸町	6.49	2	−	218,911	11.4	449.2
113	1419	奈井江町	6.50	3	−	149,437	12.5	490.9
114	1422	乙部町	6.50	2	−	147,669	10.2	380.1
115	1425	湧別町	6.51	6	−	149,592	11.3	424.8
116	1431	雨竜町	6.52	2	−	153,797	9.6	446.6
117	1432	上川町	6.52	2	−	206,884	10.7	520.3
118	1436	むかわ町	6.54	5	−	156,882	11.9	506.3
119	1438	蘭越町	6.56	3	−	191,954	10.1	396.2
120	1440	喜茂別町	6.56	1	−	185,871	10.1	474.6
121	1447	黒松内町	6.61	2	−	221,483	11.4	409.3
122	1448	幌延町	6.62	2	−	369,693	11.0	264.6
123	1449	上砂川町	6.62	2	−	145,005	9.7	413.2
124	1454	木古内町	6.63	2	−	160,898	12.7	464.7
125	1461	様似町	6.67	3	−	117,118	9.7	610.5
126	1463	利尻町	6.68	1	−	633,677	15.5	231.1
127	1474	天塩町	6.74	2	−	180,304	9.5	580.7
128	1484	北竜町	6.77	1	−	221,562	10.5	508.9
129	1487	沼田町	6.78	2	−	276,504	12.5	347.1
130	1488	鶴居村	6.79	2	−	212,917	10.7	414.8
131	1491	猿払村	6.81	2	−	253,687	11.5	412.4
132	1493	真狩村	6.81	1	−	190,830	9.4	495.5
133	1496	壮瞥町	6.83	2	−	189,692	11.0	490.7
134	1497	浦幌町	6.85	3	−	269,636	10.3	377.2
135	1498	羽幌町	6.86	4	−	119,409	10.8	524.9
136	1500	小清水町	6.87	3	−	139,267	7.9	477.8
137	1503	島牧村	6.91	1	−	190,487	8.4	595.9
138	1504	清里町	6.91	2	−	163,624	7.8	471.9
139	1510	礼文町	6.93	2	−	185,229	7.0	463.8
140	1514	剣淵町	6.96	2	−	172,133	10.3	550.1
141	1515	枝幸町	6.96	6	−	168,371	8.2	537.9
142	1517	浦臼町	6.98	1	−	215,415	10.6	520.6
143	1519	歌志内市	6.98	2	−	166,175	7.3	557.1
144	1523	新十津川町	7.00	4	−	115,116	9.6	494.6
145	1526	和寒町	7.01	2	−	168,056	9.6	448.2
146	1531	京極町	7.04	3	−	135,860	7.8	470.8
147	1532	豊浦町	7.06	3	−	123,729	8.5	526.9
148	1535	上ノ国町	7.08	2	−	146,805	10.0	491.6

順位	全順位	団体名	スコア	人口	標準財政規模	1人当り自主財源	自主財源比率	修正経常収支
149	1536	平取町	7.09	3	-	151,769	8.2	533.9
150	1537	妹背牛町	7.10	2	-	136,426	7.8	653.6
151	1540	古平町	7.10	2	-	116,569	7.5	600.6
152	1543	美深町	7.13	3	-	124,230	7.0	480.8
153	1552	津別町	7.21	3	-	158,385	9.2	535.3
154	1559	小平町	7.25	2	-	161,706	8.1	643.9
155	1563	下川町	7.26	2	-	233,765	8.1	478.7
156	1565	秩父別町	7.28	1	-	138,019	7.8	709.7
157	1568	利尻富士町	7.29	2	-	225,709	6.5	509.9
158	1569	当麻町	7.29	4	-	96,997	8.3	448.4
159	1571	豊頃町	7.30	2	-	237,000	9.4	518.4
160	1577	滝上町	7.33	1	-	242,887	7.7	498.8
161	1583	南富良野町	7.38	2	-	165,993	6.2	703.7
162	1585	南幌町	7.39	5	-	88,323	12.0	499.0
163	1594	陸別町	7.45	1	-	430,871	10.3	323.8
164	1597	奥尻町	7.46	1	-	180,136	6.8	740.7
165	1603	月形町	7.49	3	-	108,097	8.6	427.4
166	1606	積丹町	7.50	1	-	217,785	6.6	522.5
167	1610	苫前町	7.52	2	-	149,487	7.2	768.0
168	1612	愛別町	7.57	2	-	161,204	6.7	677.0
169	1613	せたな町	7.60	5	-	131,099	7.8	807.1
170	1634	中頓別町	7.86	1	-	195,308	5.5	882.6
171	1637	中川町	7.88	1	-	270,708	6.4	591.4
172	1639	西興部村	7.88	1	-	306,439	8.8	522.5
173	1645	遠別町	8.04	2	-	128,310	4.9	822.4
174	1662	初山別村	8.29	1	-	197,220	6.4	834.0
175	1663	福島町	8.30	2	-	93,048	7.0	825.8
176	1673	松前町	8.61	4	-	81,363	7.0	712.3
177	1674	幌加内町	8.62	1	-	289,450	6.0	740.2
178	1677	音威子府村	8.91	0	-	184,256	4.8	1,333.3
179	1683	夕張市	10.03	4	-	192,221	9.3	342.5
青森県								
1	178	六ヶ所村	2.77	8	-	682,154	56.5	83.9
2	584	八戸市	3.89	173	-	142,882	37.2	136.6
3	639	三沢市	4.02	33	-	132,888	26.2	207.8
4	749	弘前市	4.33	131	-	119,668	28.6	193.7
5	762	田舎館村	4.36	5	-	128,451	22.0	252.3
6	862	むつ市	4.66	42	-	125,755	18.9	252.7
7	870	東通村	4.68	4	-	564,403	44.7	118.7
8	882	青森市	4.71	205	-	123,342	29.4	172.4
9	909	黒石市	4.82	22	-	104,821	19.9	278.6
10	911	十和田市	4.82	48	-	115,388	24.7	230.4
11	1084	大間町	5.32	4	-	173,994	19.1	226.0

順位	全順位	団体名	スコア	人口	標準財政規模	1人当り自主財源	自主財源比率	修正経常収支
12	1111	おいらせ町	5.41	21	−	98,790	24.1	229.7
13	1252	六戸町	5.87	7	−	108,562	17.0	304.4
14	1254	蓬田村	5.87	2	−	180,848	15.6	331.7
15	1267	横浜町	5.91	3	−	125,160	12.1	411.5
16	1296	野辺地町	6.01	9	−	85,588	18.5	311.0
17	1314	五所川原市	6.06	36	−	93,048	15.3	359.3
18	1406	平川市	6.44	23	−	90,661	15.8	347.7
19	1520	風間浦村	6.99	1	−	136,311	8.0	548.5
20	1522	佐井村	7.00	1	−	191,806	9.7	479.6
21	1545	平内町	7.14	7	−	81,483	11.6	369.1
22	1560	三戸町	7.25	6	−	82,519	12.2	453.5
23	1567	東北町	7.29	13	−	89,743	11.7	414.8
24	1572	藤崎町	7.30	12	−	78,999	16.3	369.0
25	1593	鶴田町	7.44	9	−	71,245	14.1	402.3
26	1599	西目屋村	7.47	1	−	232,493	9.2	539.4
27	1609	つがる市	7.52	23	−	82,596	11.5	494.1
28	1619	七戸町	7.69	9	−	88,489	11.0	546.4
29	1621	大鰐町	7.69	6	−	71,265	9.2	518.9
30	1623	板柳町	7.71	9	−	71,473	13.2	318.6
31	1626	新郷村	7.74	1	−	117,952	5.8	762.2
32	1638	南部町	7.88	12	−	82,382	12.7	482.9
33	1642	田子町	7.96	3	−	82,729	8.0	809.7
34	1648	鰺ヶ沢町	8.07	6	−	72,833	7.3	836.1
35	1649	中泊町	8.07	6	−	83,054	9.4	596.3
36	1656	階上町	8.22	10	−	71,847	17.7	345.9
37	1665	今別町	8.31	1	−	97,094	5.8	846.0
38	1667	外ヶ浜町	8.42	3	−	110,031	6.3	939.8
39	1668	五戸町	8.44	11	−	73,659	11.0	491.6
40	1682	深浦町	9.56	4	−	77,375	5.4	1,069.5
				岩手県				
1	331	北上市	3.24	77	−	146,677	31.0	134.7
2	373	金ケ崎町	3.32	14	−	205,281	36.5	133.1
3	473	盛岡市	3.61	244	−	136,763	40.5	149.6
4	660	紫波町	4.08	26	−	115,382	30.6	183.8
5	709	花巻市	4.22	72	−	128,586	26.6	204.0
6	750	滝沢村	4.33	51	−	97,433	35.6	155.5
7	765	釜石市	4.37	22	−	137,678	24.8	185.4
8	889	久慈市	4.75	24	−	127,374	21.4	224.5
9	896	奥州市	4.76	86	−	118,689	25.3	246.2
10	942	一関市	4.91	82	−	125,942	22.2	258.2
11	957	大船渡市	4.94	25	−	113,795	21.4	225.4
12	959	遠野市	4.95	18	−	152,994	18.1	247.5
13	971	雫石町	4.97	11	−	130,177	21.0	254.1

順位	全順位	団体名	スコア	人口	標準財政規模	1人当り自主財源	自主財源比率	修正経常収支
14	1031	岩手町	5.15	9	−	151,950	19.8	257.3
15	1079	矢巾町	5.29	22	−	135,762	35.9	139.2
16	1082	二戸市	5.31	19	−	122,501	19.0	295.2
17	1138	宮古市	5.49	36	−	109,428	18.6	280.1
18	1178	平泉町	5.62	5	−	112,389	17.3	329.6
19	1231	一戸町	5.80	8	−	134,443	14.5	295.5
20	1286	八幡平市	5.97	16	−	127,160	17.4	391.1
21	1303	大槌町	6.02	8	−	96,185	17.4	208.9
22	1322	住田町	6.09	3	−	147,377	13.4	366.0
23	1375	陸前高田市	6.31	13	−	95,586	14.4	286.4
24	1416	軽米町	6.49	6	−	108,705	10.4	395.6
25	1492	田野畑村	6.81	2	−	169,394	9.9	441.1
26	1505	山田町	6.92	10	−	80,414	13.7	279.2
27	1524	九戸村	7.01	4	−	99,354	9.5	418.4
28	1556	葛巻町	7.23	4	−	135,082	8.6	552.2
29	1598	西和賀町	7.46	3	−	129,213	7.3	790.5
30	1602	洋野町	7.49	10	−	89,465	9.9	492.1
31	1620	普代村	7.69	2	−	105,268	6.6	656.2
32	1635	岩泉町	7.87	5	−	103,257	6.2	618.8
33	1661	野田村	8.29	3	−	84,402	8.1	517.9
				宮城県				
1	44	名取市	2.10	78	−	156,986	49.7	118.1
2	122	大和町	2.59	23	−	161,128	47.4	132.1
3	184	富谷町	2.78	59	−	130,623	51.8	101.5
4	233	岩沼市	2.95	39	−	156,560	46.5	117.4
5	424	利府町	3.46	36	−	126,229	48.0	132.5
6	471	多賀城市	3.60	56	−	123,718	41.6	149.5
7	494	大河原町	3.66	21	−	116,852	40.2	160.3
8	520	仙台市	3.71	989	−	180,760	50.7	119.4
9	526	柴田町	3.74	32	−	115,322	40.1	158.7
10	610	女川町	3.96	6	−	426,344	76.7	101.4
11	626	大衡村	4.00	4	−	317,125	35.1	143.1
12	647	石巻市	4.05	109	−	130,163	32.8	199.0
13	683	蔵王町	4.16	9	−	136,840	30.2	216.6
14	736	大崎市	4.30	103	−	116,647	30.3	214.9
15	802	白石市	4.50	25	−	130,661	32.0	175.3
16	819	塩竈市	4.55	37	−	129,105	33.0	157.1
17	822	登米市	4.55	55	−	129,651	26.4	271.1
18	858	亘理町	4.65	27	−	105,487	37.9	159.6
19	873	角田市	4.68	21	−	118,376	28.7	198.7
20	899	大郷町	4.77	6	−	132,890	24.8	235.7
21	907	色麻町	4.81	5	−	124,390	19.2	322.3
22	948	七ヶ浜町	4.92	15	−	106,411	44.4	171.3

順位	全順位	団体名	スコア	人口	標準財政規模	1人当り自主財源	自主財源比率	修正経常収支
23	991	村田町	5.02	8	−	119,976	22.5	243.7
24	1060	松島町	5.22	9	−	120,176	30.2	187.0
25	1070	東松島市	5.26	34	−	95,191	26.8	209.2
26	1091	涌谷町	5.34	11	−	94,525	21.4	281.1
27	1123	気仙沼市	5.44	43	−	106,491	25.0	238.4
28	1183	美里町	5.63	17	−	98,033	19.9	254.8
29	1198	栗原市	5.67	45	−	121,464	19.3	325.6
30	1233	加美町	5.81	16	−	105,205	17.8	392.0
31	1342	丸森町	6.18	9	−	101,125	15.7	344.2
32	1352	山元町	6.22	10	−	98,213	26.4	228.7
33	1363	川崎町	6.27	7	−	99,117	17.5	347.1
34	1402	七ヶ宿町	6.43	1	−	423,019	19.2	297.0
35	1494	南三陸町	6.82	10	−	94,249	17.3	359.5
秋田県								
1	705	秋田市	4.21	236	−	138,164	38.2	159.0
2	880	大潟村	4.70	3	−	405,319	27.8	151.7
3	923	大館市	4.85	51	−	120,463	27.5	234.5
4	1034	にかほ市	5.17	18	−	129,779	22.8	251.3
5	1042	横手市	5.17	63	−	124,050	19.9	260.8
6	1072	由利本荘市	5.27	56	−	126,337	20.1	307.4
7	1116	能代市	5.42	35	−	113,385	23.0	222.5
8	1121	鹿角市	5.43	21	−	122,287	18.4	255.9
9	1129	大仙市	5.46	55	−	114,721	18.8	334.1
10	1201	小坂町	5.69	3	−	173,115	15.0	308.5
11	1268	男鹿市	5.92	16	−	117,910	18.7	337.5
12	1287	仙北市	5.98	17	−	117,385	15.9	449.0
13	1357	北秋田市	6.25	19	−	117,487	14.8	387.4
14	1359	井川町	6.26	3	−	119,627	12.3	298.8
15	1360	五城目町	6.26	5	−	124,804	13.1	350.5
16	1368	八郎潟町	6.28	4	−	96,733	16.8	300.8
17	1384	美郷町	6.35	13	−	103,234	17.2	371.9
18	1414	湯沢市	6.48	28	−	99,996	14.7	362.3
19	1420	東成瀬村	6.50	2	−	216,935	11.0	357.3
20	1453	潟上市	6.63	24	−	83,696	20.8	309.6
21	1459	三種町	6.66	10	−	98,695	15.2	430.7
22	1475	八峰町	6.75	4	−	131,140	12.0	452.3
23	1511	羽後町	6.96	10	−	86,940	12.8	362.3
24	1547	藤里町	7.17	2	−	134,994	8.0	590.3
25	1651	上小阿仁村	8.12	1	−	131,156	6.1	722.5
山形県								
1	237	東根市	2.96	42	−	156,096	38.6	133.4
2	407	山形市	3.42	209	−	154,530	47.7	116.8
3	486	寒河江市	3.64	32	−	135,056	36.0	168.3

順位	全順位	団体名	スコア	人口	標準財政規模	1人当り自主財源	自主財源比率	修正経常収支
4	521	新庄市	3.72	27	−	134,859	33.6	181.2
5	535	米沢市	3.75	65	−	133,068	31.7	173.6
6	675	天童市	4.13	47	−	128,495	43.2	141.6
7	725	長井市	4.26	20	−	122,373	25.2	207.6
8	730	河北町	4.28	14	−	128,527	32.5	172.7
9	751	鶴岡市	4.33	94	−	133,324	28.0	207.9
10	804	三川町	4.52	6	−	144,146	22.4	230.6
11	820	高畠町	4.55	18	−	107,313	23.7	246.3
12	859	南陽市	4.65	23	−	122,776	19.0	190.8
13	863	酒田市	4.66	71	−	134,172	26.2	205.2
14	949	村山市	4.93	18	−	108,707	22.0	261.4
15	990	上山市	5.02	21	−	122,795	33.5	176.1
16	994	山辺町	5.02	12	−	105,288	27.1	205.2
17	1066	庄内町	5.25	14	−	123,623	20.8	259.5
18	1069	尾花沢市	5.26	11	−	128,674	15.8	324.1
19	1097	白鷹町	5.36	10	−	106,790	16.9	341.6
20	1107	小国町	5.39	5	−	163,535	15.7	323.8
21	1115	中山町	5.42	8	−	99,819	27.1	203.4
22	1180	川西町	5.62	10	−	99,194	14.5	394.2
23	1184	大石田町	5.63	5	−	131,267	15.3	315.7
24	1304	遊佐町	6.02	8	−	103,343	16.2	233.4
25	1319	飯豊町	6.08	5	−	134,681	12.2	412.7
26	1326	舟形町	6.10	4	−	118,939	13.3	402.9
27	1361	最上町	6.27	6	−	108,071	12.7	404.0
28	1378	大江町	6.33	6	−	101,839	13.8	352.9
29	1394	朝日町	6.38	4	−	114,500	12.1	405.8
30	1409	鮭川村	6.45	3	−	132,623	10.3	439.2
31	1426	西川町	6.51	3	−	150,968	10.4	447.4
32	1466	戸沢村	6.69	3	−	113,223	10.6	503.5
33	1472	大蔵村	6.73	2	−	165,757	10.2	468.4
34	1507	金山町	6.93	4	−	92,691	11.0	417.0
35	1529	真室川町	7.03	5	−	91,552	10.7	516.8
福島県（市町村別推計人口がないため計算対象外）								
茨城県								
1	3	東海村	1.44	38	−	325,228	76.4	80.5
2	15	つくば市	1.77	236	−	188,326	64.0	100.9
3	65	神栖市	2.26	89	−	246,341	80.8	83.9
4	101	鹿嶋市	2.50	56	−	201,739	61.9	99.2
5	115	守谷市	2.55	63	−	185,402	68.7	89.0
6	118	水戸市	2.56	244	−	157,443	50.8	113.6
7	200	大洗町	2.84	12	−	220,847	47.7	102.1
8	218	日立市	2.89	141	−	199,323	62.8	90.6
9	248	牛久市	2.98	80	−	153,618	61.3	104.6

順位	全順位	団体名	スコア	人口	標準財政規模	1人当り自主財源	自主財源比率	修正経常収支
10	257	土浦市	3.01	118	−	174,927	55.9	98.2
11	268	ひたちなか市	3.05	143	−	153,493	52.2	105.6
12	319	阿見町	3.20	40	−	158,260	57.6	117.7
13	335	つくばみらい市	3.25	36	−	148,115	42.5	141.2
14	357	結城市	3.30	43	−	137,801	43.9	135.9
15	412	常総市	3.43	51	−	143,650	42.2	145.5
16	418	坂東市	3.45	42	−	139,795	39.0	154.8
17	420	小美玉市	3.45	41	−	131,497	35.1	151.1
18	443	五霞町	3.54	6	−	228,824	56.9	125.6
19	444	美浦村	3.54	12	−	158,144	52.3	130.1
20	480	那珂市	3.63	43	−	139,027	45.1	145.2
21	487	古河市	3.64	110	−	133,063	39.1	135.3
22	493	境町	3.66	19	−	129,199	39.2	159.6
23	515	筑西市	3.70	78	−	143,677	45.8	146.2
24	519	八千代町	3.71	18	−	122,309	33.7	166.3
25	542	かすみがうら市	3.78	33	−	133,840	39.4	166.6
26	573	取手市	3.86	81	−	142,711	55.5	134.2
27	589	龍ヶ崎市	3.90	70	−	124,146	48.2	140.9
28	611	下妻市	3.96	34	−	123,074	39.5	168.6
29	635	石岡市	4.02	58	−	142,567	38.6	144.6
30	649	北茨城市	4.05	31	−	132,268	40.6	149.3
31	678	高萩市	4.14	20	−	158,176	23.7	151.4
32	735	潮来市	4.30	22	−	122,284	29.7	184.5
33	771	茨城町	4.40	27	−	109,564	36.0	160.8
34	774	笠間市	4.40	59	−	118,966	38.5	161.7
35	933	鉾田市	4.89	38	−	110,403	29.8	201.2
36	996	行方市	5.03	24	−	123,017	26.4	218.5
37	1013	河内町	5.09	6	−	115,763	25.6	295.6
38	1083	桜川市	5.31	30	−	99,675	27.6	238.2
39	1094	稲敷市	5.34	29	−	118,713	28.1	228.7
40	1139	常陸大宮市	5.49	29	−	118,532	26.2	281.1
41	1142	利根町	5.51	11	−	107,304	35.3	193.3
42	1229	大子町	5.80	10	−	123,738	17.0	254.7
43	1313	常陸太田市	6.05	35	−	107,951	25.4	260.3
44	1415	城里町	6.48	14	−	102,279	22.8	320.2
栃木県								
1	42	宇都宮市	2.10	464	−	211,075	60.9	91.8
2	62	小山市	2.25	152	−	179,934	60.0	88.7
3	69	芳賀町	2.29	12	−	351,344	74.1	74.0
4	130	真岡市	2.60	70	−	198,678	56.5	91.6
5	146	市貝町	2.66	9	−	206,768	50.9	115.4
6	153	鹿沼市	2.70	80	−	180,973	50.6	110.7
7	176	さくら市	2.77	41	−	169,280	50.4	111.8

順位	全順位	団体名	スコア	人口	標準財政規模	1人当り自主財源	自主財源比率	修正経常収支
8	192	那須塩原市	2.82	107	−	173,084	53.2	120.1
9	208	上三川町	2.86	28	−	182,757	64.1	100.5
10	307	高根沢町	3.16	25	−	150,668	59.3	114.4
11	327	下野市	3.22	51	−	157,577	52.0	121.3
12	351	佐野市	3.29	90	−	163,169	50.7	120.5
13	377	矢板市	3.33	28	−	150,032	45.5	131.4
14	391	栃木市	3.38	107	−	153,299	43.7	130.3
15	398	大田原市	3.40	62	−	155,973	41.0	155.1
16	454	野木町	3.56	20	−	141,901	60.1	123.7
17	490	那須町	3.65	20	−	195,600	44.6	141.2
18	538	壬生町	3.76	31	−	133,489	47.7	132.0
19	557	足利市	3.82	109	−	150,920	51.8	117.5
20	658	日光市	4.08	60	−	173,113	37.0	158.8
21	805	岩舟町	4.52	13	−	114,059	37.3	181.7
22	984	茂木町	5.00	9	−	138,530	25.4	212.6
23	995	塩谷町	5.02	8	−	127,576	24.6	185.0
24	1065	益子町	5.23	18	−	97,336	34.2	190.7
25	1213	那珂川町	5.73	11	−	128,076	25.1	267.0
26	1325	那須烏山市	6.10	19	−	102,155	21.3	263.9
		群馬県						
1	63	太田市	2.25	194	−	178,796	58.9	106.7
2	67	高崎市	2.28	331	−	220,997	56.9	88.0
3	93	伊勢崎市	2.45	193	−	162,223	54.6	113.1
4	151	千代田町	2.68	9	−	213,123	50.8	117.0
5	152	館林市	2.69	61	−	176,631	57.5	110.3
6	183	前橋市	2.78	280	−	185,474	50.3	110.4
7	275	板倉町	3.07	12	−	191,280	47.6	121.3
8	334	吉岡町	3.25	23	−	129,272	42.9	132.0
9	336	明和町	3.25	9	−	179,412	48.4	128.1
10	456	大泉町	3.56	31	−	176,852	73.7	106.9
11	458	草津町	3.57	4	−	358,249	63.3	112.5
12	459	みどり市	3.57	43	−	142,929	47.0	147.9
13	497	榛東村	3.66	13	−	156,273	40.4	117.7
14	517	桐生市	3.71	78	−	145,238	41.9	143.7
15	522	邑楽町	3.72	21	−	153,832	55.7	115.6
16	604	富岡市	3.95	38	−	140,586	40.1	151.2
17	614	藤岡市	3.97	52	−	132,291	39.5	151.6
18	669	安中市	4.12	43	−	155,821	44.0	155.7
19	698	上野村	4.20	1	−	2,306,969	80.4	66.3
20	719	渋川市	4.25	56	−	141,618	40.5	178.3
21	721	昭和村	4.25	6	−	181,772	28.2	195.5
22	792	沼田市	4.46	36	−	129,856	32.3	241.7
23	895	玉村町	4.76	30	−	116,970	48.9	139.5

順位	全順位	団体名	スコア	人口	標準財政規模	1人当り自主財源	自主財源比率	修正経常収支
24	936	甘楽町	4.89	9	−	128,600	29.8	182.5
25	960	長野原町	4.95	4	−	413,227	30.4	121.9
26	1019	東吾妻町	5.12	9	−	164,504	24.5	217.8
27	1025	嬬恋村	5.14	6	−	176,527	22.3	238.9
28	1052	中之条町	5.21	11	−	154,125	23.9	232.7
29	1197	川場村	5.67	3	−	161,368	18.8	216.4
30	1202	高山村	5.70	3	−	178,190	20.6	236.0
31	1212	みなかみ町	5.73	12	−	181,341	22.3	301.6
32	1393	片品村	6.38	3	−	161,506	14.2	421.6
33	1647	下仁田町	8.07	4	−	95,346	8.1	531.1
34	1680	神流町	9.30	1	−	152,344	6.0	977.5
35	1681	南牧村	9.43	1	−	109,003	4.2	1,310.6
				埼玉県				
1	9	戸田市	1.59	129	−	239,733	69.3	73.5
2	19	和光市	1.85	85	−	182,790	68.7	87.3
3	25	滑川町	1.89	20	−	180,986	56.4	102.7
4	38	吉川市	2.03	72	−	167,092	54.2	84.9
5	57	川口市	2.19	537	−	170,568	59.6	92.9
6	81	さいたま市	2.36	1,168	−	189,525	60.2	99.8
7	91	朝霞市	2.43	128	−	160,692	65.0	102.8
8	121	伊奈町	2.57	48	−	126,738	50.7	114.2
9	156	川越市	2.71	311	−	158,366	62.5	104.1
10	163	新座市	2.73	151	−	144,118	54.9	113.6
11	177	三芳町	2.77	37	−	200,338	70.0	100.2
12	193	ふじみ野市	2.83	98	−	152,801	57.7	114.0
13	194	志木市	2.83	64	−	147,678	58.9	111.6
14	223	蕨市	2.91	57	−	165,649	57.4	105.7
15	232	越谷市	2.95	300	−	140,439	58.9	101.3
16	239	八潮市	2.97	70	−	172,382	62.6	101.6
17	245	所沢市	2.98	307	−	146,780	65.6	107.0
18	253	草加市	3.00	224	−	151,882	59.5	86.9
19	261	羽生市	3.02	44	−	160,100	56.3	109.5
20	294	深谷市	3.12	114	−	153,719	49.7	111.4
21	308	神川町	3.16	11	−	162,552	43.6	128.5
22	310	熊谷市	3.17	160	−	159,444	63.2	106.7
23	340	坂戸市	3.26	92	−	130,169	50.8	117.8
24	347	加須市	3.27	92	−	145,133	46.5	123.5
25	360	入間市	3.31	126	−	134,424	60.1	112.9
26	363	美里町	3.31	8	−	230,703	45.9	99.9
27	364	上里町	3.31	26	−	135,443	53.0	115.0
28	404	富士見市	3.41	95	−	126,574	52.3	128.1
29	437	東松山市	3.51	70	−	146,840	56.0	111.7
30	459	本庄市	3.57	65	−	139,827	46.4	126.4

順位	全順位	団体名	スコア	人口	標準財政規模	1人当り自主財源	自主財源比率	修正経常収支
31	463	上尾市	3.58	194	−	130,801	58.7	116.3
32	465	嵐山町	3.59	13	−	148,861	51.8	127.5
33	481	鶴ヶ島市	3.63	60	−	130,480	54.6	122.3
34	488	白岡市	3.65	45	−	125,791	58.8	118.4
35	527	久喜市	3.74	121	−	128,905	50.4	140.4
36	541	日高市	3.77	46	−	135,093	57.6	124.1
37	555	蓮田市	3.81	50	−	126,539	54.1	122.4
38	567	飯能市	3.84	64	−	164,427	52.9	111.0
39	590	桶川市	3.91	63	−	128,961	54.3	127.6
40	598	秩父市	3.94	45	−	160,856	39.1	135.2
41	653	鴻巣市	4.06	97	−	122,343	48.1	137.3
42	665	杉戸町	4.11	38	−	119,324	55.3	137.9
43	702	三郷市	4.21	98	−	141,862	62.2	111.7
44	727	狭山市	4.26	121	−	158,698	63.9	103.2
45	745	行田市	4.32	61	−	121,236	47.7	148.2
46	772	寄居町	4.40	25	−	125,082	49.5	134.1
47	796	松伏町	4.47	26	−	102,581	44.3	149.8
48	797	川島町	4.49	15	−	138,165	51.6	141.7
49	823	横瀬町	4.56	6	−	130,747	29.2	166.6
50	828	宮代町	4.56	24	−	111,655	47.2	154.9
51	840	春日部市	4.59	185	−	111,812	49.5	137.6
52	844	毛呂山町	4.60	31	−	98,853	42.2	142.9
53	845	皆野町	4.61	7	−	127,894	31.9	158.4
54	853	北本市	4.62	51	−	118,314	44.1	128.6
55	856	越生町	4.64	8	−	117,818	37.5	175.3
56	871	幸手市	4.68	36	−	117,955	51.8	136.6
57	917	小鹿野町	4.83	8	−	126,845	23.1	238.2
58	986	長瀞町	5.01	5	−	121,676	24.6	217.5
59	1230	ときがわ町	5.80	7	−	117,018	24.5	237.8
60	1235	吉見町	5.81	13	−	101,189	40.1	194.1
61	1400	小川町	6.41	19	−	99,449	45.7	178.9
62	1458	鳩山町	6.66	10	−	91,133	28.0	222.2
63	1527	東秩父村	7.03	2	−	121,311	11.2	421.2
千葉県								
1	7	浦安市	1.52	161	−	261,432	75.4	81.1
2	17	成田市	1.82	135	−	274,429	75.8	82.0
3	46	習志野市	2.11	156	−	164,639	60.5	102.9
4	83	袖ヶ浦市	2.39	53	−	213,691	72.7	97.9
5	86	八千代市	2.41	189	−	147,640	59.4	105.9
6	125	印西市	2.59	85	−	218,241	62.4	91.8
7	159	船橋市	2.73	562	−	146,435	62.3	107.7
8	161	柏市	2.73	399	−	160,441	62.6	104.2
9	214	白井市	2.89	57	−	150,529	58.7	110.5

順位	全順位	団体名	スコア	人口	標準財政規模	1人当り自主財源	自主財源比率	修正経常収支
10	234	鎌ヶ谷市	2.96	104	−	129,910	52.1	120.5
11	256	野田市	3.00	137	−	145,890	57.8	119.6
12	272	君津市	3.06	66	−	202,587	71.2	104.3
13	274	市原市	3.07	225	−	170,120	69.0	98.6
14	342	芝山町	3.26	5	−	401,861	68.9	114.8
15	346	市川市	3.27	396	−	157,208	66.6	103.5
16	396	一宮町	3.39	11	−	146,235	37.9	144.1
17	411	松戸市	3.43	414	−	130,633	57.2	119.8
18	439	富里市	3.53	41	−	124,027	49.7	130.4
19	475	四街道市	3.61	75	−	137,872	54.9	112.8
20	485	木更津市	3.64	104	−	127,963	50.5	127.5
21	543	旭市	3.78	52	−	132,526	35.3	163.6
22	552	流山市	3.81	145	−	130,352	60.6	106.9
23	583	酒々井町	3.89	17	−	120,255	41.7	142.5
24	587	鴨川市	3.90	27	−	157,627	31.6	150.3
25	601	多古町	3.94	10	−	160,350	45.1	143.2
26	638	富津市	4.02	31	−	177,920	67.9	119.6
27	667	千葉市	4.11	886	−	198,241	56.3	110.3
28	670	勝浦市	4.12	13	−	137,512	29.7	177.5
29	687	茂原市	4.17	73	−	140,062	55.6	126.3
30	692	館山市	4.18	35	−	137,382	39.0	146.4
31	704	東金市	4.21	48	−	116,281	39.9	157.5
32	734	長生村	4.30	12	−	125,590	38.6	154.0
33	821	神崎町	4.55	4	−	153,351	32.1	193.6
34	827	我孫子市	4.56	103	−	126,493	60.1	126.0
35	867	銚子市	4.67	40	−	128,721	31.6	158.8
36	869	佐倉市	4.68	138	−	130,615	65.8	117.7
37	872	大多喜町	4.68	6	−	167,020	28.6	174.3
38	925	横芝光町	4.85	16	−	130,262	32.5	177.3
39	931	長柄町	4.88	5	−	143,469	36.1	219.3
40	983	東庄町	5.00	9	−	119,116	31.8	160.1
41	1017	長南町	5.10	5	−	149,509	29.3	203.9
42	1029	白子町	5.15	8	−	114,092	29.5	184.7
43	1105	いすみ市	5.39	27	−	115,438	28.2	207.4
44	1109	香取市	5.40	52	−	109,924	33.6	185.6
45	1119	大網白里市	5.43	42	−	96,579	41.8	173.6
46	1153	匝瑳市	5.54	26	−	98,382	26.2	214.2
47	1160	御宿町	5.56	5	−	149,524	34.1	179.0
48	1167	山武市	5.58	36	−	116,201	31.0	195.3
49	1172	睦沢町	5.60	4	−	123,963	24.4	253.9
50	1182	九十九里町	5.63	11	−	96,334	32.6	203.7
51	1284	八街市	5.97	53	−	90,711	40.3	180.7
52	1401	鋸南町	6.42	5	−	103,110	14.9	343.1

順位	全順位	団体名	スコア	人口	標準財政規模	1人当り自主財源	自主財源比率	修正経常収支
53	1441	栄町	6.58	14	−	96,461	39.9	205.4
54	1450	南房総市	6.62	25	−	120,998	22.0	311.0
東京都（特別区は市町村よりも財源が限定されているため参考値扱い）									
1	40	国分寺市	2.08	117	−	197,318	63.4	95.7
2	41	調布市	2.09	216	−	200,963	63.4	92.1
3	51	小金井市	2.14	117	−	179,056	59.8	97.4
4	54	目黒区	2.16	244	−	172,116	58.6	122.9
5	64	立川市	2.26	162	−	199,767	57.7	103.7
6	76	国立市	2.33	72	−	179,163	58.9	110.0
7	77	三鷹市	2.34	189	−	185,658	60.9	96.7
8	82	渋谷区	2.37	179	−	239,993	66.3	97.5
9	90	昭島市	2.43	100	−	163,127	48.0	109.4
10	92	町田市	2.45	419	−	172,417	59.3	89.2
11	95	府中市	2.45	253	−	200,280	60.3	87.5
12	96	武蔵野市	2.46	123	−	271,234	71.7	89.0
13	103	新宿区	2.52	332	−	186,884	47.4	108.5
14	104	羽村市	2.52	50	−	176,578	54.6	116.3
15	110	西東京市	2.54	189	−	155,660	48.7	110.7
16	135	東大和市	2.61	80	−	148,482	47.5	115.8
17	137	八王子市	2.62	548	−	153,861	49.4	99.1
18	167	小平市	2.75	169	−	154,098	57.6	107.2
19	169	武蔵村山市	2.75	60	−	152,627	42.8	124.5
20	196	日野市	2.83	166	−	182,816	61.1	89.8
21	203	東村山市	2.84	155	−	131,866	44.5	120.3
22	204	品川区	2.85	357	−	158,790	44.9	116.1
23	213	多摩市	2.88	127	−	182,473	63.6	104.1
24	217	文京区	2.89	198	−	167,265	49.8	122.6
25	238	東久留米市	2.96	98	−	146,264	49.2	120.6
26	255	稲城市	3.00	93	−	171,071	50.5	94.0
27	263	日の出町	3.02	12	−	249,902	45.6	112.6
28	264	狛江市	3.03	67	−	143,060	50.0	122.9
29	266	中央区	3.04	140	−	254,417	51.1	110.2
30	277	世田谷区	3.08	859	−	126,963	50.0	123.3
31	289	港区	3.11	216	−	308,065	68.2	87.1
32	304	あきる野市	3.14	69	−	135,131	38.8	144.5
33	324	瑞穂町	3.21	27	−	258,430	64.1	80.4
34	337	墨田区	3.25	249	−	138,653	33.1	160.1
35	365	千代田区	3.31	47	−	448,637	48.9	115.0
36	379	杉並区	3.34	464	−	145,094	48.2	123.9
37	392	青梅市	3.38	104	−	180,789	49.6	99.2
38	417	清瀬市	3.44	63	−	127,848	35.7	143.3
39	422	江東区	3.46	500	−	124,593	38.5	143.5
40	436	大田区	3.51	659	−	122,210	40.3	146.5

順位	全順位	団体名	スコア	人口	標準財政規模	1人当り自主財源	自主財源比率	修正経常収支
41	462	台東区	3.57	157	−	180,084	34.8	137.0
42	482	北区	3.63	287	−	125,453	33.1	158.0
43	499	福生市	3.67	45	−	132,931	38.3	151.0
44	599	豊島区	3.94	271	−	119,173	36.1	157.2
45	612	江戸川区	3.96	653	−	116,129	34.6	146.5
46	682	中野区	4.16	271	−	111,045	34.2	168.7
47	723	荒川区	4.25	203	−	109,236	27.2	207.9
48	755	板橋区	4.34	492	−	100,651	30.9	184.5
49	919	葛飾区	4.84	358	−	98,915	27.2	187.3
50	1024	大島町	5.13	6	−	182,970	14.8	206.2
51	1099	足立区	5.38	538	−	90,973	24.9	202.2
52	1106	小笠原村	5.39	3	−	240,561	16.2	238.0
53	1108	練馬区	5.39	721	−	88,849	30.8	197.0
54	1152	八丈町	5.53	5	−	222,089	14.3	186.0
55	1195	三宅村	5.67	2	−	532,683	20.5	127.4
56	1236	御蔵島村	5.81	0	−	827,486	24.9	90.4
57	1265	新島村	5.91	2	−	232,930	12.3	233.9
58	1350	神津島村	6.20	1	−	232,688	11.0	226.1
59	1382	奥多摩町	6.34	3	−	189,976	10.5	258.9
60	1550	利島村	7.20	0	−	353,578	9.5	314.1
61	1575	青ヶ島村	7.32	0	−	659,457	10.3	224.9
62	1630	桧原村	7.76	1	−	132,408	5.6	453.3
		神奈川県						
1	24	川崎市	1.88	1,476	−	236,336	61.0	88.8
2	58	厚木市	2.22	195	−	209,390	70.2	97.2
3	70	綾瀬市	2.30	74	−	164,367	55.0	112.0
4	78	藤沢市	2.34	392	−	189,649	68.1	90.4
5	120	大和市	2.57	211	−	153,336	57.3	104.6
6	123	開成町	2.59	16	−	170,420	58.0	97.7
7	140	茅ヶ崎市	2.64	217	−	155,946	62.9	99.9
8	160	海老名市	2.73	119	−	165,852	65.2	95.3
9	209	葉山町	2.86	29	−	179,669	72.1	107.1
10	212	逗子市	2.88	47	−	169,332	61.9	119.8
11	228	相模原市	2.94	651	−	157,674	58.0	111.8
12	235	鎌倉市	2.96	149	−	201,916	66.9	97.5
13	270	愛川町	3.06	34	−	174,230	76.5	102.4
14	276	横浜市	3.08	3,467	−	205,130	61.3	100.9
15	285	座間市	3.09	112	−	128,771	54.1	123.8
16	345	寒川町	3.26	41	−	176,087	74.0	100.7
17	356	小田原市	3.30	158	−	168,768	64.7	102.8
18	359	秦野市	3.31	148	−	133,718	59.9	116.8
19	365	平塚市	3.31	226	−	169,709	66.1	100.7
20	388	大井町	3.37	14	−	156,517	73.4	113.1

順位	全順位	団体名	スコア	人口	標準財政規模	1人当り自主財源	自主財源比率	修正経常収支
21	390	伊勢原市	3.38	87	−	151,555	61.1	114.7
22	433	南足柄市	3.50	35	−	209,175	68.5	97.1
23	495	横須賀市	3.66	312	−	163,183	55.8	119.6
24	551	中井町	3.81	7	−	276,971	85.1	107.1
25	576	大磯町	3.87	27	−	160,119	67.9	108.5
26	586	二宮町	3.90	21	−	134,232	42.9	125.7
27	619	山北町	3.99	7	−	198,109	41.3	132.8
28	655	清川村	4.07	2	−	448,489	79.8	93.9
29	746	湯河原町	4.33	18	−	146,785	56.0	138.0
30	793	松田町	4.46	7	−	132,949	44.7	170.6
31	813	三浦市	4.54	32	−	128,193	19.9	156.7
32	846	真鶴町	4.61	4	−	138,940	35.6	170.4
33	1040	箱根町	5.17	7	−	449,733	88.2	159.3
				新潟県				
1	2	聖籠町	1.38	12	−	391,870	79.3	79.0
2	216	長岡市	2.89	218	−	240,350	47.5	98.7
3	258	上越市	3.01	156	−	226,496	47.4	122.6
4	306	新潟市	3.16	668	−	175,233	43.2	121.2
5	320	刈羽村	3.20	4	−	873,394	72.3	49.4
6	329	三条市	3.23	76	−	195,436	38.9	114.9
7	343	弥彦村	3.26	7	−	156,440	35.6	163.3
8	389	燕市	3.38	63	−	177,527	47.0	115.1
9	400	柏崎市	3.40	66	−	272,019	45.5	103.2
10	466	小千谷市	3.59	28	−	195,271	39.1	125.7
11	553	新発田市	3.81	72	−	150,773	36.5	151.6
12	570	加茂市	3.85	19	−	132,651	31.3	181.2
13	615	南魚沼市	3.97	48	−	161,644	30.2	189.2
14	625	見附市	3.99	31	−	131,395	35.6	159.7
15	645	糸魚川市	4.04	32	−	232,695	30.9	148.1
16	662	湯沢町	4.09	5	−	469,250	73.5	121.3
17	695	妙高市	4.19	22	−	223,200	31.4	146.5
18	768	胎内市	4.39	21	−	149,433	27.8	198.1
19	816	五泉市	4.54	37	−	120,480	30.8	178.3
20	854	村上市	4.63	41	−	149,368	23.8	221.5
21	861	十日町市	4.66	39	−	179,599	26.3	212.7
22	978	田上町	4.99	8	−	116,961	30.7	181.4
23	997	阿賀野市	5.03	33	−	111,595	26.8	243.1
24	1143	津南町	5.52	7	−	138,743	17.9	286.7
25	1156	佐渡市	5.55	37	−	166,090	18.5	308.5
26	1171	魚沼市	5.59	26	−	147,831	21.2	325.4
27	1262	関川村	5.89	4	−	188,387	16.1	327.4
28	1329	出雲崎町	6.11	3	−	145,234	13.8	325.9
29	1495	阿賀町	6.82	7	−	171,573	11.6	572.7

順位	全順位	団体名	スコア	人口	標準財政規模	1人当り自主財源	自主財源比率	修正経常収支
30	1607	粟島浦村	7.50	0	−	1,028,059	9.9	211.5
富山県								
1	262	滑川市	3.02	27	−	171,020	45.8	113.9
2	316	砺波市	3.20	42	−	162,229	40.3	148.7
3	332	黒部市	3.25	32	−	218,413	45.8	121.1
4	349	舟橋村	3.28	3	−	180,443	33.4	142.3
5	414	魚津市	3.43	32	−	186,697	45.7	120.0
6	421	射水市	3.46	76	−	171,283	45.7	134.4
7	423	富山市	3.46	350	−	162,924	45.4	129.9
8	430	立山町	3.49	21	−	161,460	32.4	138.4
9	492	入善町	3.65	20	−	162,125	40.1	127.2
10	529	高岡市	3.74	127	−	159,314	42.8	120.9
11	562	小矢部市	3.83	22	−	172,831	35.6	133.0
12	790	上市町	4.45	15	−	131,964	25.7	198.3
13	830	氷見市	4.57	33	−	129,793	27.5	176.0
14	1032	朝日町	5.16	8	−	174,231	24.4	177.7
15	1036	南砺市	5.17	35	−	174,971	23.5	236.7
石川県								
1	6	川北町	1.47	8	−	355,815	62.4	78.7
2	207	野々市市	2.85	59	−	139,397	42.1	119.0
3	229	能美市	2.95	47	−	184,888	45.1	136.6
4	312	金沢市	3.18	417	−	168,967	47.6	119.2
5	446	白山市	3.55	97	−	159,074	38.3	169.0
6	452	小松市	3.55	89	−	150,364	33.8	145.8
7	560	津幡町	3.83	36	−	119,675	31.3	171.9
8	742	加賀市	4.32	49	−	136,776	28.9	179.1
9	824	内灘町	4.56	22	−	106,898	33.1	168.0
10	836	かほく市	4.58	28	−	134,745	33.3	194.4
11	900	志賀町	4.77	13	−	356,348	62.5	126.3
12	1022	七尾市	5.13	36	−	162,137	27.3	246.4
13	1149	羽咋市	5.53	14	−	117,608	24.5	273.8
13	1149	中能登町	5.53	14	−	117,922	21.7	285.7
15	1187	宝達志水町	5.64	9	−	137,344	21.5	324.6
16	1405	輪島市	6.43	15	−	133,218	12.2	427.9
17	1465	穴水町	6.68	5	−	118,442	11.7	474.6
18	1525	珠洲市	7.01	7	−	126,442	10.6	500.8
19	1666	能登町	8.39	9	−	92,382	7.7	792.4
福井県								
1	147	敦賀市	2.68	55	−	247,498	58.3	83.0
2	300	鯖江市	3.13	60	−	152,447	43.1	124.2
3	302	坂井市	3.14	77	−	148,625	46.0	145.0
4	318	高浜町	3.20	8	−	374,135	50.7	102.7
5	328	福井市	3.23	216	−	167,460	46.5	121.3

順位	全順位	団体名	スコア	人口	標準財政規模	1人当り自主財源	自主財源比率	修正経常収支
6	432	小浜市	3.49	23	−	168,905	31.6	175.3
7	468	越前市	3.60	67	−	169,461	44.0	121.8
8	514	おおい町	3.70	6	−	722,167	48.5	93.3
9	603	永平寺町	3.94	17	−	132,176	31.8	185.2
10	613	美浜町	3.96	7	−	362,532	34.8	106.5
11	699	あわら市	4.20	21	−	174,563	28.9	141.4
12	747	勝山市	4.33	17	−	146,679	25.8	200.1
13	843	若狭町	4.60	11	−	174,635	22.4	227.1
14	852	越前町	4.62	17	−	157,224	25.3	222.0
15	935	南越前町	4.89	8	−	197,284	23.4	272.4
16	972	大野市	4.97	22	−	140,219	22.2	218.0
17	1403	池田町	6.43	2	−	257,955	13.0	297.7
山梨県									
1	33	忍野村	1.97	8	−	365,001	66.6	78.0
2	190	昭和町	2.81	18	−	285,237	70.3	79.5
3	211	山中湖村	2.87	4	−	557,605	77.4	88.6
4	250	甲府市	2.99	164	−	156,367	45.7	119.6
5	408	富士河口湖町	3.42	23	−	175,684	43.5	124.6
6	467	富士吉田市	3.59	36	−	186,528	47.6	102.9
7	509	中央市	3.69	27	−	147,435	46.5	152.8
8	531	鳴沢村	3.74	3	−	396,964	44.3	83.7
9	539	甲斐市	3.76	63	−	138,662	43.3	125.7
10	593	南アルプス市	3.92	64	−	136,307	37.2	168.6
11	666	韮崎市	4.11	24	−	174,295	39.4	124.0
12	674	都留市	4.13	25	−	133,444	34.5	153.9
13	782	山梨市	4.43	25	−	136,155	27.8	183.7
14	784	甲州市	4.44	22	−	150,863	30.2	179.1
15	800	笛吹市	4.50	55	−	139,292	35.1	164.9
16	881	富士川町	4.71	11	−	137,165	23.7	191.4
17	970	西桂町	4.96	3	−	120,079	23.0	232.8
18	975	市川三郷町	4.98	11	−	137,233	26.8	218.1
19	1008	上野原市	5.07	17	−	127,262	30.4	206.6
20	1137	北杜市	5.49	33	−	166,467	28.5	266.9
21	1140	道志村	5.50	1	−	277,413	17.5	219.3
22	1271	大月市	5.94	15	−	169,943	39.1	172.5
23	1330	身延町	6.11	7	−	164,962	18.7	336.7
24	1443	南部町	6.58	5	−	152,109	14.5	349.4
25	1470	小菅村	6.73	0	−	452,297	16.0	304.3
26	1594	丹波山村	7.45	0	−	619,918	14.4	347.8
27	1654	早川町	8.20	0	−	352,903	8.5	649.4
長野県									
1	109	南箕輪村	2.53	16	−	167,302	46.7	121.7
2	157	松本市	2.72	209	−	172,436	49.2	119.0

順位	全順位	団体名	スコア	人口	標準財政規模	1人当り自主財源	自主財源比率	修正経常収支
3	222	諏訪市	2.90	38	−	198,613	54.9	98.9
4	249	茅野市	2.98	47	−	186,146	47.0	128.5
5	286	箕輪町	3.10	22	−	153,081	41.5	131.5
6	322	駒ヶ根市	3.21	26	−	182,578	39.0	135.9
7	338	岡谷市	3.25	38	−	180,452	47.9	113.9
8	339	塩尻市	3.25	56	−	160,663	39.3	136.9
9	353	佐久市	3.29	86	−	182,406	42.7	117.3
10	378	軽井沢町	3.33	17	−	463,627	79.1	55.6
11	386	宮田村	3.36	8	−	159,489	34.7	147.1
12	405	上田市	3.41	121	−	193,368	46.5	117.0
13	429	長野市	3.48	302	−	172,444	48.0	119.9
14	440	須坂市	3.53	39	−	156,924	40.1	134.0
15	442	富士見町	3.54	12	−	204,544	40.7	138.6
16	504	飯田市	3.68	80	−	154,526	36.5	146.9
17	513	高森町	3.70	12	−	152,704	34.9	162.7
18	544	伊那市	3.79	57	−	150,206	34.1	178.2
19	554	御代田町	3.81	14	−	178,740	35.3	112.3
20	571	中野市	3.86	35	−	158,332	35.7	159.3
21	630	南相木村	4.00	1	−	1,133,042	71.2	106.3
22	637	辰野町	4.02	14	−	153,847	36.1	145.0
23	646	東御市	4.04	24	−	160,673	36.1	164.9
24	693	小諸市	4.18	32	−	141,536	36.9	141.5
25	701	原村	4.21	6	−	180,570	31.1	150.0
26	703	山形村	4.21	8	−	126,984	31.6	210.7
27	713	坂城町	4.24	11	−	180,780	49.4	121.0
28	732	松川村	4.29	8	−	143,574	31.4	150.1
29	741	安曇野市	4.31	78	−	132,869	39.8	163.8
30	743	千曲市	4.32	45	−	142,849	39.1	163.7
31	754	下諏訪町	4.34	13	−	157,266	43.4	115.6
32	764	小布施町	4.36	8	−	146,018	33.7	169.0
33	787	飯山市	4.45	15	−	197,575	27.5	197.0
34	799	豊丘村	4.50	5	−	183,390	24.9	154.0
35	829	白馬村	4.56	7	−	157,708	25.3	197.5
36	868	山ノ内町	4.67	8	−	162,798	33.3	192.9
37	962	高山村	4.95	6	−	134,346	23.4	219.3
38	1009	喬木村	5.07	5	−	133,712	21.5	225.7
39	1014	木祖村	5.09	2	−	292,373	27.4	213.4
40	1015	下條村	5.10	4	−	155,159	23.5	175.6
41	1033	立科町	5.17	5	−	186,568	24.9	209.9
42	1039	飯島町	5.17	6	−	130,816	20.6	212.1
43	1043	大町市	5.17	17	−	171,885	23.2	247.3
44	1061	松川町	5.22	10	−	125,072	26.5	205.7
45	1062	南牧村	5.22	3	−	321,380	25.4	180.7

順位	全順位	団体名	スコア	人口	標準財政規模	1人当り自主財源	自主財源比率	修正経常収支
46	1086	朝日村	5.32	3	−	159,702	22.1	249.6
47	1098	阿智村	5.38	5	−	248,145	19.8	218.0
48	1132	上松町	5.47	3	−	170,499	19.0	337.2
49	1136	南木曽町	5.49	3	−	188,732	16.8	315.6
50	1158	信濃町	5.56	5	−	156,248	18.5	252.7
51	1161	青木村	5.56	3	−	158,196	15.8	239.2
52	1188	木島平村	5.64	3	−	148,679	16.1	338.6
53	1192	大桑村	5.66	2	−	192,254	16.7	352.9
54	1210	池田町	5.72	7	−	101,253	22.0	256.7
55	1211	阿南町	5.72	3	−	183,018	17.1	272.7
56	1214	飯綱町	5.73	8	−	134,256	18.3	301.3
57	1249	小海町	5.86	3	−	174,652	18.5	302.8
58	1259	中川村	5.89	4	−	125,193	13.3	328.8
59	1266	泰阜村	5.91	1	−	218,151	13.2	312.7
60	1280	川上村	5.96	4	−	153,889	13.6	272.0
61	1289	王滝村	5.99	1	−	579,291	19.9	268.0
62	1301	野沢温泉村	6.02	2	−	140,040	14.6	327.1
63	1335	麻績村	6.13	2	−	199,096	15.5	313.4
64	1358	木曽町	6.26	7	−	168,565	16.7	400.8
65	1369	平谷村	6.29	0	−	449,610	18.5	280.6
66	1370	長和町	6.29	4	−	151,149	14.1	419.1
67	1399	佐久穂町	6.41	7	−	125,017	14.8	373.4
68	1411	小川村	6.47	2	−	284,194	15.2	305.9
69	1430	売木村	6.52	0	−	387,415	14.7	282.7
70	1468	筑北村	6.70	3	−	156,891	11.3	475.1
71	1534	小谷村	7.08	2	−	237,933	10.6	471.0
72	1581	根羽村	7.36	1	−	315,243	9.7	398.1
73	1605	生坂村	7.50	1	−	131,252	6.9	702.2
74	1614	栄村	7.60	1	−	233,226	7.9	520.8
75	1622	北相木村	7.71	0	−	346,986	9.5	426.3
76	1628	大鹿村	7.76	0	−	426,744	11.2	389.4
77	1655	天龍村	8.22	1	−	263,687	7.8	662.7
岐阜県								
1	50	美濃加茂市	2.13	57	−	174,954	56.3	108.8
2	59	瑞穂市	2.22	53	−	172,931	57.7	95.8
3	88	安八町	2.42	13	−	193,013	53.3	113.2
4	112	岐阜市	2.54	337	−	199,008	55.5	91.8
5	133	岐南町	2.61	23	−	174,591	66.9	90.7
6	186	大垣市	2.80	133	−	195,637	60.0	92.7
7	187	輪之内町	2.81	9	−	164,150	43.4	111.1
8	227	各務原市	2.93	125	−	164,413	57.1	97.3
9	251	羽島市	2.99	57	−	150,667	50.2	119.9
10	273	北方町	3.07	19	−	136,174	47.2	131.0

順位	全順位	団体名	スコア	人口	標準財政規模	1人当り自主財源	自主財源比率	修正経常収支
11	287	御嵩町	3.10	15	−	160,962	45.7	137.4
12	299	池田町	3.13	22	−	149,030	46.4	106.5
13	309	笠松町	3.17	20	−	138,097	50.2	126.2
14	325	本巣市	3.22	31	−	185,469	53.5	128.3
15	362	垂井町	3.31	23	−	144,837	52.1	125.5
16	399	関市	3.40	74	−	173,005	47.0	132.7
17	488	坂祝町	3.65	7	−	144,924	42.0	145.0
18	523	養老町	3.73	22	−	133,581	42.2	127.3
19	530	可児市	3.74	82	−	147,330	61.1	111.8
20	556	土岐市	3.81	45	−	138,684	44.3	133.3
21	565	神戸町	3.84	14	−	161,095	48.5	98.7
22	572	高山市	3.86	67	−	221,138	42.7	124.7
23	577	美濃市	3.88	16	−	148,013	36.7	176.2
24	595	富加町	3.92	4	−	166,685	31.7	179.2
25	608	大野町	3.95	20	−	121,095	43.1	118.0
26	616	瑞浪市	3.98	30	−	142,386	40.2	137.7
27	643	川辺町	4.03	8	−	139,637	37.6	162.0
28	686	海津市	4.17	26	−	146,709	42.2	177.8
29	688	中津川市	4.17	59	−	153,784	33.0	194.9
30	738	多治見市	4.31	85	−	140,576	52.8	110.7
31	766	恵那市	4.38	38	−	171,392	32.9	175.9
32	807	関ケ原町	4.53	5	−	186,441	38.5	162.9
33	835	八百津町	4.58	7	−	163,497	28.2	192.9
34	956	白川村	4.94	1	−	699,869	31.3	131.1
35	968	下呂市	4.96	23	−	181,080	29.8	231.0
36	1046	揖斐川町	5.18	14	−	192,820	26.9	222.5
37	1087	七宗町	5.32	3	−	199,602	23.3	261.3
38	1135	飛騨市	5.48	16	−	191,647	19.8	244.1
39	1242	東白川村	5.82	1	−	254,573	17.1	292.7
40	1264	白川町	5.91	5	−	176,355	16.4	232.5
41	1281	郡上市	5.96	29	−	144,193	20.6	335.7
42	1437	山県市	6.54	21	−	122,166	32.0	244.3
静岡県								
1	14	長泉町	1.74	43	−	234,722	74.7	69.8
2	34	御殿場市	1.98	86	−	248,444	65.4	67.7
3	84	裾野市	2.40	51	−	235,902	63.7	80.9
4	111	小山町	2.54	15	−	285,316	50.7	78.4
5	124	袋井市	2.59	81	−	169,902	50.3	113.5
6	134	吉田町	2.61	29	−	210,158	70.2	90.7
7	136	富士宮市	2.62	109	−	168,226	60.0	100.7
8	170	御前崎市	2.75	28	−	297,396	71.1	88.5
9	179	湖西市	2.77	48	−	227,629	68.9	83.7
10	191	富士市	2.81	212	−	203,182	69.7	76.7

順位	全順位	団体名	スコア	人口	標準財政規模	1人当り自主財源	自主財源比率	修正経常収支
11	244	清水町	2.98	28	−	154,926	64.5	99.4
12	304	浜松市	3.14	671	−	159,998	48.8	121.2
13	326	焼津市	3.22	119	−	176,255	58.5	87.9
14	341	菊川市	3.26	39	−	162,831	47.6	119.0
15	395	三島市	3.39	90	−	157,042	57.2	97.8
16	434	島田市	3.50	78	−	155,681	45.9	123.0
17	449	牧之原市	3.55	37	−	188,367	58.1	109.4
18	464	静岡市	3.59	559	−	178,437	50.5	116.3
19	477	磐田市	3.62	136	−	172,152	61.2	110.9
20	498	森町	3.67	14	−	159,274	39.9	132.7
21	540	掛川市	3.77	96	−	192,952	60.9	96.5
22	561	伊豆の国市	3.83	37	−	154,588	47.5	117.2
23	633	函南町	4.01	30	−	145,157	51.5	113.4
24	640	藤枝市	4.03	117	−	156,888	56.0	103.5
25	770	沼津市	4.39	145	−	181,544	62.4	94.4
26	798	伊東市	4.49	48	−	158,423	52.4	118.5
27	814	河津町	4.54	5	−	153,564	28.5	197.8
28	842	下田市	4.59	15	−	136,504	34.9	160.4
29	876	南伊豆町	4.69	6	−	177,470	28.5	185.5
30	1045	伊豆市	5.18	20	−	150,698	38.3	196.5
31	1062	東伊豆町	5.22	8	−	130,860	30.0	164.6
32	1104	熱海市	5.38	22	−	246,263	68.4	102.3
33	1154	松崎町	5.54	4	−	139,869	21.5	216.4
34	1241	西伊豆町	5.82	5	−	161,618	24.4	262.0
35	1295	川根本町	6.00	4	−	241,202	26.7	284.2
愛知県								
1	1	東海市	1.17	105	−	285,042	70.6	73.2
2	4	大府市	1.45	91	−	196,089	70.5	81.8
3	5	幸田町	1.46	42	−	230,560	67.3	80.3
4	8	長久手市	1.54	64	−	192,661	67.4	73.8
5	10	武豊町	1.59	41	−	238,235	71.3	72.1
6	13	西尾市	1.72	149	−	208,609	66.9	88.3
7	16	豊山町	1.78	14	−	274,635	74.0	81.9
8	18	豊田市	1.82	406	−	244,756	74.4	79.2
9	20	刈谷市	1.85	144	−	273,336	79.4	64.5
10	22	日進市	1.87	98	−	172,642	63.6	88.2
11	23	北名古屋市	1.88	81	−	171,197	63.3	98.7
12	27	清須市	1.92	65	−	191,100	68.4	101.1
13	30	みよし市	1.97	67	−	268,320	77.3	74.4
14	32	安城市	1.97	186	−	225,426	72.8	70.4
15	39	碧南市	2.06	66	−	274,953	78.8	83.3
16	47	知立市	2.11	68	−	169,079	63.7	96.4
17	48	弥富市	2.12	39	−	198,927	61.8	96.7

順位	全順位	団体名	スコア	人口	標準財政規模	1人当り自主財源	自主財源比率	修正経常収支
18	53	知多市	2.14	76	−	197,284	71.8	85.7
19	68	岡崎市	2.28	352	−	189,610	66.9	85.5
20	73	犬山市	2.31	66	−	174,328	62.5	96.5
21	74	東郷町	2.32	45	−	150,642	63.0	103.2
22	79	大口町	2.35	23	−	237,271	75.8	79.2
23	87	扶桑町	2.42	32	−	145,173	58.6	104.1
24	94	半田市	2.45	111	−	196,446	70.2	89.2
25	97	高浜市	2.46	49	−	206,938	66.9	85.9
26	99	豊明市	2.49	64	−	153,141	63.7	94.8
27	112	小牧市	2.54	126	−	216,814	75.0	81.6
28	114	春日井市	2.54	291	−	161,432	63.6	101.8
29	117	東浦町	2.56	48	−	168,126	65.3	95.1
30	126	阿久比町	2.59	25	−	157,550	58.2	104.1
31	131	豊橋市	2.60	338	−	174,155	61.9	97.2
32	143	名古屋市	2.65	2,088	−	256,319	61.4	96.3
33	154	蒲郡市	2.70	67	−	174,825	58.0	104.4
34	164	岩倉市	2.74	39	−	144,785	55.4	106.4
35	171	尾張旭市	2.75	77	−	156,471	62.0	100.1
36	185	常滑市	2.80	49	−	237,711	69.1	84.6
37	206	あま市	2.85	76	−	151,664	53.4	106.5
38	210	豊川市	2.86	159	−	160,938	55.7	108.5
39	242	一宮市	2.97	336	−	136,708	51.3	104.2
40	292	大治町	3.11	31	−	131,030	57.5	109.1
41	317	津島市	3.20	53	−	141,638	49.3	126.9
42	358	飛島村	3.30	3	−	812,461	83.4	97.1
43	375	稲沢市	3.33	112	−	155,915	62.1	115.2
44	380	蟹江町	3.34	30	−	151,496	62.7	100.6
45	402	美浜町	3.41	19	−	139,563	51.6	129.5
46	427	瀬戸市	3.48	109	−	129,712	59.6	111.9
47	448	江南市	3.55	84	−	128,411	53.1	109.3
48	532	新城市	3.74	34	−	172,588	43.3	168.6
49	617	田原市	3.98	51	−	250,288	66.3	103.2
50	691	愛西市	4.18	50	−	144,406	51.4	131.7
51	700	南知多町	4.20	12	−	139,189	36.4	152.0
52	1383	豊根村	6.35	1	−	665,359	22.9	251.8
53	1385	設楽町	6.35	3	−	305,008	18.5	261.2
54	1541	東栄町	7.11	2	−	181,942	11.6	386.1
				三重県				
1	12	朝日町	1.70	11	−	267,801	65.1	82.5
2	29	川越町	1.95	16	−	446,153	85.5	55.2
3	45	亀山市	2.10	50	−	274,409	74.9	83.6
4	75	鈴鹿市	2.33	188	−	160,032	55.6	107.8
5	148	いなべ市	2.68	37	−	233,495	59.9	113.3

順位	全順位	団体名	スコア	人口	標準財政規模	1人当り自主財源	自主財源比率	修正経常収支
6	188	菰野町	2.81	37	−	158,805	56.7	109.1
7	199	四日市市	2.84	269	−	202,776	67.6	94.3
8	300	桑名市	3.13	122	−	165,643	56.7	121.7
9	403	玉城町	3.41	15	−	134,190	38.1	141.2
10	419	津市	3.45	231	−	147,264	48.6	145.9
11	425	多気町	3.46	12	−	234,705	57.4	129.3
12	537	明和町	3.75	19	−	133,972	37.4	133.0
13	563	名張市	3.84	60	−	133,235	43.0	142.6
14	582	松阪市	3.89	137	−	127,140	43.8	161.9
15	596	伊賀市	3.92	71	−	163,940	38.4	177.4
16	602	東員町	3.94	20	−	137,235	52.8	124.1
17	756	鳥羽市	4.35	13	−	175,196	25.7	166.0
18	786	木曽岬町	4.45	5	−	150,980	33.3	154.1
19	806	伊勢市	4.53	93	−	124,235	37.8	158.2
20	904	尾鷲市	4.79	10	−	150,116	23.1	223.0
21	1050	度会町	5.20	6	−	122,645	23.3	189.4
22	1193	熊野市	5.66	11	−	135,575	15.1	266.2
23	1199	紀宝町	5.69	8	−	115,416	20.9	295.9
24	1243	御浜町	5.83	6	−	106,513	17.5	320.4
25	1270	志摩市	5.94	32	−	114,870	26.1	247.6
26	1305	大台町	6.03	7	−	135,514	15.3	357.1
27	1308	紀北町	6.04	11	−	116,662	17.1	272.9
28	1557	大紀町	7.23	5	−	117,589	11.2	559.3
29	1636	南伊勢町	7.87	6	−	92,137	10.0	622.3
滋賀県								
1	37	守山市	2.01	86	−	172,889	52.8	104.8
2	49	草津市	2.12	145	−	161,824	54.4	105.4
3	61	栗東市	2.24	72	−	346,527	71.8	58.8
4	72	彦根市	2.31	103	−	170,101	49.6	113.9
5	107	愛荘町	2.53	20	−	200,846	46.6	124.8
6	138	日野町	2.63	19	−	169,060	48.8	125.9
7	150	野洲市	2.68	45	−	172,339	44.1	123.6
8	189	大津市	2.81	327	−	145,613	50.1	124.5
9	201	近江八幡市	2.84	73	−	149,352	42.3	117.3
10	269	長浜市	3.06	105	−	217,865	42.2	121.4
11	280	竜王町	3.08	10	−	251,185	68.6	102.2
12	367	甲賀市	3.31	76	−	161,049	53.5	138.7
13	426	東近江市	3.48	97	−	159,569	45.2	139.8
14	455	多賀町	3.56	5	−	261,014	43.2	139.5
15	470	湖南市	3.60	45	−	142,589	49.5	135.3
16	548	米原市	3.80	32	−	171,753	39.0	178.3
17	753	豊郷町	4.34	7	−	133,499	28.0	209.7
18	810	甲良町	4.53	5	−	143,975	23.3	241.8

順位	全順位	団体名	スコア	人口	標準財政規模	1人当り自主財源	自主財源比率	修正経常収支
19	832	高島市	4.58	39	−	144,363	29.2	236.4
京都府								
1	52	大山崎町	2.14	12	−	215,403	61.7	107.1
2	129	長岡京市	2.60	71	−	154,530	50.4	118.4
3	158	京田辺市	2.73	68	−	146,327	48.0	123.5
4	198	宇治市	2.84	158	−	145,720	49.6	118.1
5	202	京都市	2.84	1,281	−	251,878	50.0	98.4
6	205	久御山町	2.85	11	−	268,388	71.8	120.5
7	271	舞鶴市	3.06	67	−	170,821	41.3	120.6
8	293	木津川市	3.11	81	−	139,684	42.2	147.9
9	383	精華町	3.35	36	−	159,945	49.0	122.6
10	447	向日市	3.55	43	−	122,003	43.3	147.3
11	472	八幡市	3.61	61	−	124,681	38.8	151.6
12	484	福知山市	3.64	60	−	171,195	32.5	164.1
13	585	宇治田原町	3.90	7	−	161,916	40.0	168.7
14	652	亀岡市	4.06	73	−	116,088	34.0	167.0
15	681	宮津市	4.15	12	−	211,352	27.1	164.3
16	716	綾部市	4.24	24	−	151,554	29.6	164.2
17	724	井手町	4.26	6	−	209,386	35.5	135.5
18	733	城陽市	4.30	59	−	117,446	39.3	157.1
19	961	南丹市	4.95	25	−	163,690	24.6	284.0
20	1118	京丹後市	5.43	38	−	117,236	20.8	318.4
21	1166	京丹波町	5.58	9	−	178,396	17.2	283.9
22	1317	与謝野町	6.07	15	−	101,045	18.1	307.6
23	1442	和束町	6.58	2	−	104,958	10.1	588.9
24	1473	笠置町	6.74	1	−	178,286	11.6	543.2
25	1512	南山城村	6.96	1	−	148,659	11.0	568.2
26	1591	伊根町	7.44	1	−	174,538	7.6	598.4
大阪府								
1	11	田尻町	1.66	8	−	490,416	85.5	68.3
2	108	摂津市	2.53	68	−	227,847	67.3	100.2
3	132	豊中市	2.60	335	−	158,473	55.3	121.8
4	144	茨木市	2.66	256	−	152,811	57.7	105.8
5	172	堺市	2.76	739	−	165,466	45.1	125.4
6	173	吹田市	2.76	310	−	165,658	62.8	112.5
7	181	守口市	2.77	115	−	156,220	44.7	130.5
8	197	貝塚市	2.83	77	−	134,490	40.4	145.5
9	219	大阪市	2.89	2,292	−	321,205	55.8	95.9
10	221	泉佐野市	2.90	90	−	243,685	53.4	95.6
11	241	箕面市	2.97	117	−	177,271	55.8	102.6
12	243	泉大津市	2.98	65	−	146,946	41.9	148.1
13	254	高槻市	3.00	317	−	144,177	53.5	112.6
14	260	泉南市	3.02	54	−	138,780	41.3	132.5

順位	全順位	団体名	スコア	人口	標準財政規模	1人当り自主財源	自主財源比率	修正経常収支
15	279	八尾市	3.08	215	−	143,965	44.8	137.9
16	297	池田市	3.12	84	−	175,524	58.6	108.6
17	333	大東市	3.25	105	−	151,223	52.0	113.3
18	371	和泉市	3.32	177	−	120,280	39.8	148.9
19	372	忠岡町	3.32	16	−	136,265	42.0	177.0
20	384	東大阪市	3.35	389	−	150,783	43.4	139.3
21	394	藤井寺市	3.39	56	−	117,978	39.4	167.1
22	406	岸和田市	3.41	164	−	125,014	34.4	167.1
23	413	門真市	3.43	101	−	139,175	38.0	144.4
24	491	四條畷市	3.65	48	−	123,537	38.3	161.2
25	506	島本町	3.68	25	−	146,374	53.6	143.8
26	528	高石市	3.74	47	−	173,828	40.9	125.1
27	568	柏原市	3.85	55	−	120,431	43.0	149.8
28	592	松原市	3.91	95	−	104,725	33.5	181.8
29	629	枚方市	4.00	343	−	126,291	49.1	132.0
30	677	大阪狭山市	4.14	49	−	121,264	43.5	156.2
31	715	寝屋川市	4.24	178	−	111,521	35.0	157.0
32	744	羽曳野市	4.32	94	−	106,879	31.9	172.4
33	789	富田林市	4.45	86	−	116,092	39.9	151.5
34	906	太子町	4.80	11	−	108,157	35.3	189.8
35	920	岬町	4.84	11	−	134,627	34.3	214.3
36	951	熊取町	4.93	39	−	95,587	42.5	166.9
37	1054	交野市	5.21	65	−	113,796	40.5	154.2
38	1078	河南町	5.29	12	−	108,239	34.4	192.6
39	1092	阪南市	5.34	43	−	92,231	28.1	188.3
40	1174	河内長野市	5.60	77	−	103,712	36.0	184.7
41	1434	千早赤阪村	6.53	3	−	99,259	15.0	345.7
42	1578	豊能町	7.33	12	−	88,731	30.8	211.8
43	1592	能勢町	7.44	6	−	95,899	19.8	296.6
兵庫県								
1	66	西宮市	2.27	467	−	174,626	57.6	116.1
2	98	伊丹市	2.48	180	−	159,467	52.1	117.6
3	100	姫路市	2.50	451	−	214,344	55.9	88.1
4	102	高砂市	2.50	76	−	187,703	56.8	101.2
5	141	加東市	2.64	36	−	204,370	51.9	124.4
6	168	神戸市	2.75	1,357	−	229,101	47.7	113.7
7	224	福崎町	2.92	16	−	188,471	52.0	116.2
8	226	尼崎市	2.93	341	−	190,642	43.8	114.0
9	240	赤穂市	2.97	38	−	180,807	47.7	118.4
10	247	太子町	2.98	32	−	128,862	46.4	133.4
11	259	明石市	3.01	240	−	143,445	45.3	127.5
12	354	小野市	3.30	43	−	152,536	42.6	132.7
13	370	加西市	3.32	35	−	167,110	43.8	134.2

順位	全順位	団体名	スコア	人口	標準財政規模	1人当り自主財源	自主財源比率	修正経常収支
14	415	加古川市	3.43	223	−	150,147	54.7	109.0
15	428	宝塚市	3.48	204	−	149,972	53.1	123.9
16	451	たつの市	3.55	63	−	149,383	37.6	158.4
17	558	西脇市	3.82	32	−	159,029	36.5	159.4
18	591	芦屋市	3.91	87	−	255,492	65.2	112.2
19	594	川西市	3.92	124	−	131,498	49.3	133.4
20	622	相生市	3.99	21	−	165,654	41.1	155.2
21	644	播磨町	4.04	26	−	165,385	58.6	105.7
22	685	三木市	4.16	57	−	140,561	43.2	151.7
23	696	稲美町	4.19	22	−	144,014	51.8	122.6
24	739	猪名川町	4.31	30	−	119,036	44.1	160.6
25	767	豊岡市	4.38	62	−	164,438	30.1	201.6
26	783	丹波市	4.43	48	−	158,347	31.2	192.9
27	825	洲本市	4.56	31	−	163,016	26.8	182.6
28	826	上郡町	4.56	11	−	154,374	33.1	193.5
29	865	南あわじ市	4.66	34	−	166,646	34.0	192.8
30	883	市川町	4.72	8	−	113,829	26.2	238.0
31	890	三田市	4.76	99	−	142,544	53.6	135.9
32	939	篠山市	4.91	30	−	163,037	25.8	247.3
33	963	宍粟市	4.95	27	−	150,687	21.8	280.7
34	982	神河町	5.00	8	−	201,821	23.1	250.4
35	1016	朝来市	5.10	22	−	183,629	28.7	227.6
36	1190	淡路市	5.65	30	−	138,592	23.5	311.8
37	1194	香美町	5.67	12	−	128,240	14.9	403.6
38	1204	養父市	5.71	17	−	142,176	15.2	375.9
39	1246	新温泉町	5.84	9	−	123,834	14.9	392.0
40	1258	佐用町	5.89	11	−	173,248	17.2	313.0
41	1288	多可町	5.98	15	−	118,574	20.5	305.7
奈良県								
1	105	天理市	2.52	56	−	151,508	42.8	136.9
2	252	葛城市	2.99	33	−	140,522	42.0	146.7
3	284	香芝市	3.09	81	−	119,324	41.2	146.1
4	290	生駒市	3.11	111	−	142,554	55.3	118.8
5	382	橿原市	3.35	107	−	136,728	46.6	132.0
6	580	桜井市	3.89	47	−	118,991	32.7	172.2
7	600	広陵町	3.94	29	−	123,464	42.1	161.4
8	623	三郷町	3.99	18	−	134,968	42.3	127.1
9	627	奈良市	4.00	288	−	129,556	39.0	153.9
10	657	斑鳩町	4.07	22	−	124,023	44.3	147.6
11	661	大和郡山市	4.09	64	−	129,724	40.3	151.3
12	684	三宅町	4.16	5	−	152,598	26.2	210.7
13	773	田原本町	4.40	24	−	117,956	36.8	167.8
14	838	川西町	4.58	6	−	136,402	28.7	229.9

順位	全順位	団体名	スコア	人口	標準財政規模	1人当り自主財源	自主財源比率	修正経常収支
15	886	大和高田市	4.74	48	-	93,817	27.3	215.2
16	930	大淀町	4.88	13	-	121,513	30.1	180.4
17	944	平群町	4.91	14	-	104,567	32.1	205.0
18	964	高取町	4.95	5	-	93,648	21.5	287.2
19	1000	王寺町	5.04	16	-	131,842	43.2	162.9
20	1005	五條市	5.06	20	-	137,348	21.3	252.5
21	1067	御所市	5.25	18	-	109,218	21.1	251.1
22	1217	河合町	5.74	12	-	106,410	30.4	234.0
23	1218	安堵町	5.74	5	-	99,453	24.2	289.8
24	1269	十津川村	5.93	2	-	479,362	20.5	194.6
25	1294	宇陀市	6.00	19	-	117,675	17.9	401.0
26	1373	下市町	6.30	3	-	135,093	13.2	389.6
27	1396	吉野町	6.39	4	-	133,118	12.7	440.9
28	1427	山添村	6.52	2	-	150,089	14.1	453.5
29	1476	明日香村	6.75	3	-	125,870	12.6	337.0
30	1502	上牧町	6.90	16	-	81,642	23.1	242.4
31	1508	曽爾村	6.93	1	-	226,065	10.8	550.4
32	1584	天川村	7.38	1	-	357,666	10.6	466.2
33	1590	下北山村	7.42	1	-	454,834	13.2	407.0
34	1624	東吉野村	7.71	1	-	258,278	9.2	567.5
35	1625	上北山村	7.72	0	-	519,269	10.7	475.7
36	1627	御杖村	7.75	1	-	143,705	7.0	816.3
37	1670	黒滝村	8.46	0	-	236,477	5.9	842.5
38	1675	川上村	8.65	1	-	465,174	10.6	531.6
39	1678	野迫川村	8.97	0	-	410,557	4.6	873.4
		和歌山県						
1	225	和歌山市	2.92	281	-	166,026	46.7	122.7
2	550	御坊市	3.81	19	-	154,078	29.5	180.7
3	566	岩出市	3.84	50	-	114,562	41.8	127.6
4	651	上富田町	4.05	13	-	123,245	30.1	180.4
5	706	白浜町	4.21	15	-	167,594	33.3	189.9
6	737	田辺市	4.31	56	-	157,813	26.9	191.5
7	779	日高町	4.42	6	-	143,302	25.4	227.5
8	795	海南市	4.47	35	-	135,610	33.0	185.3
9	834	橋本市	4.58	48	-	121,130	29.4	180.7
10	874	有田市	4.69	20	-	129,035	26.9	187.6
11	924	みなべ町	4.85	9	-	188,161	21.5	219.3
12	943	紀の川市	4.91	48	-	139,691	35.0	186.4
13	989	美浜町	5.02	5	-	127,304	27.0	214.2
14	1037	新宮市	5.17	20	-	128,708	20.8	244.8
15	1041	由良町	5.17	3	-	144,209	20.1	276.5
16	1128	印南町	5.46	5	-	156,221	19.3	218.8
17	1151	有田川町	5.53	19	-	129,193	19.2	298.8

順位	全順位	団体名	スコア	人口	標準財政規模	1人当り自主財源	自主財源比率	修正経常収支
18	1159	かつらぎ町	5.56	11	−	131,942	18.4	283.4
19	1168	那智勝浦町	5.58	10	−	105,061	20.9	245.0
20	1186	広川町	5.64	5	−	125,223	16.2	243.0
21	1232	太地町	5.80	2	−	178,275	18.0	244.0
22	1334	高野町	6.12	2	−	225,595	14.3	343.8
23	1355	日高川町	6.23	7	−	160,641	12.5	407.2
24	1407	九度山町	6.44	3	−	130,550	11.0	447.6
25	1413	串本町	6.48	10	−	109,924	15.1	349.4
26	1421	すさみ町	6.50	2	−	199,317	11.7	334.0
27	1433	湯浅町	6.53	7	−	93,617	9.9	298.2
28	1478	紀美野町	6.75	5	−	130,375	11.8	496.3
29	1542	北山村	7.13	0	−	545,378	11.6	271.1
30	1555	古座川町	7.22	2	−	198,736	10.5	428.3
鳥取県								
1	60	日吉津村	2.22	3	−	399,608	54.2	82.7
2	315	米子市	3.19	120	−	157,561	41.7	131.1
3	401	鳥取市	3.40	156	−	160,841	39.0	139.3
4	597	境港市	3.92	25	−	151,594	30.5	140.7
5	624	倉吉市	3.99	37	−	160,493	29.3	191.2
6	1035	伯耆町	5.17	7	−	186,997	24.3	248.0
7	1068	北栄町	5.26	11	−	119,781	21.7	269.4
8	1117	湯梨浜町	5.43	13	−	120,524	22.6	296.9
9	1120	琴浦町	5.43	13	−	121,369	20.0	281.7
10	1144	三朝町	5.52	4	−	150,442	16.3	317.4
11	1189	南部町	5.64	8	−	120,410	16.7	330.9
12	1200	大山町	5.69	10	−	133,200	17.3	341.5
13	1275	岩美町	5.95	8	−	105,054	16.3	297.4
14	1320	江府町	6.08	2	−	300,045	16.6	323.8
15	1455	八頭町	6.63	13	−	95,709	11.5	386.4
16	1467	日野町	6.69	2	−	142,880	9.3	635.7
17	1518	智頭町	6.98	4	−	122,832	8.5	452.5
18	1574	日南町	7.31	3	−	184,924	8.9	582.4
19	1641	若桜町	7.91	2	−	120,028	6.1	644.3
島根県								
1	503	松江市	3.68	168	−	167,618	32.1	151.7
2	641	出雲市	4.03	138	−	144,600	32.5	185.4
3	776	浜田市	4.41	41	−	172,852	25.8	198.1
4	841	安来市	4.59	29	−	149,685	24.3	234.7
5	903	益田市	4.79	34	−	133,666	18.6	232.7
6	915	江津市	4.83	16	−	155,673	20.0	255.8
7	1169	大田市	5.59	23	−	125,214	17.0	328.2
8	1221	雲南市	5.76	28	−	131,993	15.5	386.0
9	1347	奥出雲町	6.20	8	−	209,979	12.6	319.7

順位	全順位	団体名	スコア	人口	標準財政規模	1人当り自主財源	自主財源比率	修正経常収支
10	1365	邑南町	6.27	7	−	194,549	13.5	427.4
11	1457	隠岐の島町	6.65	9	−	150,935	10.6	516.8
12	1480	西ノ島町	6.76	2	−	200,113	8.6	460.6
13	1546	吉賀町	7.15	4	−	148,990	8.4	510.2
14	1551	川本町	7.20	2	−	156,712	8.0	553.4
15	1558	飯南町	7.24	3	−	169,189	7.9	643.9
16	1580	津和野町	7.35	4	−	144,222	8.4	671.1
17	1587	美郷町	7.41	3	−	181,126	6.5	602.8
18	1632	海士町	7.80	1	−	173,716	4.9	788.6
19	1650	知夫村	8.11	0	−	205,992	5.9	906.6
岡山県								
1	71	倉敷市	2.30	423	−	183,488	54.6	106.4
2	89	岡山市	2.43	651	−	161,099	46.1	128.5
3	231	早島町	2.95	12	−	169,702	41.7	132.9
4	295	勝央町	3.12	9	−	190,711	40.0	152.0
5	369	玉野市	3.32	44	−	162,467	42.6	127.7
6	441	里庄町	3.53	10	−	164,639	44.3	121.8
7	508	総社市	3.69	54	−	132,502	39.8	168.8
8	679	津山市	4.14	80	−	134,732	34.1	191.0
9	707	笠岡市	4.21	36	−	147,195	34.6	167.7
10	855	瀬戸内市	4.63	27	−	130,061	33.6	185.9
11	878	井原市	4.70	32	−	144,065	31.0	198.8
12	885	鏡野町	4.74	10	−	258,677	26.6	210.6
13	891	赤磐市	4.76	34	−	124,039	31.3	228.8
14	908	奈義町	4.82	4	−	194,842	20.0	155.6
15	946	備前市	4.92	23	−	143,117	28.0	240.8
16	973	矢掛町	4.97	11	−	144,994	25.8	183.2
17	1075	真庭市	5.28	32	−	148,477	24.0	293.5
18	1131	浅口市	5.47	26	−	111,662	29.7	206.2
19	1155	美作市	5.54	19	−	173,289	18.9	345.3
20	1164	吉備中央町	5.57	8	−	142,554	16.1	368.7
21	1191	美咲町	5.65	10	−	167,119	17.3	329.2
22	1225	高梁市	5.79	20	−	143,627	18.7	362.6
23	1316	新見市	6.07	21	−	138,317	15.1	407.7
24	1328	和気町	6.11	10	−	125,214	13.2	329.3
25	1410	西粟倉村	6.46	1	−	215,341	10.4	382.3
26	1462	新庄村	6.67	1	−	348,023	14.0	326.9
27	1477	久米南町	6.75	3	−	120,531	9.4	477.3
広島県								
1	119	福山市	2.56	390	−	181,030	50.7	109.0
2	145	東広島市	2.66	186	−	179,171	52.4	111.8
3	149	広島市	2.68	1,093	−	226,717	48.7	104.3
4	173	坂町	2.76	12	−	204,668	46.8	106.3

巻末付録2　地方自治体財務総合評価ランキング（2040年度予測）

順位	全順位	団体名	スコア	人口	標準財政規模	1人当り自主財源	自主財源比率	修正経常収支
5	281	海田町	3.09	23	−	157,586	51.8	120.1
6	381	尾道市	3.35	103	−	167,944	46.4	142.0
7	410	呉市	3.42	162	−	190,757	44.0	130.5
8	483	府中町	3.64	42	−	138,473	52.7	123.9
9	563	三原市	3.84	72	−	174,915	37.0	148.6
10	634	大竹市	4.02	19	−	212,239	44.2	126.1
11	778	府中市	4.42	27	−	155,033	29.7	178.3
12	791	廿日市市	4.46	89	−	134,783	40.7	169.7
13	818	竹原市	4.55	17	−	167,143	31.0	141.2
14	940	北広島町	4.91	14	−	222,658	23.6	281.8
15	1026	熊野町	5.14	18	−	104,488	34.4	172.3
16	1133	三次市	5.48	40	−	147,885	20.5	322.2
17	1207	江田島市	5.71	14	−	146,006	23.3	311.6
18	1215	大崎上島町	5.73	4	−	275,751	20.9	284.9
19	1224	世羅町	5.78	11	−	151,696	18.0	352.2
20	1274	安芸高田市	5.95	21	−	136,564	16.5	371.2
21	1362	庄原市	6.27	25	−	132,395	13.3	485.2
22	1570	安芸太田町	7.29	3	−	178,711	9.9	643.1
23	1604	神石高原町	7.49	5	−	166,515	7.8	572.4
山口県								
1	31	下松市	1.97	50	−	221,305	63.1	81.0
2	36	和木町	2.01	6	−	319,428	55.2	107.2
3	230	周南市	2.95	113	−	200,936	45.8	114.8
4	278	山陽小野田市	3.08	47	−	176,897	44.5	133.2
5	313	光市	3.18	39	−	176,578	46.0	144.7
6	314	防府市	3.19	98	−	156,860	49.8	114.7
7	350	宇部市	3.29	129	−	157,558	43.6	130.3
8	511	下関市	3.69	197	−	158,436	37.4	152.5
9	516	柳井市	3.70	24	−	189,711	38.6	150.4
10	534	岩国市	3.74	101	−	155,215	38.7	169.8
11	536	山口市	3.75	162	−	137,237	41.2	152.7
12	781	田布施町	4.43	12	−	114,009	29.7	195.9
13	918	美祢市	4.84	19	−	156,206	19.4	255.5
14	1101	長門市	5.38	22	−	129,316	20.2	297.8
15	1237	平生町	5.81	10	−	102,631	23.0	246.5
16	1257	萩市	5.88	30	−	132,406	17.8	306.8
17	1395	上関町	6.39	1	−	408,260	17.8	256.3
18	1483	阿武町	6.77	2	−	231,247	11.9	281.5
19	1538	周防大島町	7.10	8	−	132,500	10.4	595.9
徳島県								
1	282	徳島市	3.09	206	−	154,827	48.1	126.3
2	283	松茂町	3.09	13	−	205,926	64.0	88.3
3	295	北島町	3.12	21	−	170,328	42.2	97.5

順位	全順位	団体名	スコア	人口	標準財政規模	1人当り自主財源	自主財源比率	修正経常収支
4	435	藍住町	3.51	31	-	121,406	47.2	130.4
5	476	鳴門市	3.62	44	-	143,934	36.2	145.7
6	545	阿南市	3.79	57	-	227,044	52.6	102.8
7	642	板野町	4.03	11	-	154,766	38.1	143.1
8	710	小松島市	4.23	29	-	107,621	28.4	198.0
9	759	石井町	4.35	21	-	119,007	36.8	166.4
10	857	上板町	4.64	9	-	127,104	29.8	173.8
11	965	阿波市	4.95	26	-	130,718	25.1	215.5
12	1126	吉野川市	5.46	30	-	107,207	22.8	255.5
13	1307	勝浦町	6.03	3	-	138,747	13.9	272.0
14	1310	東みよし町	6.04	10	-	113,284	15.8	342.1
15	1380	美波町	6.33	4	-	167,201	14.9	367.2
16	1381	牟岐町	6.34	2	-	128,087	12.2	408.0
17	1389	美馬市	6.36	20	-	104,490	13.2	382.4
18	1521	佐那河内村	6.99	1	-	211,959	8.8	334.0
19	1544	三好市	7.14	14	-	138,410	10.1	614.3
20	1586	海陽町	7.39	5	-	106,386	9.9	543.5
21	1615	つるぎ町	7.64	5	-	115,531	7.1	657.9
22	1631	那賀町	7.77	4	-	210,482	8.4	530.8
23	1633	神山町	7.81	2	-	131,279	9.4	516.8
24	1640	上勝町	7.91	1	-	290,403	8.6	467.5
香川県								
1	21	宇多津町	1.86	20	-	195,429	55.0	88.7
2	142	坂出市	2.65	40	-	219,351	51.1	103.4
3	195	高松市	2.83	349	-	161,622	49.5	124.3
4	265	丸亀市	3.04	94	-	150,931	45.6	128.9
5	267	多度津町	3.04	19	-	151,875	43.9	129.8
6	500	善通寺市	3.68	25	-	141,340	32.8	156.0
7	606	三木町	3.95	23	-	134,475	41.3	119.1
8	659	観音寺市	4.08	45	-	148,009	32.2	153.6
9	712	直島町	4.23	2	-	501,360	38.7	91.2
10	769	三豊市	4.39	48	-	143,258	39.1	189.9
11	788	琴平町	4.45	6	-	150,876	28.6	160.6
12	849	綾川町	4.61	17	-	132,975	45.0	147.8
13	927	さぬき市	4.87	35	-	149,813	32.4	202.8
14	1095	まんのう町	5.35	13	-	146,257	28.4	198.5
15	1103	小豆島町	5.38	9	-	149,020	23.6	212.0
16	1122	東かがわ市	5.44	19	-	148,064	21.7	192.1
17	1162	土庄町	5.57	9	-	115,462	20.1	251.8
愛媛県								
1	291	西条市	3.11	89	-	172,459	51.4	119.0
2	303	四国中央市	3.14	67	-	183,219	51.1	125.5
3	321	新居浜市	3.20	94	-	179,267	46.3	98.1

巻末付録2　地方自治体財務総合評価ランキング（2040年度予測）

順位	全順位	団体名	スコア	人口	標準財政規模	1人当り自主財源	自主財源比率	修正経常収支
4	352	松前町	3.29	24	−	154,873	53.1	117.3
5	533	松山市	3.74	438	−	132,625	42.2	135.1
6	690	今治市	4.18	113	−	162,701	39.0	165.1
7	729	東温市	4.28	29	−	124,758	32.6	177.6
8	731	伊予市	4.29	27	−	135,626	29.6	202.6
9	757	砥部町	4.35	17	−	130,848	41.4	152.9
10	898	大洲市	4.77	30	−	136,370	21.8	262.9
11	916	宇和島市	4.83	52	−	127,085	23.6	220.9
12	1056	八幡浜市	5.21	22	−	138,616	20.1	230.4
13	1228	上島町	5.79	4	−	228,296	14.0	279.8
14	1277	内子町	5.95	11	−	123,084	16.8	344.0
15	1341	伊方町	6.17	6	−	280,673	19.8	277.5
16	1387	鬼北町	6.35	7	−	141,224	12.8	349.0
17	1404	西予市	6.43	25	−	111,225	13.1	384.5
18	1596	久万高原町	7.46	4	−	170,479	10.0	660.9
19	1618	愛南町	7.68	12	−	109,129	10.5	523.3
20	1660	松野町	8.26	2	−	86,527	7.3	665.8
高知県								
1	559	南国市	3.83	38	−	133,863	29.8	159.9
2	581	高知市	3.89	269	−	137,638	33.4	171.5
3	932	香南市	4.88	28	−	124,410	24.4	249.9
4	947	須崎市	4.92	16	−	124,104	18.1	269.6
5	1049	安芸市	5.19	13	−	127,158	17.2	276.7
6	1057	土佐市	5.22	19	−	113,940	21.1	206.6
7	1071	香美市	5.27	20	−	132,664	19.4	251.8
8	1163	土佐清水市	5.57	9	−	141,892	16.2	284.7
9	1209	四万十市	5.72	23	−	115,781	17.0	300.0
10	1276	芸西村	5.95	3	−	144,166	15.7	303.2
11	1283	佐川町	5.97	10	−	109,531	19.6	263.4
12	1292	いの町	6.00	15	−	122,892	20.8	283.2
13	1333	宿毛市	6.12	14	−	103,326	15.6	295.3
14	1349	奈半利町	6.20	2	−	161,291	14.2	385.5
15	1351	北川村	6.20	1	−	721,080	21.7	138.2
16	1353	土佐町	6.23	3	−	314,275	16.0	199.2
17	1428	日高村	6.52	3	−	115,812	9.2	321.5
18	1429	田野町	6.52	2	−	180,247	12.2	324.0
19	1435	本山町	6.54	3	−	166,898	11.0	373.4
20	1490	黒潮町	6.80	7	−	121,067	10.6	392.6
21	1509	東洋町	6.93	1	−	165,193	9.7	533.0
22	1513	馬路村	6.96	1	−	484,312	12.5	262.2
23	1564	安田町	7.27	1	−	127,765	8.0	565.3
24	1566	中土佐町	7.28	4	−	137,107	9.3	465.1
25	1582	四万十町	7.36	10	−	111,447	8.4	526.0

順位	全順位	団体名	スコア	人口	標準財政規模	1人当り自主財源	自主財源比率	修正経常収支
26	1600	仁淀川町	7.49	3	−	198,050	8.3	475.3
27	1616	梼原町	7.65	2	−	220,343	7.5	405.0
28	1629	津野町	7.76	4	−	106,762	6.9	493.1
29	1644	室戸市	8.04	6	−	94,199	5.8	674.8
30	1652	三原村	8.13	1	−	130,593	6.0	762.2
31	1653	越知町	8.14	4	−	88,455	8.4	589.6
32	1669	大豊町	8.45	2	−	143,710	5.4	826.4
33	1671	大川村	8.48	0	−	390,518	5.6	641.0
34	1679	大月町	9.03	3	−	84,563	4.5	842.5
福岡県								
1	26	久山町	1.90	8	−	318,213	59.9	86.5
2	35	粕屋町	1.99	55	−	151,256	52.2	114.9
3	55	新宮町	2.17	28	−	167,408	53.0	112.5
4	116	那珂川町	2.55	54	−	159,355	53.0	101.7
5	155	苅田町	2.70	30	−	257,878	65.3	88.7
6	162	志免町	2.73	49	−	124,932	46.9	120.0
7	246	福岡市	2.98	1,439	−	267,553	56.6	85.6
8	344	北九州市	3.26	784	−	246,933	46.6	106.8
9	361	太宰府市	3.31	71	−	124,323	42.8	130.7
10	393	筑後市	3.39	43	−	139,019	36.7	136.2
11	431	久留米市	3.49	244	−	150,170	38.3	137.5
12	445	大牟田市	3.54	79	−	153,823	32.0	157.0
13	450	須恵町	3.55	25	−	119,816	42.9	142.9
14	461	広川町	3.57	18	−	138,644	38.3	135.8
15	469	大野城市	3.60	93	−	137,113	46.0	123.5
16	474	吉富町	3.61	5	−	163,597	33.1	141.2
17	505	古賀市	3.68	56	−	118,407	41.7	146.7
18	546	筑紫野市	3.79	96	−	132,374	47.7	123.8
19	549	岡垣町	3.81	29	−	124,020	45.5	133.5
20	574	直方市	3.87	43	−	137,569	31.1	157.1
21	618	篠栗町	3.99	29	−	111,497	37.8	169.5
22	650	豊前市	4.05	19	−	135,455	29.0	188.7
23	656	田川市	4.07	39	−	157,202	26.5	166.5
24	663	飯塚市	4.09	105	−	123,980	28.8	194.0
25	664	宮若市	4.10	23	−	189,947	30.1	162.2
26	673	大木町	4.13	13	−	120,382	25.6	146.9
27	676	小郡市	4.13	53	−	114,299	40.7	154.6
28	718	行橋市	4.24	58	−	111,507	34.2	154.0
29	740	大川市	4.31	25	−	114,394	26.7	170.9
30	760	朝倉市	4.36	39	−	150,370	32.0	173.6
31	785	遠賀町	4.44	15	−	128,017	36.0	147.1
32	794	築上町	4.47	13	−	144,633	24.6	230.7
33	808	芦屋町	4.53	11	−	127,489	29.7	175.9

順位	全順位	団体名	スコア	人口	標準財政規模	1人当り自主財源	自主財源比率	修正経常収支
34	815	川崎町	4.54	11	-	146,965	20.7	196.9
35	817	大刀洗町	4.54	13	-	110,334	28.0	178.4
36	833	宇美町	4.58	32	-	98,513	39.3	169.5
37	846	宗像市	4.61	84	-	114,344	37.0	150.7
38	848	春日市	4.61	89	-	107,963	45.3	144.5
39	864	糸島市	4.66	83	-	101,905	31.4	187.0
40	922	うきは市	4.84	23	-	121,996	26.7	207.1
41	928	香春町	4.87	7	-	126,850	24.4	197.1
42	955	筑前町	4.93	24	-	138,065	33.6	172.6
43	987	糸田町	5.01	6	-	141,571	18.5	202.0
44	992	大任町	5.02	4	-	234,205	16.5	190.3
45	1003	福津市	5.05	45	-	119,856	36.1	157.4
46	1027	福智町	5.14	18	-	149,532	21.7	220.8
47	1073	中間市	5.27	28	-	99,890	22.9	208.6
48	1080	柳川市	5.29	50	-	107,073	23.9	201.0
49	1085	みやこ町	5.32	14	-	158,711	24.6	184.6
50	1089	上毛町	5.33	6	-	202,067	21.3	232.3
51	1114	桂川町	5.42	10	-	97,297	24.2	227.9
52	1124	水巻町	5.45	21	-	99,782	36.4	179.5
53	1208	鞍手町	5.72	10	-	111,376	25.8	203.8
54	1216	八女市	5.73	46	-	110,982	17.4	261.0
55	1234	添田町	5.81	6	-	137,206	14.3	310.5
56	1239	小竹町	5.82	5	-	108,760	17.2	319.1
57	1263	みやま市	5.90	26	-	100,869	19.6	236.4
58	1412	赤村	6.47	2	-	135,753	14.2	312.5
59	1456	嘉麻市	6.64	26	-	93,643	13.7	406.2
60	1576	東峰村	7.32	1	-	207,402	8.2	446.0
佐賀県								
1	28	鳥栖市	1.95	75	-	195,652	55.6	96.5
2	175	上峰町	2.76	9	-	160,111	40.2	156.1
3	215	伊万里市	2.89	46	-	146,481	36.7	149.8
4	368	吉野ヶ里町	3.32	16	-	179,760	38.0	143.4
5	502	佐賀市	3.68	192	-	136,412	38.6	152.2
6	525	玄海町	3.74	4	-	743,787	61.4	63.0
7	648	武雄市	4.05	40	-	140,181	31.9	166.6
8	680	鹿島市	4.15	22	-	125,339	27.2	176.4
9	728	有田町	4.27	15	-	130,697	26.7	194.6
10	809	神埼市	4.53	26	-	121,723	23.6	204.7
11	831	唐津市	4.57	95	-	120,880	26.5	223.4
12	893	江北町	4.76	8	-	153,430	30.3	185.9
13	910	みやき町	4.82	18	-	123,344	29.2	186.2
14	941	嬉野市	4.91	21	-	114,141	26.6	205.7
15	967	小城市	4.96	37	-	119,735	32.5	190.8

順位	全順位	団体名	スコア	人口	標準財政規模	1人当り自主財源	自主財源比率	修正経常収支
16	981	基山町	5.00	13	-	134,634	47.0	148.5
17	1023	大町町	5.13	5	-	122,334	20.2	256.1
18	1096	白石町	5.35	18	-	121,071	20.4	239.5
19	1141	多久市	5.51	14	-	115,669	19.8	247.5
20	1309	太良町	6.04	6	-	128,993	17.0	254.6
		長崎県						
1	106	大村市	2.53	87	-	179,215	43.2	105.4
2	298	時津町	3.13	30	-	138,902	45.5	136.5
3	376	佐世保市	3.33	194	-	164,303	36.8	126.6
4	500	佐々町	3.68	12	-	159,708	36.4	124.0
5	609	長崎市	3.95	331	-	140,571	30.2	160.3
6	761	諫早市	4.36	109	-	145,173	36.3	163.1
7	884	松浦市	4.72	16	-	211,954	24.0	212.1
8	891	長与町	4.76	38	-	104,660	42.0	145.4
9	938	川棚町	4.90	11	-	108,895	24.2	189.8
10	1051	西海市	5.20	19	-	208,442	22.8	231.3
11	1074	島原市	5.28	32	-	113,807	25.7	205.8
12	1146	波佐見町	5.52	12	-	97,770	25.9	200.2
13	1223	雲仙市	5.77	32	-	118,185	19.0	317.1
14	1302	壱岐市	6.02	19	-	132,358	11.3	358.0
15	1471	平戸市	6.73	19	-	105,915	11.8	432.5
16	1479	東彼杵町	6.76	5	-	101,498	14.4	327.5
17	1506	南島原市	6.93	31	-	95,293	15.3	411.7
18	1548	対馬市	7.18	18	-	109,870	8.6	686.3
19	1589	五島市	7.42	22	-	97,502	10.6	591.0
20	1611	新上五島町	7.54	10	-	116,957	10.5	698.3
21	1659	小値賀町	8.25	1	-	111,442	5.0	788.6
		熊本県						
1	56	大津町	2.17	35	-	167,019	48.4	111.5
2	85	菊陽町	2.40	43	-	182,287	59.1	97.6
3	128	嘉島町	2.60	8	-	201,236	44.2	103.7
4	180	熊本市	2.77	659	-	144,051	41.3	130.9
5	311	荒尾市	3.17	44	-	150,993	36.4	129.9
6	457	長洲町	3.56	12	-	132,377	35.4	177.1
7	575	玉名市	3.87	51	-	158,442	35.0	148.8
8	632	宇土市	4.01	31	-	122,044	29.8	168.1
9	636	南関町	4.02	7	-	247,106	32.9	119.8
10	654	合志市	4.06	59	-	103,285	35.0	165.3
11	689	西原村	4.17	7	-	152,724	28.4	194.8
12	763	益城町	4.36	28	-	110,687	38.6	158.7
13	777	御船町	4.41	14	-	121,717	23.0	170.3
14	803	玉東町	4.51	4	-	164,462	23.7	231.5
15	839	人吉市	4.59	24	-	123,051	23.3	228.7

順位	全順位	団体名	スコア	人口	標準財政規模	1人当り自主財源	自主財源比率	修正経常収支
16	866	八代市	4.67	93	−	118,071	30.0	199.2
17	913	菊池市	4.82	38	−	121,841	23.5	231.4
18	979	南阿蘇村	4.99	9	−	148,711	22.1	263.2
19	980	錦町	4.99	8	−	110,929	18.0	247.4
20	985	水俣市	5.01	16	−	138,675	19.6	230.5
21	1011	苓北町	5.07	5	−	253,209	22.9	191.9
22	1055	山鹿市	5.21	39	−	114,990	22.6	273.1
23	1059	阿蘇市	5.22	20	−	127,988	16.1	268.8
24	1093	宇城市	5.34	48	−	100,225	24.3	269.7
25	1112	南小国町	5.42	3	−	201,803	18.5	280.0
26	1170	芦北町	5.59	11	−	129,797	16.9	279.3
27	1220	小国町	5.75	5	−	177,022	12.6	267.1
28	1255	和水町	5.88	7	−	120,983	16.7	308.9
29	1291	甲佐町	5.99	8	−	101,286	16.9	278.5
30	1331	あさぎり町	6.12	12	−	110,066	13.5	391.1
31	1336	多良木町	6.14	6	−	117,750	11.0	341.2
31	1336	湯前町	6.14	3	−	140,217	12.4	359.8
33	1356	天草市	6.24	52	−	112,518	15.8	382.6
34	1371	山江村	6.29	3	−	125,732	10.8	427.4
35	1390	津奈木町	6.36	3	−	125,858	12.5	318.2
36	1417	美里町	6.49	7	−	121,728	12.8	369.4
37	1445	氷川町	6.60	9	−	90,241	17.9	326.8
38	1451	上天草市	6.62	17	−	96,139	14.2	431.0
39	1464	水上村	6.68	1	−	216,907	11.5	395.6
40	1481	産山村	6.76	1	−	176,047	9.7	489.2
41	1482	高森町	6.77	4	−	108,123	11.5	402.3
42	1499	相良村	6.86	3	−	112,638	9.2	497.3
43	1646	山都町	8.05	9	−	94,944	8.5	652.7
44	1657	球磨村	8.23	2	−	97,173	5.2	686.3
45	1658	五木村	8.24	1	−	441,139	6.7	507.6
		大分県						
1	182	大分市	2.78	438	−	166,419	53.0	114.5
2	387	別府市	3.37	99	−	130,724	37.1	145.6
3	518	中津市	3.71	71	−	145,335	32.3	183.2
4	717	由布市	4.24	27	−	135,830	25.7	209.5
5	722	日出町	4.25	26	−	101,863	33.2	188.0
6	811	宇佐市	4.53	43	−	131,189	25.3	202.2
7	860	杵築市	4.65	22	−	152,409	22.8	215.0
8	894	日田市	4.76	49	−	147,182	25.3	216.0
9	974	九重町	4.98	6	−	201,487	25.8	201.6
10	1006	津久見市	5.07	11	−	132,119	21.3	231.7
11	1020	玖珠町	5.12	11	−	133,741	19.9	210.4
12	1058	臼杵市	5.22	27	−	123,003	22.6	238.8

順位	全順位	団体名	スコア	人口	標準財政規模	1人当り自主財源	自主財源比率	修正経常収支
13	1134	豊後高田市	5.48	16	−	135,162	18.5	298.5
14	1244	国東市	5.83	19	−	134,022	18.6	366.0
15	1332	佐伯市	6.12	50	−	113,122	18.9	341.5
16	1344	豊後大野市	6.18	25	−	125,190	15.4	380.7
17	1539	竹田市	7.10	14	−	109,210	12.0	521.1
18	1561	姫島村	7.25	1	−	182,485	10.3	516.8
宮崎県								
1	139	木城町	2.63	4	−	666,275	76.4	74.8
2	478	都城市	3.62	139	−	143,200	34.3	153.3
3	496	宮崎市	3.66	355	−	135,736	37.5	152.4
4	577	川南町	3.88	13	−	141,675	29.9	169.3
5	579	高鍋町	3.89	17	−	122,446	34.8	156.5
6	671	日向市	4.12	51	−	130,656	28.7	182.5
7	697	延岡市	4.20	96	−	129,992	29.1	177.2
8	720	三股町	4.25	22	−	113,209	29.5	167.7
9	726	門川町	4.26	15	−	120,919	29.8	162.3
10	752	西都市	4.33	23	−	150,845	24.4	174.3
11	888	日南市	4.75	38	−	121,398	21.8	253.8
12	902	新富町	4.79	14	−	118,049	20.3	164.7
13	912	小林市	4.82	35	−	126,201	21.7	238.3
14	926	綾町	4.87	5	−	141,724	20.3	272.8
15	1110	国富町	5.40	15	−	108,305	22.6	201.3
16	1175	串間市	5.60	12	−	115,381	15.5	352.4
17	1179	えびの市	5.62	13	−	119,609	18.1	277.9
18	1251	高原町	5.86	6	−	115,054	16.2	360.2
19	1272	都農町	5.94	7	−	95,212	16.7	296.4
20	1460	高千穂町	6.66	8	−	104,324	9.6	343.6
21	1469	椎葉村	6.72	2	−	486,837	13.1	244.5
22	1501	西米良村	6.89	1	−	491,415	13.8	277.8
23	1549	五ヶ瀬町	7.20	3	−	109,317	8.6	523.8
24	1554	諸塚村	7.22	1	−	466,038	11.7	339.7
25	1643	美郷町	7.99	3	−	164,704	6.6	804.5
26	1676	日之影町	8.70	3	−	111,218	3.7	925.9
鹿児島県								
1	348	鹿児島市	3.27	520	−	146,318	40.4	129.4
2	479	霧島市	3.62	112	−	145,267	37.1	161.2
3	588	薩摩川内市	3.90	77	−	161,715	30.9	187.7
4	607	鹿屋市	3.95	88	−	120,832	29.9	184.1
5	628	東串良町	4.00	5	−	218,756	30.9	172.0
6	780	いちき串木野市	4.42	21	−	133,824	27.0	213.6
7	875	姶良市	4.69	63	−	102,622	28.6	193.6
8	877	屋久島町	4.70	11	−	148,938	17.3	312.9
9	887	出水市	4.75	41	−	122,822	27.1	217.3

順位	全順位	団体名	スコア	人口	標準財政規模	1人当り自主財源	自主財源比率	修正経常収支
10	897	志布志市	4.77	23	−	136,824	19.9	244.7
11	937	枕崎市	4.90	15	−	112,239	21.0	276.9
12	966	指宿市	4.96	30	−	117,913	23.1	235.3
13	977	さつま町	4.98	15	−	152,923	21.6	271.4
14	1038	龍郷町	5.17	6	−	180,404	17.8	264.8
15	1088	和泊町	5.33	5	−	171,784	16.6	345.3
16	1100	阿久根市	5.38	14	−	126,245	19.6	208.3
17	1113	伊佐市	5.42	18	−	128,023	17.3	272.3
18	1176	日置市	5.61	38	−	102,065	21.9	269.2
19	1177	徳之島町	5.61	8	−	114,858	14.4	343.9
20	1205	南さつま市	5.71	24	−	118,048	16.4	360.8
21	1227	奄美市	5.79	31	−	114,377	13.5	370.0
22	1253	南九州市	5.87	24	−	114,682	15.6	321.3
23	1260	長島町	5.89	7	−	147,405	12.2	388.7
24	1273	瀬戸内町	5.95	6	−	147,903	12.2	438.8
25	1297	西之表市	6.01	11	−	106,993	12.8	364.7
26	1311	湧水町	6.05	7	−	127,029	16.1	330.7
27	1323	知名町	6.09	5	−	124,678	10.9	428.1
28	1354	肝付町	6.23	10	−	119,536	14.9	343.5
29	1374	垂水市	6.30	10	−	98,824	13.0	354.6
30	1377	中種子町	6.32	6	−	114,032	12.4	432.7
31	1397	大崎町	6.39	8	−	93,232	16.5	317.2
32	1485	南種子町	6.77	4	−	138,917	10.3	474.8
33	1516	十島村	6.98	0	−	861,321	12.5	264.1
34	1528	曽於市	7.03	23	−	92,379	12.7	394.0
35	1530	喜界町	7.04	6	−	95,267	10.8	505.8
36	1562	宇検村	7.26	1	−	150,416	7.9	749.6
37	1573	南大隅町	7.31	4	−	115,777	9.2	631.3
38	1588	大和村	7.41	1	−	185,762	7.3	699.8
39	1601	与論町	7.49	4	−	91,012	9.0	634.9
40	1608	天城町	7.51	5	−	98,058	6.2	589.6
41	1617	錦江町	7.66	5	−	104,168	9.0	633.7
42	1664	伊仙町	8.31	5	−	80,056	5.5	696.4
43	1672	三島村	8.59	0	−	804,352	5.0	323.2
沖縄県								
1	80	北谷町	2.35	27	−	235,777	48.3	91.9
2	165	浦添市	2.74	116	−	129,987	39.2	132.2
3	166	那覇市	2.74	291	−	156,300	37.9	112.7
4	220	恩納村	2.89	10	−	323,852	44.3	93.1
5	288	読谷村	3.10	37	−	132,157	38.0	112.5
6	323	金武町	3.21	11	−	341,552	42.7	95.3
7	355	宜野湾市	3.30	92	−	115,458	35.0	143.6
8	385	沖縄市	3.36	132	−	119,237	32.7	154.0

順位	全順位	団体名	スコア	人口	標準財政規模	1人当り自主財源	自主財源比率	修正経常収支
9	397	嘉手納町	3.39	13	−	202,637	40.0	142.0
10	416	西原町	3.44	36	−	116,587	35.5	131.1
11	453	宜野座村	3.55	6	−	554,908	44.2	86.9
12	510	豊見城市	3.69	71	−	104,817	31.9	144.1
13	547	名護市	3.80	58	−	147,645	26.4	175.9
14	619	八重瀬町	3.99	29	−	107,773	27.3	183.3
15	631	南風原町	4.01	40	−	104,901	29.9	143.8
16	708	石垣市	4.21	48	−	115,036	24.0	197.2
17	851	中城村	4.62	19	−	93,622	29.5	185.3
18	879	北中城村	4.70	15	−	102,751	26.8	197.7
19	901	うるま市	4.78	119	−	92,903	25.6	190.9
20	905	糸満市	4.80	59	−	92,773	24.5	205.8
21	1010	宮古島市	5.07	42	−	127,456	17.4	284.3
22	1145	与那原町	5.52	17	−	94,826	28.4	179.1
23	1196	南城市	5.67	36	−	93,439	18.6	216.2
24	1238	今帰仁村	5.82	8	−	96,882	16.0	268.5
25	1245	本部町	5.83	11	−	91,164	16.9	260.8
26	1300	国頭村	6.02	4	−	163,543	13.2	395.6
27	1315	久米島町	6.07	6	−	132,140	13.1	432.0
28	1324	座間味村	6.10	1	−	272,520	14.8	363.9
29	1345	伊平屋村	6.19	1	−	263,850	13.7	322.3
30	1398	伊江村	6.40	3	−	152,611	10.6	314.6
31	1423	与那国町	6.50	1	−	291,341	13.2	301.8
32	1424	渡嘉敷村	6.50	1	−	368,304	15.5	264.6
33	1439	南大東村	6.56	1	−	289,106	11.2	246.1
34	1444	東村	6.59	1	−	266,756	12.6	354.9
35	1446	竹富町	6.61	3	−	181,754	11.1	421.1
36	1452	大宜味村	6.63	2	−	147,796	11.2	412.2
37	1486	多良間村	6.77	1	−	294,883	10.1	298.2
38	1489	北大東村	6.79	1	−	582,821	13.7	228.1
39	1533	伊是名村	7.06	1	−	208,536	8.8	445.0
40	1553	渡名喜村	7.22	0	−	264,379	9.6	479.6
41	1579	粟国村	7.34	1	−	280,366	8.0	335.7

あとがき

　筆者の本職は、銀行が取引先に資金を貸し出す際に必要なリスク管理業務に対して、データベースと統計モデルの提供を通じてこれをサポートすることにある。今回、地方自治体の財務情報を集めて定量分析を行ったのも、そのきっかけは、銀行にとっての地方自治体向け貸出のリスクを評価することにあった。

　日本の地方自治体には実質的な倒産事例がなく、また、目下の法制度のもとでは国による暗黙の保証があると考えられている。このため、銀行にとって地方自治体向け貸出のリスクは「ゼロ」というのが、多くの実務者の考え方であり、銀行の貸出姿勢も基本的には「自治体向け貸出のリスクはゼロ」という前提で成り立っている。現時点で、こうした考え方に一定の合理性があること、これを否定するものではない。

　ところが、データを集めて分析するうちにあらためてわかってきたことは、ほとんどの自治体が、交付税・補助金をはじめとする資金面、および暗黙の保証という制度面の両面にて、国の支援に頼りきっており、独立した財務主体としての体をなしていない、という実態であった。そして、迫りくる少子化・高齢化の波は、この状況を一段と悪化させることはあっても、改善に導くことは決してないという、厳しい現実がさらに追い打ちをかける。筆者は地方自治や財政学に関してまったくの素人だが、財務分析とリスク評価に職を奉ずる者のはしくれとして、こうした事実に気づいた以上は、黙ってみているわけにはいかなかったのが、今回筆を執るに至った最大の動機である。

　さて、地方自治体の危機的な財政状況を明らかにする以上、なんらかの具体的な処方箋を用意することも、分析者としての使命であろう。本文にて提示した地方財政の改善策は、いずれも簡単に実現するものではないこと、重々承知のうえではあるが、それ以前に何よりも大切なことは、自治体それ

ぞれが、そして住民のひとりひとりが、将来に対する危機意識を正しく共有することにある。先に問題意識がなければ、解決に向けた新たなアイデアが生まれることも決してない。

　地方財政に対する問題意識の薄さを象徴する出来事があった。それは、2014年2月に行われた東京都知事選挙である。あの選挙の最大の争点がなんであったか、覚えている方も多いことであろう。それは、東京都の自治と直接的には無関係な「原発問題」であった。ところが、2008年以降現在に至るまで、そして今後も引き続き、東京都の財政が一種の「危機」にさらされていることについて、少しでも問題意識を持っていた有権者やマスコミ、さらには候補者が、いったいどれほどいたことであろうか。

　実はここでいう東京都の「危機」とは、財源に困っている国家財政が、比較的裕福な東京都の財源を次々と取り上げようとする、一連の地方税制改革を意味している。東京都主税局の資料によると、2008年の「地方法人特別税」の創設により、以降4年間で約5,000億円の税収が東京都から失われたという。また、2014年度の税制改正では、さらに「地方法人税」が創設され、法人住民税（法人税割）が国による再分配の対象とされた。なお、2012年度決算における、東京都の法人住民税（法人税割）は約2,000億円である。この全額が召し上げられるわけではないが、東京都の財政にとっては当然大きな痛手となる。そしてツケは、最終的には東京都民のもとへ回ってくるのだ。筆者は都知事選の有権者であったが、残念なことに、こうした問題に対して積極的に声を発する候補者を見出すことができなかった。本書が、地方財政に対する問題意識の喚起に一役買うことができるのであれば、著者としてこれに勝る喜びはない。

　最後に、日本リスク・データ・バンク株式会社の大久保豊社長による全面的な後押しと監修に対して、この場を借りて心から感謝の念をお伝えしたい。そして、大久保社長の誰よりも強い「地域社会」に対する愛情と危機感には、あらためて深い敬意を表したい。また、財務情報の定量的評価に際しては、同社の今井健太郎氏による独創的にして的確な分析を、全面的に参照

させていただいた。分析の前提となる、財務情報の収集と分析ツールの開発には、同じく池村英次氏、川部幸子氏に多大なるご尽力をいただいた。3氏には、あらためてここに感謝の意をお伝えしたい。そして、本書の出版にあたっては、金融財政事情研究会の谷川理事に最後まできめ細かなサポートを頂戴した。ここに心から御礼申し上げたい。

2015年4月

日本リスク・データ・バンク株式会社
取締役常務執行役員　**尾藤　剛**

参考文献

「離脱・発言・忠誠」、A・O・ハーシュマン著、矢野修一訳、2005年、ミネルヴァ書房
「地方公共団体歳入歳出科目解説」、月刊「地方財務」編集局、2011年、ぎょうせい
「新地方公会計制度研究会報告書」、総務省、2006年
「新地方公会計制度実務研究会報告書」、総務省、2007年
「地方公共団体における財務書類の活用と公表について」、総務省、2010年
「今後の新地方公会計の推進に関する研究会報告書」、総務省、2014年
「決算短信・四半期決算短信の作成要領等」、東京証券取引所、2013年
「地方自治体ファイナンス」、株式会社三井住友銀行、2010年、関西学院大学出版会
「地方債の格付けとクレジット」、江夏あかね、2009年、商事法務
「新地方公会計モデルにおける連結財務書類作成実務手引」、総務省、2014年
「『地方公共団体財務書類作成にかかる基準モデル』及び『地方公共団体財務書類作成にかかる総務省方式改訂モデル』に関するQ&A」、総務省、2007年
「日本の地域別将来推計人口」、国立社会保障・人口問題研究所、2013年
「日本の将来推計人口─平成8〜62年─」、国立社会保障・人口問題研究所、1997年1月
「日本の将来推計人口─平成3〜37年─」、厚生省人口問題研究所、1992年9月
「日本の将来推計人口─昭和60〜100年─」、厚生省人口問題研究所、1987年2月
「日本の将来推計人口─昭和55〜155年─」、厚生省人口問題研究所、1982年4月
「日本の将来推計人口─昭和50〜125年─」、厚生省人口問題研究所、1976年11月
「日本の将来推計人口─全国男女年齢別、昭和45〜125年─」、厚生省人口問題研究所、1975年2月
「スタンダード&プアーズの格付け定義を理解する」、スタンダード&プアーズ、2009年8月
「さぬき市財政健全化策［平成25年度〜平成29年度］」、香川県さぬき市、2013年10月
「よくわかるMTシステム─品質工学によるパターン認識の新技術」、田村希志臣、日本規格協会、2009年8月
「成長を続ける21世紀のために『ストップ少子化・地方元気戦略』」、日本創成会

議、2014 年 5 月
「日本の財政関係資料」、財務省、2014 年 2 月
「平均年収2500万円の農村」、藤原忠彦、2009 年 1 月、ソリックブックス
「限界自治　夕張検証」、読売新聞社北海道支社夕張支局編、2008 年 3 月、梧桐書院
「大阪都構想特設サイト」、大阪維新の会　http://oneosaka.jp/tokoso/
「統一的な基準による地方公会計マニュアル」、総務省、2015 年 1 月
「地方法人課税を巡る動向と東京都の主張」、東京都、2014 年 9 月

事項索引

● 英字

MTシステム……………………71
Voice or Exit…………………17

● あ

依存財源………………………61
一般会計………………………23
大阪都構想……………………96

● か

合併算定替……………………93
合併特例債……………………93
基準財政収入額……………37, 40
基準財政需要額……………37, 43
基準モデル……………………28
基礎的財政収支………………56
経常経費充当一般財源等……82, 109
経常収支比率…………………45
決算カード……………………22
決算状況調……………………22
健全化判断比率……………10, 37
公会計…………………………13
国庫支出金……………………61
固定資産税比率………………54
固定費…………………………112

● さ

災害復旧費……………………120
財政健全化団体…………10, 38
財政健全化法……………10, 37

財政再生団体……………11, 38
再生振替特例債………………11
財政力指数………………43, 54
債務償還年数…………………56
財務4表………………………27
自主財源…………………59, 80
自主財源比率…………………63
実質赤字比率…………………38
実質公債費比率………………39
修正経常収支比率………74, 82, 106
出生率…………………………65
消滅可能性都市………………104
将来財政シミュレーション…104
将来推計人口……………35, 65
将来負担比率…………………39
新地方公会計制度………19, 27
新地方公会計制度研究会……19
生産年齢人口……………66, 90
早期健全化基準………………10
総務省方式改訂モデル………28

● た

単式簿記…………………13, 25
地方交付税………………36, 48
地方交付税の割増措置………93
地方債……………………………5
地方財政状況調査……………22
地方譲与税……………………61
地方法人特別税………………215
統一的な基準…………………34
東京都モデル…………………30

事項索引　219

特別会計 ……………………………… 23
特別区 ………………………………… 97
特別区財政調整交付金 ……………… 97
特別交付税 …………………………… 49
都税 …………………………………… 97
土地開発公社 ………………………… 25
都道府県支出金 ……………………… 61

● は

標準財政規模 ………………………… 40
不交付団体 ……………………… 37, 49
普通会計 ……………………………… 23
普通交付税 ……………………… 37, 48
普通地方公共団体 …………………… 97

プライマリーバランス ……………… 56
ふるさと納税 ………………………… 116
平成の大合併 ………………………… 93
変動費 ………………………………… 112

● ま

マハラノビスの距離 …………… 72, 101

● や

よい自治体 …………………………… 47

● ら

連結会計 ……………………………… 25
連結実質赤字比率 …………………… 38

よい自治体とは何か？
── 財務分析からわかる地方自治体の現在と将来

平成27年5月25日　第1刷発行

　　　　　監修者　大久保　　豊
　　　　　著　者　尾　藤　　　剛
　　　　　発行者　小　田　　　徹
　　　　　印刷所　三松堂印刷株式会社

〒160-8520　東京都新宿区南元町19
発　行　所　一般社団法人 金融財政事情研究会
　　　　編集部　TEL 03(3355)2251　FAX 03(3357)7416
販　　売　株式会社きんざい
　　　　販売受付　TEL 03(3358)2891　FAX 03(3358)0037
　　　　　　URL http://www.kinzai.jp/

・本書の内容の一部あるいは全部を無断で複写・複製・転訳載すること、および磁気または光記録媒体、コンピュータネットワーク上等へ入力することは、法律で認められた場合を除き、著作者および出版社の権利の侵害となります。
・落丁・乱丁本はお取替えいたします。定価はカバーに表示してあります。

ISBN978-4-322-12676-1